올라가봤니, 4층

DUBS, 60주년을 읽다

올라가봤니, 4층

DUBS, 60주년을 읽다

김기덕 김정은 정광수 이재용 장승철
장준보 오인순 여덕중 박재영 박남주
정기종 이미자 박중봉 안창해 최호영
성연미 김종호 이 준 고성분 최 혁
김지혜 박지영 안만수 김혜선
김정근 김종훈

올리브그린

intro

책의 첫 페이지를 넘겨 한 권의 책을 펼치는 것은 어떤 의미가 있을까요?
시험을 앞둔 누군가에게는 새로운 인생을 시작하는 굳은 의지의 시작일 것입니다. 그리고 누군가에게는 잠시 펼쳐 여유를 채우는 요깃거리일 수도 있을 것입니다. 또한 누군가는 책을 통해 나와 같다는 공감을 만들기도 할 것입니다. 이 책을 '누가 어떤 생각으로 첫 장을 펼칠까?' 생각해 보았습니다. 그 답은 쉽지 않았습니다. 하지만 이 책을 시작했던 첫 생각에 대해 정리하는 편은 쉬웠습니다.

이 책은 긴 시간을 정리하여 담는 타임캡슐을 만들자는 생각에서 시작되었습니다.
한 공간에서 서로 다른 시간을 보낸 사람들의 이야기가 담긴 이 책의 주인공들은 모두 대학생이었습니다. 교내 방송 활동을 하며 저마다의 젊은 시선으로 세상을 바라보았던 시간과 생각이 웃음 넘치는 시행착오를 거쳐 저마다의 의미로 담겨 있습니다. 그리고 그들이 고민과 함께 마주하는 현실에 적응해야 했던 삶 또한 이 책의 한 부분입니다. 이 책의 주인공들은 모두가 글을 써 보지는 않았습니다. 하지만 소주 한잔에 들추어내던 저마다의 추억을 글로 드러내는 일에 선뜻 마음을 내어주었습니다. 그들은 나의 선배이자 후배 그리고 동기들입니다.

풋풋한 사회 초년생에서부터 나이 지긋한 할아버지와 할머니까지, 모두가 스스럼없는 만남으로 다가가 '우리'가 될 수 있었던 것은 잠시나마 같은 공간에 머물렀던 추억과 방송 제작을 했던 경험 그리고 한 시대의 음악을 즐겼던 낭만과 함께 시대의 고통을 함께 나누었던 현실이 있었기 때문입니다. 그들이 함께했던 공간은 동국대학교교육방송국입니다. 그리고 그 시간은 1959년부터 2019년까지 60년의 세월입니다.

먼저 드릴 말씀은, 이 책은 먼저 용기를 담아야 했다는 것입니다.
누구에게는 선배, 누구에게는 후배인 이 책의 주인공들에게 말로 했던 지난 시간을 글로 담아내어 책으로 만들겠다는 생각은 낯선 일이었습니다. '해 보자'라는 시작과 함께 '과연'이라는 의문도 따라왔습니다. 결국 '그저 한다.'는 무모하지만, 진실한 용기가 필요했습니다. 그리고 그 과정 속에는 '부족함'의 흔적이 '남김'이라는 가치가 되어 있습니다. 나아가 그 남김 속에는 50년 전 대학생이었던 자신을 꺼내야 했던 선배님이 계십니다. 한 선배의 추억은 이어지지 않았던 동기와 후배를 연결하는 힘이 되었으며 그 힘은 술자리의 웃음으로 채워 진한 인생을 드러내는 자리를 만들었습니다. 이처럼 이 책은 지난 시간의 추억을 잇는 인생의 또 다른 한 장면을 연출했습니다. 그리고 마치 방송연출의 QUE SHEET가 되어 저마다의 삶 속에서 지난날을 꺼내 미래를 여는 한순간이 되었으면 합니다.

이 책은 누군가 감추어진 자신의 이야기를 드러내는 속삭임입니다.
젊은 시절, 누구나 고민하고 드러내지 못한 진로와 연예 그리고 남모르는 고민을 인생이라는 긴 시간의 여유를 더해 드러낸 선배님도 계십니다. 힘들었던 고민이라 쉽게 드러내지 못한 이야기를 주저함 없이 내어주신 의미를 새로이 생각해 봅니다. 아마도 자신이 감추었던, 그리고 혼자만의 고민이라 생각했던 '지금' 이 순간이 누구에게나 똑같았던 '한순간'이라는 앞선 지혜였을 것입니다. 인생은 '나만'이라는 오해를 '나도'라는 공감으로 키우는 저마다의 그릇일지도 모릅니다. '지금'이 '한순간이 되고 '나만'이라는 생각이 '나도'라는 공감이 작지만 모두에게 위안과 힘이 되었으면 합니다.

그리고 이 책 속에는 자신이 삶을 대신하듯이 자신의 미래를 고민하고 포기와 좌절의 인연을 드러낸 선배님과 후배님들의 이야기가 있습니다. 시대를 달리하였지만 젊음이라는 공통점을 가진 앞선 경험이기에 누군가 자신을 비추어 나아갈 수 있는 긍정의 현실이 될 수 있기를 바라는 마음이 담겨져 있습니다, 세상과 마주한다는 현실이 자신의 고민으로부터 시작된다는 사실 또한 힘들지만 지나가는 인생이라는 가르침으로 이 책 속에 남겨놓았습니다.

돌이켜 저 또한 지난 30년의 추억을 잠시나마 살려야 했습니다. 1989년 1학년 2학기가 시작되자 동대방송국 개국 30주년을 기념하는 행사로 분주했습니다. 저마다의 이야기를 담고 방송 작품을 담은 기념 CD가 제작되었으며 CD는 컴퓨터로 살리는 지난 과거의 소중함이 되었습니다. 하얀 쟁반도 기념품이 되어 저마다의 손에 기억으로 남았을 것입니다. 당시 대학 1학년이었던 '현재'는 이미 30년 전이라는 '과거'가 되었습니다. 현재는 전과 후라는 사이에만 존재하듯이 이 책 또한 누군가의 손에 펼쳐지는 그 순간만이 의미있는 활자로 다가설 것입니다.

한 공간을 함께했던 시간의 추억을 기념하고자 했던 이 책은 많은 분들의 도움으로 시작되었습니다. 먼저 김기덕 선배님의 흔쾌한 동의는 생각만으로 키우던 '책 만들기'를 실천으로 나서게 한 힘이 되었습니다. 선배님들의 추억을 따라 만나고 들었던 이야기는 새로움으로 다가서는 길이 되기도 했습니다. 나아가 그 인연을 따라 글을 써 주신 분들이 계셨기에 부족하나마 '한 권'으로 드러나게 된 것입니다. 선배님 그리고 후배님 감사합니다.

그리고 이제, 60년 전 '동국대학교교육방송국'이라는 단 하나의 이름으로 쏘아진 화살이 저마다 원하는 과녁에 꽂히기를 바라며 서로 다른 시대 한 공간의 이야기를 즐겨주시기 바랍니다.

책장을 펼쳐 주셔서 감사합니다.

2019. 9. 강서에서 동악을 바라보며 오르는 길에
DUBS 동국대학교교육방송국 동우회장

박 건 우 보도 31

글 싣는 순서

3층 그때 그 시절

4층 지워지지 않는 흔적

1층 길이 되다

How the life goes on **김기덕**

경험, 비움을 채우는 과정 **장준보**

돌이켜 보니 소중한 섬광들이 **정기종**

오랫동안 꿈을 그리면 그 꿈을 닮아간다 **성연미**

사랑과 함께 직업 찾기, 제한시간 20대 **김지혜**

꿈을 알려준 곳, 아나운서의 시작 DUBS **김정근**

20대, 나에게 유일한 당신 **김정은**

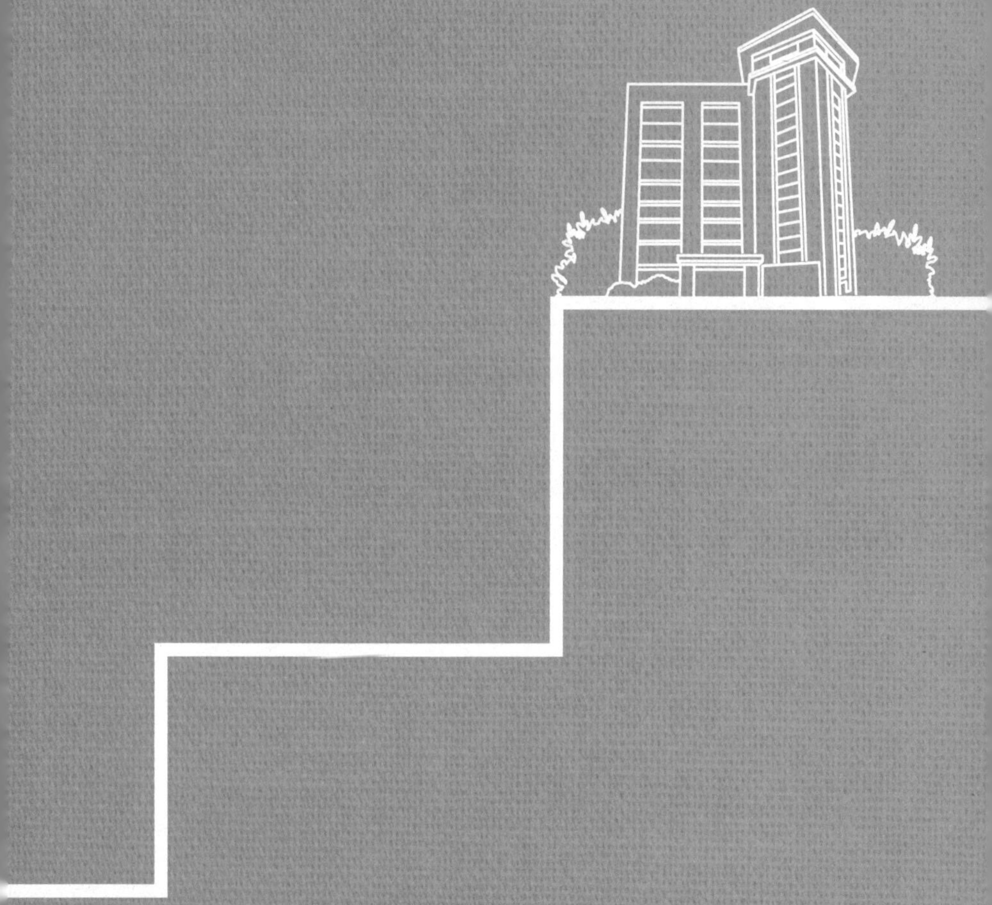

How the life goes on

김기덕 9기 제작

동국대학교 연극영화학과 67학번.
대학생이었던 1969년 TBC 동양방송의 방송영상콘테스트에서 입상, 1972년 MBC 문화방송 아나운서로 본격 방송 생활을 시작한 대한민국의 대표적인 DJ이다. 〈별이 빛나는 밤에〉, 〈우리는 여고생〉, 〈7시의 희망가요〉 등 많은 프로그램을 진행했다. 특히 〈2시의 데이트 김기덕입니다〉를 1973년부터 1996년까지 만 22년 동안 방송하면서 단일 프로그램 최장수 진행자로 선정되어 영국 기네스협회로부터 인정서를 수여(프로그램 진행 7,000회 돌파, 한국기록 1994년 9월)받기도 했다. 라디오 PD였던 김기덕은 라디오 FM 부장(4CP), 라디오국 제작 위원, 라디오 본부 국장 등을 역임했다.

1967년 여름, 대학생시절 본관 4층 방송실 앞에서.

1967년, 벌써 반세기 전의 일이다. 고등학교 졸업을 앞두고 밤송이 같던 그 짧은 머리카락은 그냥 길러야 했다. 대학교 입학을 앞두고 거울 앞에 섰으나 더 길러야 했다. 머리카락이 귀를 덮을 때까지 무작정 길렀다. 그래야만 했다, 반드시!

50년 전, '멋 좀 낼 줄 아네'하는 소리를 듣는 사람이라면 장발은 선택이 아닌 필수일 정도로 그 당시 최신 트렌드였으니까. 고교 졸업 후 내 몸을 넘어 정신까지 억눌렀던 검정 교복에서 드디어 벗어난 나는 나의 간택을 오매불망 기다리는듯한 화려한 의상들 사이에서 '복장服裝의 시대'를 두팔 벌려 맞이했다. 청바지도 물론 필수였다. 더~~~어 길러야 하는 머리, 청바지와 낡은 외투! 그렇게 동국의 교정을 올랐다. 그리고 '대학'이 주는 시·공간의 설렘은 내 삶 속으로 물들기 시작했다.

DUBS 동국대학교교육방송국, 아니 방송부

대학 입학과 동시에 학과 모임, 동기 모임, MT 등 고교시절과는 완전 다른 삶이 펼쳐졌다. 자유의지에 바탕을 둔 나의 선택에 따른 일상들이 화려하게 이어졌다. 전공서적이든 교양서적이든 뭐가 됐건 책은 그저 내가 학생임을 상기시켜주는 도구에 불과했다. 단지 두 눈과 두 귀를 열고 두 발로 다가가서 한손만 뻗어도 새로운 만남으로 이어지던 설렘 가득한 시절이었다. 돌이켜 생각하면 고등학교를 졸업한 순수함 앞에 놓였던 낯선 동기, 낯선 선배 그리고 낯선 교수님을 만나고 그 낯선 일과를 익숙함으로 이끌어야 했던 기억이다. 이런 낯선 만남 가운데 인생의 한 꼭지를 나도 모르게 걸어야 했던 순간이 있다. 아니 나도 모르게 '한 꼭지에 걸렸다'는 것이 더 맞는 표현이겠다. 바로 용산고등학교 선배인 오성근 선배다. 물론 선배가 더 선생님 같던 시기였기에 그저 낯설기만 했다. 하지만 교실 떠나 대학교정에서 만난 선배의 말 한마디 한마디는 이내 곧 증명되는 현실이기도 했다.

"기덕아, 너 방송부 와라."

나는 선배를 따라 본관 2층 조그마한 방송부로 들어갔다. 좋은 일도 생길 것 같고 재미있을 것 같았다. 돌이켜 보면 생각없이 따라 나서 덫에 걸린 느낌이랄까? 고민이 사치였던 그 시절의 느낌이 새롭기만 하다. 그곳에는 선배가 있었다. 그리고 눈에 먼저 들어온 것은 방송기기다. 그 가운데 AKAI 릴 녹음기가 두 눈을 사로잡았다. 그 찰나의 끌림이 나를 아마추어 방송인으로 만들었던 것이다.

뒤늦게 알았지만 당시 본관 2층의 방송실은 물리과 실험실을 겸하는 공간으로 방송을 위한 몇 가지 기기를 설치하여 더불어 사용하던 곳이었다. 스튜디오 기능이 달리 없었기에 한 공간에서 마이크로 녹음하고 송출까지 하는 모든 작업이 이루어졌다. 지금 시선으로 바라보면 열악하기 그지없었다. 하지만 음악을 듣고 서로의 생각을 술로 나누던 기억은 지우지 못하는 추억이 됐다.

하루 세 번 마주하는 자리, 방송

1960년대 말, 당시 동국대학교 교내 방송은 아침 8시 30분부터 30분간, 점심 12시부터 50분간, 그리고 저녁 5시 30분부터 40분간 하루 세 차례 방송이 진행되었다. 그리고 편성계, 기술계, 아나운서계의 세 부서로 나뉘어져 있었다. 방송부장 밑에 계장 세 명, 그리고 부원, 모두 열다섯 명 남짓했던 기억이다. 하루 3번, 아침과 점심 그리고 저녁에 마주하는 선배와 후배는 함께 끼니를 자주 하지 못했으나 매끼니 마다 마주하는 식구였다. '대학생 방송 식구'라고 할 수 있다.

DUBS 동국대학교교육방송국, 당시 방송부는 교내 소식과 음악을 틀어주는 방송, 드라마 형식의 방송물을 주로 했었다. 단지 누군가의 귓속에 울림으로 다가서는 대학의 순수함으로 모든 것을 채웠다. 하지만 해야 할 것 보다 하지 말아야 할 것이 많았다. 우선 팝송은 물론 가요조차 방송으로 내보내면 안 된다는 학교의 따가운 시선이 존재했다. 그저 클래식 음악만을 방송으로 내보낼 수 있었다. 대학생이 되면 모든 것을 맘대로 자유롭게 할 수 있을 줄 알고, 그렇게 신나게 살았는데 방송부 내에서만은 그 자유가 허락되지 않았다. 유리벽 너머에 갖힌 기분이었다. 가냘픈 현絃과 심장의 두근거림을 드러내었던 피아노, 그리고 소리내어 울었던 관악기만이 억압당한 우리의 자유를 달래주는 듯했다. 이때 친구들과 자주 들었던, 우리에게 있어 바이블과도 같았던 음악이 있다. 바로 파블로 데 사라사테Pablo de Sarasate의 지고이네르바이젠 집시의 노래Zigeunerweisen Op.20, No.1이다.

사라사테의 짙은 현악기 연주는 현을 놀리듯 깊고 낮음 그리고 빠름과 느림이 쉼 없이 교차한다. 그 교차의 흐름에 두 눈을 감으면 현이 가슴을 긁어내린다. 마치 한 맺힌 서러움이 드러나는 듯 시대의 어둠을 담아야 했던 청춘이었다. 이 음악을 자주 들었다. 그리고 함께 들었다. 한순간 '함께 함'이라는 DUBS 동국대학교교육방송국, 방송부의 시간은 한 시대의 공감이 되어 때로는 울분으로, 때로는 방송금지라는 봉인封印을 풀어 짧은 자유를 들어내고는 했다. 가요와 팝송을 틀기는 틀었다.

당시 금지의 봉인을 풀어 교정의 소리로 드러내는 일은 대학생으로 감당해야할 또 다른 사건으로 이어졌다. 방송이 금지된 곡을 고르고 방송으로 이를 송출하면 대학본부 학생과에서 관련 방송부원의 호출이 따른다. 그리고 이에 따르는 책임을 묻기 시작한다. 물론 학생부의 질책은 단순한 문서와 언어를 넘어섰다. 학교라는 권위가 앞서고 그 권위의 힘이 뒤따르며 신체적 우위를 증명하듯 거침없는 행위로도 이어졌다. 달리 몇 대 맞으면 해결되는 일이었다. 물론 그 순간 또한 잊으면 된다. 하지만 잊혀지지 않는 학생과 직원들도 있다. 심광보, 박동기 선생이다. 잘못을 하지 않았기에 당당히 뒤돌아서면 다시 사라사테의 지고이네르바이젠을 듣고는 했다. 우리에게 다른 대학생과 달랐던 하나는 방송이 없는 시간에 책 보다는 음악을 듣는 특권이 있었다. 하지만 드러내지 못하는 언론의 한계도 있었다.

지고이네르바이젠, 이 음악은 울분을 쌓는 저마다의 가슴이자 그 울분을 다시 위로하는 소리였다 그리고 다시 마주하는 방송부원 자리를 채우는 한결같은 메뉴와 같았다. 긴 시간이 지나 학생 방송을 매우 엄한 기준으로 관리하던 박동기 선생은 1990년 동국대학교 방송국 지도교수를 하였다고 한다. 시간은 흐르고 사람도 흐르는 어찌할 수 없는 수레의 한 점이 아닌가 한다. 하지만 지금도 학생과는 싫다.

지금의 나, 잊혀지지 않는 한순간

지금이라는 현실에서 지난 과거의 한순간을 선택하라면 내게는 열정이라는, 아니 먹고 살아야 하는 절박함을 이겨내야 하는 한순간이 떠 오른다. 함께 방송을 했던 동기들과의 어울림은 음악과 함께 막걸리로 이어졌다. 당시 안주 없이 마실 수 있는 술은 막걸리였다. 그리고 막걸리를 즐기고자 명동으로 나아갔다. 낭만이 시작된 것이다. 가능하면 큰 사발에 가득한 막걸리는 탁 쏘는 느낌으로 젊은 열기를 달래고 식혔다. 그리고 저마다의 끼를 분출하는 시간의 풍미를 만들었다. 그 자리를 함께 했던 조민현, 송기봉, 황석홍 그리고 오인순 친구들은 클래식에 막걸리를 걸치던 기억을 놓지 않았다. 그림이 좀 우스워 보이긴 하지만 막걸리에 클래식은 그리 나쁜 조합은 아니다. 전통음악에 전통주이니 이 같은 궁합은 없을 터인데, 지금 생각으로는 우습기는 하다. 가끔 누군가 장학금을 받거나 용돈벌이를 하는 날이면 당시 첫 출시된 생맥주를 마실 수 있었다. 병맥주에 익숙했던 입맛에 생맥주는 달랐다. 주로 명동의 오비스케빈OB's Cabin을 찾아 마시던 생맥주는 멋이라는 안주만으로 즐겼던 기억이다. 그곳은 송창식·윤형주·김세환 트리오가 통키타 울림으로 명동의 젊은이를 줄을 세웠던 곳이다, 그리고 음악과 함께 깊은 맛의 생맥주는 남달랐다. 우선 부드러운 거품에 입을 적시는 그 순간은 그냥 음미吟味다. 없으면 막걸리, 있으면 생맥주. 그 시대의 해가 진 시간은 매일 그랬다.

물론 12시를 넘겨 밖을 나다닐 수 없는 통금通禁, 통행금지의 시기였으니 시간 조절은 지혜에 가까웠다. 어리석게 술 마시다 늦게 되면 한순간에 통행금지법 위반의 범법자가 되는 그런 시기였다. 그래도 우리들의 열정은 이 자리에서 시작한다. 세상의 정보가 서로 다른 시선으로 모이고 그 시선의 논쟁은 저마다의 생각을 키웠다. 아울러 먹고 살아야 한다는 절박함 또한 술과 함께 시작되었다. 그저 속내를 드러내는 속물들의 진실했던 순간이었다. 그래서 더욱 잊혀지지 않는 것 같다. 그래서 옛 친구를 만나면 옛이야기로 채우고, 저마다의 지친 삶을 옛 순수함으로 세탁하고 있다는 생각이다.

열정 + 미래 = 동우同友와 산을 오르다

'50년 전, 나에게 열정은 무엇이었을까?' 그 질문에 답을 찾기란 생각보다 빨랐다. 나에게 열정은 잘 먹고 잘 살아야 하는 현실적 숙제를 극복하기 위한 낭만적 투쟁이었다. 먹고 살기 힘들었으니 잘 먹고 잘 살아야 했다. 이를 누군가는 처절했을 것이라 생각하지만 그 안에 낭만이 있었다. 아마도 지금의 경쟁과 성공이라는 목적 속에서 누구나 낭만은 성공의 결과이지 과정은 아니라고 할 것이다. 하지만 나에게는 달랐다. 먹고 살기 위한 취직의 과정은 열정이자 미래였다. 그리고 그 속에는 낭만이 있었다. 아마도 요즘은 책이라는 경쟁적 암기가 열정의 과정이라면 나에게 열정은 세상을 향한 삶의 마주침이었기에, 우리세대는 열정 속에 낭만의 힘을 담아 지금껏 키울 수 있었던 것 같다.

나의 낭만은 방송이었다. 60년대 말과 70년대, 일선 공중파 방송국에서는 대학생을 대상으로 하는 전국방송경연대회를 경쟁적으로 진행하고 있었다. 드라마뿐만 아니라 녹음 구성 등 다양한 형식의 대학생 방송 제작물이 출품되어 방송의 전파로 전해지기도 했었다. 물론 대학방송국 제작부였던 나의 두 눈에도 그 대회는 푸른 바다에 낚싯대를 던지듯이 한 번 던져야 하는, 아니 먹고 살기 위한 직장을 구하기 위해 내 몸을 던져야 했던 시험대였다.

그 시험을 준비하는 중심에 대학방송국이 있었다. 스튜디오 공간과 녹음실이 변변치 않았던 60년대 말, 방송부는 각종 행사에 음향기기를 설치하고 교내 방송에서 제한된 음악과 소식을 전하던 것이 전부였다. 이런 시기에 공중파 방송이 주관하는 대학생 대상의 방송경연대회와 함께 미8군 프로그램을 대학생이 직접 또는 간접적으로 제작하는 경험이었다. 그 경험은 아마추어에서 프로로 나아가기 위한 관문이자 낚시 밥이 없어도 낚싯줄로 던져 잡아야 했던 우리의 기회였다. 그 기회를 위해 후배 황영균 동우와 함께 산을 오르기 시작했다. 물론 라디오 방송을 위한 취재였으니 AKAI 릴 녹음기를 어깨에 메야 했다. 나는 제작, 기술은 황영균. 나는 선배, 영균이는 후배. 그러므로 릴 녹음기는 후배 황영균의 어깨에 있었다. 릴 녹음기는 10개의 건전지를 채워 생명력을 전기신호로 일으킨 뒤 마이크를 꽂아 사람과 자연의 소리를 담아야 비로소 그 기능을 다할 수 있었다. 그리고 산은 오르는 것으로 알았다. 하지만 산은 계곡을 가지고 있었다. 산을 오르다 다시 내리막길로, 그리고 다시 오르기를 반복하며 계룡산 깊은 곳을 찾아 나섰다. 그렇게 우리들의 낭만 변주곡은 시작되었다.

지난 밤, 옥황상제 납시오

그 당시 대학생방송경연대회의 출품작은 대학생의 참신한 시선으로 우리사회와 문화를 담는 라디오 드라마 형식이 대부분이었다. 무엇보다 중요한 것은 '무엇을 바라볼 것인가?'라는 주제와 '어떻게 다가설 것인가?'라는 연출 문제였다. 특히 토속적 민족문화에 대한 갈증이 문화 전반에 있었기에 이를 어떻게 다가서 드러낼 것인가의 문제 또한 풀어야 할 과제였다.

'무엇을 바라볼 것인가?' 그 고민의 답은 쉬웠다. 하지만 그 접근과 풀이는 상상에 없는 현실이 되었다. '사이비 종교',

해방 이후는 경제적 고난 속에 병과 가난이 떠나지 않던 시기였다. 이러한 사회분위기는 사이비에 대한 논쟁과 함께 그 현실을 살피고 이를 우리문화의 긍정적 가치로 살려야 한다는 생각이 앞섰다. 결국 '사이비'를 주제로 방송드라마를 만들고자 했다. 그런데 '어디서 사이비를 찾아야 하나?' 만나면 '사이비냐고 확인부터 해야 하나?' 몇 가지 질문에 그만 웃음이 나왔다. 그 웃음 속에 낭만 또한 숨어 있었다.

"학문의 지성知性인 대학생 중에도 사이비는 있는데……."

누군가의 한 마디에 서로를 살폈다. 수적 계산은 답이 되었다. 다들 나를 바라보고 있었다. 순간 '사이비는 사이비로' 내 마음은 비논리적 자신감으로 채워지기 시작했다. 그리고 자신감은 밀어붙여 현실로 드러내어야 했다.

그해 겨울, 점占집 많고 암자 많은 계룡산으로 향했다. 물론 황영균 후배가 함께 따라 나섰다. 무조건 암자를 찾고 낯선 자와 마주하여 모든 이야기를 녹음하기 시작했다. 한번 나선 길이기에 많은 것을 담고자 하는 마음이 앞섰다. 일단 일주일 취재를 계산하고 나섰다. 계룡산을 뒤지기 시작한 어느 하루는 추위에 떨며 작은 암자를 찾았다. 산 속이라 눈은 녹지 않고 쌓여 있었다. 오직 사람 발자국만이 길이 되어 있었다. 누군가 있어야 했는데 암자에는 아무도 없었다. 춥고 배는 고팠다. 일단 인기척 없음을 확인하고 방문을 열었다. 사실 방문을 열기 전까지만 해도 따듯한 방을 생각했는데 냉골이다. 주위를 살피니 장작은 충분했다. 영균이와 나는 불을 지피기 시작했다. 그리고 장작에 불이 충분히 붙었다고 생각하고 방 안으로 들어갔다. 아직 냉기가 가시지 않았다.

'방법은?'
'나무를 더 넣으면 되지!'

영균이와 나는 말없는 동의를 한 듯 다시 아궁이 장작을 밀어 넣기 시작했다. 그리고 방은 잠시 따뜻했다. 기억 속에 '잠시' 따뜻했다. 피곤도 풀리는 듯 했다. 이게 방구들인가? '잠시'는 과거가 되고 '순간' 방은 들끓기 시작했다. 마주보는 영균이와 나의 얼었던 얼굴은 바로 붉게 변하고 방바닥도 붉은 색을 띠는 듯 끓었다. 있을 곳이 못 된다는 판단이 앞섰다. 몸은 이미 방을 나섰다. 식혀야 했다.

'방법은?'
'보이는 대로!'

말없이 나와 영균이는 맨손으로 암자 뜰에 쌓인 눈을 담아 방바닥에 던지기 시작했다. 일단 식혀야 다시 쓸 수 있다는 생각뿐이었다. 지금 생각하면 그냥 습식 사우나다. 불과 물로 인기척 없는 방의 난리가 정리되고 다시 평온한 공간이 되었다. 습기로 가득 찬 그래서 건조하지 않은 더구나 주인 없는 방에서 편히 아니 푹……. 하룻밤을 보냈다. 어제는 난리였으나 오늘 아침을 돌이키니 너무나 잘 잤다. 다시 사이비를 찾아 나선다.

또 다시 어느 암자를 찾았다. 다소 불안했다. 누군가 범상치 않은 인물이 나온다. 우리가 취재를 위해 이곳 계룡산에서의 삶을 물어보아야 하는데 그가 먼저 묻는다.

"어제 밤, 꿈에 옥황상제가 오셨는데 바로……."
'어머나, 우린 지난 밤 불과 물이 오고가는 염라대왕을 만났는데 옥황상제라니!'

우리의 생각은 대답으로 이어지지 못했다. 왠지 거부하면 부정한 놈으로 몰릴 듯하다. 결국 이런 저런 이야기로 시간을 때워야 했다. 이름 모를 도사님은 영균이보다 나를 자주 보고 있다. 누군가 나를 주의 깊게 본다는 것이 무섭다는 것을 일찍이 알게 되었다.

'마냥 이러다가는 진짜 사이비 된다.'

마음 속, 양심 아니 두려움이 치밀어 오른다. 일단 시선을 피하자. 그리고 그의 시선이 머물지 않으면 빠른 걸음으로 달리자. 어제 밤은 불과 물, 화마火魔 수마水魔를 피해야 했다. 하지만 오늘은 사이비를 피해야 한다. 영균이와 나는 옥황상제 운운하는 그 자의 시선을 피해 달아나야 했다. 열정보다 미래가 중요했다. 미래보다 지금 영균이가 소중했다. 피할 건 피해야지.

긴 시간이 지나고 나는 다시 범패와 관련한 음악드라마를 만들기 위해 다시 절을 찾았다. 스님 또한 만만하지 않았다. 왜 그리 무모하게 산을 찾아 헤매었는지, 돌이켜 보면 그 당시 경연대회 출품은 생존의 문제였다. 이거 안하면 죽는다는 생각으로 다가섰던 경연대회였다. 50년 전, 대학생 방송경연대회는 나에게 살아야 한다는 무언無言의 길이었다. 소리로 담아 전하는 일은 보람이었으며 출품은 명예였다. 그리고 직장으로 진출하는 길이 되었다. 결국 '파도소리'라는 라디오 드라마를 제작, 대학생방송경연대회에서 상을 차지하는 결과로 나는 방송국 아나운서라는 직업을 갖게 되었다. 그렇게 방송부를 벗어나 세상을 둘러보는 일은 설렘과 즐거움이 되었다. 하지만 다시 학교교정을 오르는 길이면 웃음기를 지워야 했다.

유신維新, 그래도 방송은 낭만이다

대학 4학년이었다. 웬 장갑차가 학교를 지키고 있다. 교정의 부처님은 군인들의 경계근무를 받으며 말없이 서 있다. 나도, 방송국 동우들도 웃음기를 지워야 했다. 대학생의 정치적인 발언은 새로운 세계를 열었다. 바로 군 입대의 길이다.

동국대에서 군대로……. 전학도 이런 강제 전학이 없다. 남자 학우가 안보이면 군대를 간 것이었다. 군대 가면 사람 된다는 어른들의 말도 싫었다. 방송부는 정치적인 성향을 드러내지는 않았다. 다만 정치적 유세 현장에는 꼭 있어야 했다. 각종 집회의 방송 장비를 설치해주는 일은 했어야 했다. 아니 할 곳이 방송부 밖에 없었다. 하지만 방송부를 관리하는 학생과에서는 이를 말렸다. 아니, 하면 안 된다는 강압과 폭언 그리고 폭행도 이어졌다. 하지만 시국을 비판하고 민주주의의 가치를 갈망하던 학우들의 곁에 우리는 있어야 했다. 긴 시간의 변화 속에 민주주의는 느린 걸음을 옮겼고 그 길은 분명 나아가야 했던 길이었기 때문이다.

학교 교문을 막은 탱크, 그 앞을 지나가며 방송부는 꿈을 이었다. 직업 방송인이 되어 변화된 세상을 조금 더 빨리 이끌어야 한다는 생각에 다시 나는 후배의 경연대회 출품을 도와야 했다. 하지만 어려웠다. 방송부는 대학본부 학생과의 지원으로 운영되는 교내 기관이었으나 지원이 줄고 결국 몇 번의 시국발언에 방송장비를 지원한 죗값으로 학교의 지원이 끊기게 되었다.

후배와 함께 늦은 밤까지 KBS대학생경연대회를 위해 연습하고 녹음을 지워가며 좀 더 나은 작품을 만들고자 저마다의 열정과 낭만을 더했다. 밤 10시, 11시가 넘어서야 한끼 걱정을 서로 했던 기억이다. 분명한 것은 예산이 없었다. 결국 방송부 연습용 아카이 AKAI 녹음기 2대 가운데 1대를 경연대회에서 수상하면 갚는다는 조건으로 청계천 방송기기전문점에 맡기고 돈을 빌려야 했다. 우선 먹어야 살 수 있다. 먹어야 무엇이든 할 수 있었다. 군용 슬리핑백에 몸을 집어 놓고 방송부 한 공간에 기대어 아이디어와 연출을 고민하며 녹음을 지우고 다시 하기를 반복했다. 그리고 지치면 어느 선배부터 들었는지 모를 파블로 데 사라사테 의 지고이네르바이젠을 들었다. 여유 있는 날이면 그 자리에 막걸리 한 말이 있어 행복했다. 아마도 불상 옆에서 슬픈 노래를 곁들여 막걸리를 마셨던 그 추억은 선배와 후배 그리고 동기들이 함께한 일품一品이었다.

그러던 어느 날 닭고기 라면이 등장했다. 이를 코펠에 넣고 휘발유 버너에 불을 붙이면 더 없이 좋은 날이 되기도 했다. 서로 마주 보는 얼굴에 웃음이 담기기 시작했다. 이런 삶 속에도 새로운 후배가 들어온다. 대학 생활의 한 부분을 무엇인가 채워야 했던 젊은 청춘, 새내기들이다. 이들에게 환영회는 선배들이 마련하는 폼 나는 자리어야 했다. 그 당시 우리는 신입생 환영회를 위해 무교동 서린낙지집을 찾았다. 냉면그릇에 막걸리를 가듯, 그리고 낙지 한 점이 멋을 살렸다. 사실 무엇보다도 그 당시 낙지볶음은 경제적인 술안주였다. 일단 짜고 매우니 적은 돈에 배불리 먹을 수 있는 절묘한 가격과 폼 나는 안주였다. 물론 밥은 추가로 볶아야 한다.

대학을 졸업한지 50년이 흘렀다 그러던 어느 날, 후배가 물었다.

"다시 대학생이 된다면 무엇을 하고 싶으신가요?"

간단하다. 생맥주를 실컷 마실 것 같다. 지금 들으면 이상한 놈이라고 할지 몰라도 그냥 방황과 갈등 이런 것을, 그것도 많이 해 봤으면 한다. 사실 50년 전 우리는 전쟁이 끝나고 산업화의 시작과 함께 대학을 다녔다. 아마 박정희와 함께 허리 졸라매고 새마을 정신으로 무장되어야 했다. 어렵고 힘든 시기를 살았다. 살기 위한 갈등은 짧아야 했다. 하지만 지금 대학생이 된다면 방황과 갈등을 즐겨보고 싶다. 그리고 요즘 의지가 약한 청춘들이 많으니 방황과 갈등 속에 저마다 각자의 의지만이라도 있었으면 한다. 그러니 방황을 하고 싶다. 방송을 통해 해 보고 싶은 것은 많이 했으나 개인적인 성찰과 방황 그리고 시간적 여유가 내게 부족했다는 생각이다. '그냥 절에 가버릴까?'하는 기억도 있다. 잠시 말이다.

사실 나는 음악을 소개하며 반세기를 살아왔다. 그런 음악 가운데 방황과 갈등의 청춘들과 나누고자 하는 음악이 있다. 그 첫 번째는 당연히 비틀즈다. 비틀즈는 대중음악의 시작이자 끝이다. 내 음악 인생에 비틀즈 이상은 없다. 다양한 종류의 음악을 시도한 그룹이자 모든 음악이라 여겨도 좋을 정도다. 가사도 좋았다.

1968년 11월 발매된 더 비틀즈The Beatles 앨범 네 번째 트랙 그곳에 '오블라디 오블라다Ob-La-Di Ob-La-Da'가 있다. 이 노래의 가사 속에 "Life goes on"이 있다. '인생은 흘러간다. 계속된다'라고 노래한다. 그리고 노랫말은 한 번 더 강조된다. 'how the life goes on. 어찌되었던 인생은 흘러가잖아.' 라고 말이다.

요즘 젊은 한 때의 시간이 어렵고 힘들다고 스스로 말한다. 우리사회도 그렇게 말한다. 하지만 비틀즈는 다시 한 번 말한다. "How the life goes on. 어찌되었던 인생은 흘러가잖아."라고 말이다. 하지만 누군가는 자신의 인생을 멈추고 힘들다고 한다. 멈추어 서 있으며 다 끝난 것이라고도 한다.

사실 나는 대학교 방송부 생활이 현업으로 이어져 '하고 싶은 것만을 한 것이 아니냐?'는 부러운 시선을 자주 만났다. 하지만 내게도 아쉬움이 있다. 나에게는 나의 인생이 있기 때문이다. 대학 생활도 재미있었다. 막걸리로 목을 축이고 음악으로 귀를 달랬다. 그리고 먹고 살기 위한 아이디어를 소리로 담아 전달하기도 했다. 그래도 다 이룬 것 같아 보이는데 아쉬운 것은 있다. 그래서 아침이면 다시 눈을 뜬다. 그리고 밤이면 음악을 들으며 다시 내일을 생각한다. 아쉬움을 줄이는 인생이어야 함을 나날이 깨닫는다. 그리고 요즘 세대와 달리 부모님의 전폭적인 관심이나 지원을 받지 않아 내 스스로 나의 미래를 개척해 나아갔다. 요즘 표현으로 보자면 '자기주도적' 삶을 산 셈이다.

바쁘고 힘들다는 생각이 대중의 이념이 되는 세상 속에서 더 이상 낭만이 사치라는 그릇된 집착이 없어지기 바란다.

How the life goes on!
어찌되었던 인생은 흘러가니까 말이다.

1972년 필자의 대학원 졸업식 사진이다. 왼쪽부터 이화영, 정선옥, 필자 김기덕, 맨 오른쪽은 이창묵.

경험, 비움을 채우는 과정

장준보 14기 기술

동국대학교 연극영화학과 72학번.
연극영화과에서 연출이나 연기가 아닌 방송기술 분야에 관심을 가지고 대학 생활을 시작한다. 기계는 그 원리를 알아야 '진정 다루는 것'이라는 생각을 가지고 도구로서의 카메라가 아닌 연출로서의 카메라의 역할에 관심을 키우고 동양방송에 입사, 이후 한국방송공사 KBS와 서울 방송에서 다큐멘터리 촬영 감독을 하며 80년대 수교국가의 문명과 오지를 탐험하였다. 30여 년간 방송카메라의 변천을 경험한 앞선 노하우를 퇴직 이후 대학에서 가르쳤으며 지금은 전원생활과 함께 기술변화의 흐름을 쫓으며 즐기는 삶을 이끌고 있다.

1974년 TBC 동양방송 TV 시절,
삼학산 정상에서 필자.

1972년, 나는 대학생이 된다. 동국대학교 문리대학 연극연화학과 1학년 장준보.

요즈음 연예인은 초등학생들의 꿈이자 연예기획사가 아니면 될 수 없는 것과는 달리 1970년대는 그저 영화가 좋아서 방송이 좋아서 연극영화학과를 갔다. 연기자가 아닌 연출자의 꿈, 아니면 순수한 연극 연기자의 꿈을 가지고 대학을 찾았다. 나도 그런 것 같다. 하지만 나의 눈에는 연출과 함께 기계가 들어왔다. '연출가의 시선으로 기계를 연출하면 어떨까?'하는 생각으로 학과 사무실, 무대 그리고 스튜디오를 살폈다. 그리고 필름을 사용하던 동영상 카메라, 조명, 나아가 무대의 구석구석까지 사실 나는 연기자 주변의 빛과 무대 그리고 기계에 관심이 많았다. 그 시절 기계에 관심을 가지고 장비욕심을 내던 나는 방송 기술자로 꿈을 가지지 않았다. 하지만 자연스럽게 나는 방송가의 카메라 기술에 다가서는 길을 걷게 되었다. 그 길의 시작에는 나에게 던진 연극영화과 선배의 한마디가 있었다.

"준보야, 너 녹음기 만질 줄 아냐?"
"만지지 못하는 게 어디 있어요. 만지죠."

그렇게 연극과 영화의 다양한 기계에 다가서게 되었다. 사실 중·고등학교 시절 들락 달락 거리던 청계천 전자상가, 세운상가 그리고 그 길가에서 보고 즐기며 호기심을 가졌다. 그 길의 끝은 전기 전자에 대한 관심이었다. 단지 보고 만지던 자신감을 깨워준 선배는 나를 이끌고 방송현장과 무대, 조명의 세계로 이끌었다. 20대의 시작은 연극영화과의 기술을 보고 배우고 익히던 즐거움의 나날이었다. 그리고 내가 걸어온 그 길에는 대학방송국이 있었다. 바로 DUBS 동국대학교교육방송국이다.

내 인생의 시작점 'TR'

1학년 시작과 함께 연극영화과를 넘어 세상을 살폈다. 눈을 돌려 학교 구석구석을 살피던 가운데 방송국이 들어왔다. 눈에 들어온 두 글씨는 '모집'이었다, 바로 동국대학교교육방송국 신입방송국원 모집이었다. 그리고 단 하나의 생각이 이어졌다.

'저기는 방송 장비가 좀 많을까?'

'궁금하고 해 보고 싶은 것은 해야만 한다'는 생각으로 살았던 나는 대학방송국에 문을 두드렸다. 그것도 기술부다. 시험은 간단히 아는 것만 나왔다. 마음 편히 봤다. 그리고 면접이다. 한 선배가 묻는다.

"장준보 실력 좀 보자. TR이 무엇인지 설명해 봐."

"TR은 트랜지스터transistor의 약자…… 규소나 게르마늄으로 만들어진 반도체를 세 겹으로 접합하여 만든 전자회로 구성요소이며 전류나 전압흐름을 조절하여 증폭 또는 스위치 역할을 하며…… 열에 약하고…… P형 반도체와 N형 반도체를 세 개의 층으로 접합하여……."

내가 알고 있는 모든 것을 이야기 했다. 질문을 던진 선배들은 서로를 마주하며 속삭이듯 발하고 있다.

"저놈, 연극영화과 맞아? 공대 아니야?"

장준보 합격. 그리고 뒤늦게 선배가 알려줬다. '사실 그때 연극영화과 친구가 기술을 알기나 하겠어'라는 생각으로 던진 질문에 거침없이 대답을 하는 나를 보고 놀랐다고 말이다.

기계에 관심을 가지고 살피던 재미 속에 기계의 원리와 이론을 알아야 속이 풀리던 나였기에 기본적인 기계이론과 전자이론은 찾아 배워야 했다. 뒤져야 했다. 하고 싶은 것을 하기 위해 뒤지고 찾아 결과로 드러내야 했다. 그리고 직접 라디오를 만들고 소리를 듣는 일이 즐거웠다. 그렇게 즐거움은 나의 길을 열기 시작했다.

해보기는 했니? 릴REEL 중계!

나에게 기계는 시간 보내기 좋은 친구와 같았다. 특히 방송국 아카이 릴REEL 데크는 그 조작이 재미있다. 큰 원통에 감긴 테이프를 영사기 필름을 걸듯이 기계에 걸어 돌리면 녹음과 재생이 가능한 이 기기는 방송녹음을 하고 이를 다시 송출하는 녹음방송의 필수품이었다. 아마 한 번도 보지 못한 사람이 많을 것이다. 영화 '보헤미안 랩소디'에서 퀸이 처음 녹음실에 녹음한 바로 기기다. 테이프의 가격이 비싸 퀸은 여러 번의 녹음으로 테이프가 얼마 남았는지 걱정하는 장면 속에 등장하는 기계가 릴 데크다. 상당히 고가의 기기이다.

어느 날 방송국 스튜디오 안에 자리한 릴 테크를 현장 속으로 옮겨 있는 그대로의 소리를 담아 전하는 구상을 동기들과 함께했다. 그리고 모두가 궁금한 소식을 한 문장의 결과가 아닌 이해할 수 있는 과정으로 들려주면 좋겠다는 생각은 이내 현실로 옮겨지기 시작했다.

'동국인이라면 모두가 관심을 가지고 있는 것은? 대학야구. 대학야구 현장에서 이를 중계녹음하고, 바로 그 녹음테이프를 방송국에서 틀자.'

생각은 간단했다. 기술적인 부분은 내가 해결해야 했다.

'동대문운동장지금의 동대문디자인플라자이다. 학교와 거리가 멀지 않다. 그러면 기계를 가지고 가는 일은 어렵지 않다. 하지만 건전지로는 오래 버티지 못한다. 그럼 전기는?'

생각보다 스튜디오 밖은 해결해야 할 일이 많았다.

'그런데 중계는 누가 하지?'

친구 정현석이 선뜻 나섰다. 그럼 연출이 필요한데…… 연출은 한성철. 기본은 갖췄다. 시합 날짜에 맞추어 연습을 했다. 야구경기 라디오 중계를 몇 번 듣고 이를 따라 배우는 현석이는 매우 중요했다. '있는 그대로'의 경기장, 거친 숨소리를 담아 열정 가득한 함성을 소리로 전해야 했다. 우리 셋의 공통점은 서로를 응원하는 힘이 되었다. 방송국 동기, 연극영화과 72학번. 그리고 방송기기에 대한 관심도 나와 함께 키웠으며 힘 넘치는 전달은 현석이가 이끌었다. 그리고 이를 조절하여 최상의 느낌을 전달하는 연출과 그 조율은 성철이가 책임졌다.

기다리던 야구경기가 시작되던 날이다. 동국대학교와 한양대학교의 첫 경기다. 우리는 릴데크와 마이크 그리고 전기를 이끌 전선을 가지고 동대문야구장으로 갔다. 그리고 스탠드 중앙

쪽으로 자리를 잡고 녹음상태의 기술적 확인을 시작으로 야구경기를 눈으로 비추어 입으로 담아 테이프에 기록하기 시작했다. 오전 시합이었다. 방송은 점심시간에 한다, 릴 테이프에 녹음이 다 되면 들고 방송국으로 뛰어야 했다. 그리고 방송국에서 걸고 틀어야 한다. 경기장에 가지 않아도 야구경기를 보는 듯이 듣는 실시간 녹음 방송이 시작된 것이다. 젊었나 보다. 풍족한 방송환경에 익숙한 지금이라면 누구라도 하지 않았을 것이다. 대학방송국의 열악한 기기를 활용한 최초의 녹음 중계방송은 아마도 DUBS 동국대학교교육방송국에서 처음 시작했을 것이다.

기계에 대한 관심이 시작이었다면 그 관심은 이론을 담아 현실 속 실현하여야 한다는 거친 과정 속에 내가 존재했던 모양이다. 이를 지켜보던 학교방송국 선배는 기계 욕심 넘치는 후배들을 위해 공중파 방송국에서 사용하던 사용기한이 넘긴 방송기자재를 기증하기 시작했다. 아마도 열악했지만 열정이 넘치는 순간은 모두에게 더 좋은 기계를 갈망하는 기도였을까? 먼저 당시 종로 5가에 위치한 기독교방송국 김항진 선배는 기독교방송국의 기기를 학교 방송국에 기증해 주었다. 못 쓰는 기계는 부품용으로 가져와 오랜 세월 동안 방송기기 생명력을 지속시켰다. 생각해보니 불교종립학교 동국대학교가 기독교 방송국의 후원으로 방송의 열정을 키우는 인연을 만들었다니 신기하다. 부처님의 자비인지, 하느님의 은총인지……. 선배님의 사랑이었던 것만큼은 확실하다.

대학 졸업, 영화, 무대, 그리고 광고제작

대학을 졸업하고 나는 '직업'에 호기심이 생겼다. 대학 생활을 하며 용돈벌이로 시작한 대학 방송제 그리고 연극 무대 설치와 함께 조명은 빛에 대한 이해를 키우는 실습이었다. 나에게는 실습이었으나 드러난 작업은 프로처럼 다가서야 했다. 여러 대학의 아마추어 연출가 앞에서 가장 좋은 무대와 조명에 대한 경험 그리고 그 추천은 두둑한 용돈벌이가 되었다. 그리고 연출에 있어 빛을 살리는 중요함 또한 커져갔다.

'연극배우, 연출 알지만 그 곳에는 기계가 없다. 내적 고민을 키워 연출을 드러내는 길이 아닌 새로운 길을 찾자.' 나의 고민은 시작되었다. 그리고 현실의 변화도 다가왔다. 졸업 후, 연극영화과로서의 선택은 그저 주어졌다. 당시 유현목 교수님, 아니 졸업을 했으니 유현목 감독님이라 불러야 했다. 남산에 위치한 유현목 감독님의 '유 프로덕션'에서 보조연출을 시작으로 15초로 응축된 메시지인 광고 제작을 했다. 경험은 부족함을 부끄러워하는 또 다른 시작을 잉태한다. 나에게도 이는 다르지 않았다. 누군가는 경험을 발전이라 부르지만 나에게는 비움을 채우는 과정이다. 나는 다시 대학원을 진학하며 교수가 되고자 하는 생각을 키웠다. 대학원 진학을 신청하고 그 답을 기다렸다. 답이 왔다.

대학원 합격으로 나는 일과 배움을 병행해야 했다. 하지만 나에게 다가온 제안은 내 생각과 일치하지 않는 일상을 만들었다. 학교 선배가 안전한 직장 자리라고 나를 공연윤리위원회에 추천한 것이다.

새로운 경험으로 새로운 사실을 알았다. 별정직 공무원으로 특채된 그곳은 군사정권시절 공연문화계의 권력이었다. 검열이라는 칼로 가능한 것과 가능하지 않은 것을 잘라내야 했다. 일이 나에게 맞지 않다는 생각이 너무나 빠르게 다가왔다. 그러나 공연윤리위원회의 신분증은 공연계의 권력이었기에 나는 철없이 잠시나마 행복에 취했었다. 무대 심사, 영화 대본 심사, 음반의 표절, 음란성과 사상성……. 하지만 권한을 넘어선 권력은 나에게 시간을 더할수록 더하면 안 되는 경험으로 인지되기 시작했다. 다시 원점으로 돌아가야 했다.

연극영화학과, 이곳은 관리자를 키우는 곳이 아니다. 예술을 위해 술잔을 기울이고 그 자리의 주량이 그 만큼의 고민이 된다, 다시 고민은 주량을 더해 작품이 되는 순수함이었다. 그리고 나는 다시 생각했다. '대학원에서 배우고 익혀 가르침으로 완성하자!' 공연윤리위원회는 이런 나에게 대학원의 기회를 용인해 주었다. 그리고 시간이 지나 대학원 조교의 역할을 더하며 가능한 많은 일들을 실전과 같은 경험으로 여기며 청춘을 채웠다. 배고픔이 아닌 청량감으로 다가오는 하루하루를 꿈꾸었다. 별정직 공무원의 신분으로 대학원을 졸업하고 학위를 받았다. 그즈음 78년, TBC 동양방송에서 신입직원 모집광고가 떴다.

취업 그리고 이적移籍

우리시대에는 '평생'이라는 직업의 가치가 있었다. 그래서 무엇보다 안정되고 높은 연봉을 더하면 최고의 직장이었다. 그런 직장 가운데 하나는 방송국이다. 사실 연극영화학과 학생이지만 방송 장비에 관심이 많았다. 어깨 너머로 방송장비의 조작과 원리를 익히던 나는 방송국 카메라 기술직에 지원했다. 학과의 모든 친구들이 연출자 혹은 연기자의 길로 향했다. 하지만 연출과 연기를 눈과 귀에 담았던 나는 친구들의 빛을 카메라에 담아 전하는 기술직에 지원했던 것이다. 이어 면접과 실기가 다가왔다. 카메라의 조작과 영상에 담길 대상의 표현력이 필요했다. 물론 나에게 실기는 연출경험의 축적된 힘이었다. 지켜보니 모두가 카메라의 위치를 조정하며 영상을 담았다. 실기 심사자 또한 이에 만족하는 듯 했다. 누군가 나의 이름을 불렀다.

"장준보"

그저 부름에 이끌리듯 카메라 앞에 섰다. 하지만 나는 카메라 자리를 벗어나 조명의 위치를 바로 잡았다. 단순한 카메라의 조작이 기본이지만 연출은 빛을 담는 것이다. 그 빛을 조화로이 드러내어 방송 메시지를 효과적으로 드러내고자 했다.

평가는 나뉘었다.

'저 친구 다르다.'

'저 친구, 조명지원자 아니야?'

그 당시나 지금이나 나의 생각은 다르지 않다. 카메라는 기술이 아닌 연출이다. 빛을 담아야 하는 직군이지 능숙한 카메라 조작자가 아니다. 하지만 신념은 직업 현장에서 스스로 세운 벽이 되고는 했다. 지금과 다르게 당시 방송 카메라 직은 대졸사원이 거의 없었다. 기술직이었기 때문이다. '기존'이라는 관성은 과거의 습習과 다른 문화를 벽으로 만들었다. 그 벽은 기술 변화의 흐름 속에 다시 적응해야 했다. 벽은 부서져야 할 저마다의 삶이었는지도 모른다. 그렇게 카메라 연출가로서의 길을 걷고자 했다. 하지만 다시 벽이 등장한다. 새로운 기기가 등장한 것이다. 벽을 허물어 새로운 카메라 연출을 위해 노력하는 길에 다시 벽이 등장한 것이다. 1980년, 그 시간은 나에게 상실이라는 뜻하지 않는 결과가 되었다.

1980년 11월 14일, 한국방송협회의 임시총회에서 현 상업방송체제의 공영방송체제로의 전환 등을 내용으로 하는 '건전언론 육성과 창달을 위한 결의문'이 채택된다. 내가 있던 동양방송이 그해 12월 1일, 한국방송공사에 흡수 통합되어 KBS라디오 제3방송으로 개편되었던 것이다. 물론 그 과정에서 우리는 실업자가 되어야 했다. 그리고 새로운 주인의 선택을 받아야 했다. 간택이라고 해도 될까? 기다림은 새로운 자리를 만들었다. 하지만 그 새로움 속에는 긴 시간 누적된 조직문화의 힘이 있었다. 그리고 그러한 조직은 새로움이라는 다가섬, 아니 어쩔 수 없는 인연을 경계하고는 한다. 결국 그 경계의 아픔은 먼저 다가서는 자의 몫이 된다. 하지만 힘들다, 그 아픔이 나의 의사결정과 달리 그저 정치와 권력의 피산물이었기에 더욱 힘들었는지 모른다. 직장은 그런 곳이다. 낯선 곳에 적응하고 자신의 생각을 키우고 드러내는 자기와의 고통이 생명력으로 드러나는 곳, 그곳이 직장이다. 그렇게 나는 KBS 한국방송공사의 카메라를 다루게 된다.

강 따라 만든 나의 인생

KBS에서의 시간도 흘렀다. 문학작품을 영상으로 담던 프로그램 〈TV문학관〉 속에서 자연히 카메라 연출을 담당하는 감독이 되었다. 순수문학작품을 담던 영상프로그램 속에 '카메라 감독 장준보'라는 수식이 따르기 시작했다. 이는 단순한 카메라 조작을 넘어 다양한 자연환경과 이를 비추는 빛을 감동적으로 담아야 했던 순간이자 기록의 경험이었다. 그리고 경험은 새로움으로 덧칠하듯 다시 깨고 성장해야 했다. 어느 날 다큐멘터리를 담아야 한다는 구멍 뚫린 벽이 다가왔다. 내가 깨야 하는 벽은 아니었다. 그저 회사의 명령으로 들어가야 하는 벽이었으나 그 벽 너머는 나도 새로웠다. 나의 기억도 다시 새로워야 했다.

중국 수교를 기념하는 프로그램 제작을 위해 6개월 간 양쯔

강 촬영을 시작했다. 그리고 3개월 쯤 접어들었다. 시간이 흐르니 만나는 자연은 더욱 넓어졌다. 어느 날 우리 팀은 양쪽이 모두 날라간 절벽 위를 지나고 있었다. 둘러 넓은 자연이 우리의 발아래 좁아진 것이다.

하늘 아래 깊은 산속이다. 녹음이 진정 푸른 하늘로 채워진 그날은 따가운 햇살 속에 섭씨 45도를 넘나들었다. 차에서 나오는 에어컨 냉기는 선풍기 수준을 넘지 않는다. 차도 지친 그래서 주변을 더욱 둘러보며 마음을 먼저 식혀야 했던 그 시절이 기억난다. 아무리 둘러보아도 위로는 하늘만 보일뿐, 민가는 물론 오가는 차 또한 하나 보이지 않는다.

눈앞에는 그저 앞선 대형 지원 트럭이 길을 밟아 하늘을 연다. 그리고 그 뒤를 이어 쌍용에서 만든 패밀리 자동차 세 대가 따른다. 첫 패밀리 차량에는 탐사대원, 담당PD, 카메라 그리고 내가 타고 있었다. 그나마 잘 닦여진 비포장 길인 천장 공로를 지나 갑자기 포장도로가 등장한다. 나는 속으로 환호를 질렀다. '달려!'라는 혼잣말과 함께 내심 회심의 미소를 지었다. 하지만 무심코 오른쪽 아래를 내려다 본 순간 갑자기 등골이 오싹 함을 느꼈다.

천 길 낭떠러지. 저 아래 중국에서 자주 볼 수 있는 청색 트럭이 종잇장처럼 구겨져 있었다. 머릿속이 복잡해지기 시작했다. 순간 옆에서 운전하던 탐사 대원에게 생존을 위한 한마디를 더했다.

"운전 조심해! 옆 낭떠러지에 차가 굴러 떨어져 있어."

"네, 형님 걱정 마세요. 시속 15킬로예요. 천천히 가고 있어요."

속도는 느렸다. 하지만 느낌은 조심스러움으로 빠르게 다가왔다. 역시나 갑자기 차가 우측으로 쏠리며 미끄러지기 시작했다. 아이쿠! 이젠 죽었구나 생각하며 외마디 비명을 질렀다.

"브레이크! 브레이크!"

그러는 동안 차는 점점 미끄러져 2차선 도로를 가로질러 오른쪽 천길 벼랑으로 돌진해 가고 있었다. 순간의 판단이 나의 목을 통해 소리로 격해졌다.

"모두 문 열어!!! 왼쪽은 왼발, 오른쪽은 오른발 밖으로 꺼내! 유사시엔 동시에 뛰어!"

문을 박차고 여는 순간, 차가 미끄럼을 약간 멈추며 아주 약하게 무언가에 닿는 감각이 느껴왔다. 차 앞쪽 반이 낭떠러지에 걸린 채로 서 있다. 나는 다시 뒤를 돌아보며 이성을 찾고자 했다.

"천천히 동시에 똑같이 차에서 빠져 나가는 거야! 김 감독, 카메라 챙겨!"

그리고 나도 모르게 누구보다도 빨리 차에서 빠져 나오려 했다. 그 순간 누군가 제일 먼저 후다닥 차에서 빠져 나가는 소리가 나는 것이 아닌가. '아이구야! 무게 중심이 바뀌면 차가 또 구를 텐데' 하는 생각이 순간 머릿속을 채웠다. 그리고 다시 이성과 감성을 더한 현실의 소리를 질렀다.

"빨리 나가!"

그건 비명이고, 절규였다. 나와보니 카메라 김 감독이 제일 먼저 빠져나왔고, 나머지 사람들은 동시에 나온 것이었다. 그 순간 발을 떼려고 하니 신발이 미끄러져 움직일 수 없었다. 그리고 보지 말아야 하는 곳을 보고 말았다. 바닥이다. 소리조차 낼 수 없는 황당함이 느껴졌다. 더위에 녹은 아스팔트는 내 신발을 자신의 검은 몸 속으로 잡아당기고 있다. 마치 검은 아이스크림 속으로 빨려 들어가듯이 말이다.

'아하! 이래서 차가 미끄러졌군.'

아! 이럴 때 또 나의 이성은 작동한다. 아스콘 처리한 도로가 태양열에 녹아 있는데, 차가 한대도 다니지 않아 평평한 정상적인 도로로 보여 착각을 한 것이었다. 다시 감정이 폭발한다.

"김 감독~, 혼자 살려고 먼저 내려?!"

"아니, 그런게 아니구요……."

우물쭈물 거리며 김 감독은 슬슬 자리를 피한다. 시간이 지나 이성을 찾고 다시 알게 된 사실은 김 감독이 '5대 독자'라는 사실이다.

그렇게 카메라에 담긴 나의 역정歷程은 이성과 감정을 교차하는 삶이었다. 양자강 그 깊은 골을 찾기 위해 산을 올라야 했다. 강을 따라 산을 오르기도 하지만 길이 없다면 산을 따라 강을 찾아야 했다. 이처럼 걸었던 길은 나에게 경험이 된다. 그 경험은 누군가의 신뢰가 되나 보다. 자연탐사 다큐멘터리를 담아온 나의 카메라 길은 다시 나를 찾는 새로운 공간으로 나서야 하는 인연이 되었다. 서울 방송 개국과 함께 개국 창사프로그램의 카메라 감독직 제안이 왔다. 상대하여야 할 자연은 강이다. 아마존이다. 다시 강이다. 그나마 위안이 되는 것이 있다.

"강은 흐른다."

그 흐름 속에 자연은 다시 시간의 흐름을 더할 뿐이다. 나는 그 자리에 빛을 더할 것이다. 그리고 그 빛을 담아 전한다.

"나도 흐른다."

그저 삶이라는 경험 속에 작은 즐거움을 찾고자 시간을 더했다. 돌이켜 모든 경험 속에 찾으면 무엇인가 찾을 수 있다는 신념이 나를 지금에 이르게 했다.

누구보다도 빠르게 '연수'라는 이름으로 급변하는 방송기기를 배웠다. ENG카메라, HD방송 그리고 그 과정 속에 내가 하고 싶은 일을 더했다. 물론 남들이 하지 않았던 일이면 '신기神氣' 넘치는 순간이 되었다. 그리고 그 경험을 나누는 삶이 나에게 남았다. 나에게 연수는 경험의 시작이다. 그 경험은 비움을 다시 채우는 길을 열었다. 그리고 강단에 선 나는 이를 나눌 수 있었다. 나눔으로 다시 비우는 것이다. 그래서 행복한 인생이라 하는가보다.

이제 그 길에서 하나 더

남들보다 빠르게 새로운 것을 탐하고 이를 방송으로 드러내고자 했던 나의 삶 속에는 많은 흔적들이 있다. 그 가운데 하나는 방송 제작물이다. 그 저작권을 방송국이 가지고 있다. 나의 것은 아니다. 이는 누구나 찾아보며 즐길 수 있는 흔적이다. 그 과정 속에 감추어진 나만의 흔적이 있다. 아니 나만의 의미다. 내가 사용하던 여러 대의 필름동영상카메라와 함께 영상기록의 시간을 정리하듯 남긴 카메라 그리고 카메라 용품과 각종 장비들이다. 이제 이 장비들은 설명이 필요한 장비가 되었다. 설명이 필요하다는 가치가 된 것이다. 이제 이를 나누고 싶다.

누구에게나 시간이 있다. 그리고 그 시간은 기억이라는 감출 수 없는 현재에 머물고자 한다. 그 현재를 진실히 이어가는 삶의 공간이 있다면 당신은 행복한 사람이다.

이를 위해 나도 당신과 함께 한다.

그리운 추억, 모두의 기억

1974년 어느 겨울, DUBS 동국대학교교육방송국 선후배들이
한자리에 모였다._방송국에 남겨진 옛 엘범속에서

돌이켜 보니 소중한 섬광들이

정기종 15기 보도

동국대학교 행정학과 73학번, 외교협회 회원, 前 주카타르 대사.
1978년 외무부에 입부한 후, 연세대 행정대학원에서 외교안보 석사, 이집트 국립카이로대학과 American Univ. in Cairo에서 수학하였다. 1984년 이집트와 수교 전, 주 카이로 총영사관을 시작으로 사우디아라비아의 주젯다 총영사관 그리고 주레바논 대사관, 일본의 주오사카 총영사관, 주아랍에미리트 대사관, 주투르크메니스탄 대사관에서 근무하였다. 주카타르 대사직을 끝으로 2015년 7월 외교통상부를 정년퇴직하였으며 대한민국 정부 홍조근정훈장과 카타르 국왕훈장(Sash of Merit)를 수여 받았다. 저서로는 외교 현장의 경험을 담은 《석유전쟁》(매일경제), 《마하나임》(한샘), 《프랜시스 후쿠야마의 역사의 종언에 관한 소고》(외교), 《맥마흔 볼이 본 한국전쟁과 국제사회에 주는 함의》(외교), 《중동정세와 배경》(목회와 신학) 등이 있으며 아빠의 마음을 담아 자녀의 생일을 기념한 《외교관 아빠가 들려주는 외교 이야기》(토토북)이 있다.

1973년 대학동기들과 함께
학생회관 아래 계단에서

1973년 대학을 입학했다. 어린 시절 어머니를 따라 절에 다녔던 인연이었는가. 동국대학교, 전공은 행정학이었다. 옛날이지만 간직하고 싶은 젊음의 시간을 들추어 꺼내는 일에 몇 가지 단서를 찾아야 실마리가 나올 것 같아 당시의 추억이 담긴 물품들을 찾아보았다. 내가 입학한 그해, 1973년도 교지 《동국》을 모처럼 꺼내 보았다. 반세기 가까운 세월의 무게에 눌려 긴 시간을 보낸 책 표지는 색이 바라고 종이는 낡아졌다.

'이제는 긍정의 시간, 부정의 바늘을 긍정으로 돌리자'는 제목으로 학교 시계탑 사진이 책머리에 나와 있다. 그 옆으로는 교지발간을 축하하는 서울 중부경찰서장 안응모 총경의 축하인사가 검은색 글에 새겨져 있다. 대학가의 시위가 격심했던 시절이다. 교정 안으로 전투경찰이 몰려와 데모 진압작전이 펼쳐지던 시대였다. 첫 장에서부터 당시의 시대상이 모습을 나타낸다. 10월유신 선포후의 힘든 시기였지만 동악에서 훌륭한 스승들과 좋은 동학들을 만날 수 있었던 일은 감사할 만하고 행복한 인연이었다. 그중에서도 DUBS에서 동기들과 동고동락하던 일들은 나의 기억 속에 큰 자리를 차지하고 있다. 모두가 그리운 얼굴들이다.

그 당시, 내가 입학한 그해 발간된 《동국》은 지금 나의 서가에 있는 소중한 한 권의 책이 되어 있다.

《동국》은 미당 선생님과 철학과 정종 교수님의 글로부터 시작된다.

'나는 절망했더라면 이 세상에 없었을 것이다. 생명이 하나이듯 절망도 되풀이 할 수는 없는 것이다. 한 번뿐인 것만이 절망이지 두 번 세 번 있는 건, 절망도 아무것도 아니다.'

'암흑과 광명사이'이라는 제목을 가진 정종 교수님의 글이다.

'그러면서 나는 아무렇게 우거지로 살다가 죽어도 된다는 체념을 마련했고, 이 너무 혹독하던 환경 속에서는 그게 그대로 한 삶의 의지가 되었다.'

미당 선생님의 글이다. 소제목은 '국화와 뻐꾸기'이다.

거의 반세기전의 한국의 대학가에는 무거운 삶이 가득했던 모양이다. 그래도 젊음의 시간은 존재했었고 그 가운데 미래에 대한 이야기를 책에서 찾아보았다. 경상대 장원종 교수님의 '미래사회의 전망' 가운데 한 부분이다.

'21세기에는 세계 주요선진제국은 탈공업화 사회가 도래한다고 내다보고 있다. 공업사회에서 탈공업화 사회로의 전환은 농업사회가 공업사회로 전환할 때와 같이 사회. 경제. 정치. 문화 등 광범위한 영역에 걸쳐 두드러진 변화를 가져오고, 이는 인간의 생활양식, 도시와 농촌의 양상, 나아가 윤리관이나 가치관, 사람의 의식구조에 이르기까지 커다란 영향을 줄 것이라고 보고 있다.'

변화를 이야기하고 있다. 1970년대 당시와 비교할 수 없을 만큼 발전한 우리나라도 그렇지만 세계적으로도 큰 변화를 이룬 현재 세계의 모습을 미리 전해주고 있다. 지금 4차 산업시대와 인공지능의 도래라는 변화를 이야기하듯 1973년 그때에는 탈공업화와 서비스 산업의 확장 그리고 시장형태의 변화를 예측하고 있다.

대학 입학한 후에 전공인 행정학 이외에 현대사회에서 중요한 역할을 하는 언론을 배우고 싶었다. 당시 학생회관 건물에 위치했던 DUBS 교육방송국을 찾아 처음 들어선 기억이 새롭다. 아나운서를 지망했으나 부정확한 나의 발음능력때문에 이후에는 취재부 기자로 직책이 바꾸었다. 그래도 즐거운 시간이었다.

젊었던 그때

어느 해인가, 방송국 친목 야구대회에서 타자로 나섰다. 크던 작던 한방이 필요한 그래서 중요한 타점 기회였다. 피하고 싶은 자리의 순번은 피해지지 않고 배팅 라인은 변화가 없다. 예상은 거의 맞아서 내가 타자가 되었다. 치려는 의욕과 함께 하필 내가 이 타석에 섰다는 부담감에 제대로 공이 안 맞았다. 그저 재미있으면서도 난감했던 일이 스쳐 지나간다. 선후배 방송국원들의 안타까운 연민과 비난의 눈초리를 받았다. 미안했다. 그때 알게 된 것은 필요한 순간에는 누가 그 순간의 주인공이 되었던 간에 모두의 기대를 받게 된다는 사실이다. 모두는 서로를 바라보며 웃었다. 그밖에도 친목행사로 야유회 다녀온 시간들이 떠오른다. 무엇보다도 인성 좋은 선배들과 동료들을 만나 시대의 담론과 인생사의 희로애락을 나누던 시간들이 기억에 남아 있다.

당시 우리 학교 교정 건물은 개수도 적었고 빈 공간도 많아 지금과는 다른 느슨함이 있었던 것으로 생각된다. 비단 강의실 안에서 뿐 아니라 강의와 강의 사이, 빈 시간에 잠깐 나무그늘 벤치에 누워 자던 낮잠의 편안함도 있었다. 본관에서 교육방송국이 있는 학생회관으로 내려가는 길 우측으로 뻗혀있는 철학의 오솔길을 걷던 시간 또한 소중한 젊은 날의 시간이었다. 그 시절, 철학과 정종 교수님이 교양과목 철학강의 시간에 '21세기가 시작되는 때에 포도주 한 잔의 건배로 나를 기억해 달라'고 하셨던 말씀은 오랫동안 기억되었다.

반세기를 되돌려

1970년대 중, 하반기는 10월유신 이후, 정치와 사회 분위기가 요즘과는 전혀 비교할 수 없는 환경과 시간이었다. 해외여행을 나갈 때는 사전에 소양교육을 이수해야 했고 여권의 종류도 청색여권과 백색여권에 목적국과 경유국이 명시되어 그 외에 다른 나라는 갈 수가 없었다. 단수여권과 복수여권 등 해외 출국에 제약이 많아 지금으로서는 이해하기 힘든 시절이다. 여행이 우리의 인생을 더욱 풍요롭게 해준다는 사실은 예나 지금이나 변함이 없다. 보고 듣는 것이 생각을 만들고 그 생각은 자신을 향상시킬 수 있는 힘이 되기 때문이다, 다시 대학생이 된다면 국내외 여행을 가능한 많이 해보고 싶다. 그리고 그 여행을 함께 할 친구가 있으면 더욱 좋을 것이다. 그 당시 방송국 동우들은 모두 다 소중한 친구들이었고 기억이 날만큼 좋은 인격들이었다. 그 중에서 강민구 사장과는 공대와 법정대로 서로의 전공은 달랐으나 지금까지 꾸준히 대학 방송국의 인연을 이어왔다. 시간을 더하며 익어간 연륜과 추억이 배어 있는 친구다. 그밖에도 졸업 후 오랜 해외생활로 만나보지 못해 아쉬운 동우들이 있다. 선배와 후배가 함께 한 공간을 지키고 나눈 이야기들이 남아 있다. 행복한 이야기도 있었고 고민도 있었다. 요즘도 비슷할 것으로 생각하지만 졸업 후 직업을 선택하는 것 그리고 배우자를 만나는 것과 같은 주제들이었다. 진로와 사랑 문제라 할 것이다. 젊었던 그 시기에는 누구나 가져야 했던 고민이었을 것이다. 또한 당시의 시대상황 가운데 우리나라의 정치 경제적 발전 또한 우리의 화두 가운데 하나였다. 대학시절에 무엇보다 가장 중요한 것은 자기 자신이 가지는 인생의 의미와 목표를 찾는 것이라고 할 수 있다. 찾아 나가고 실패해도 다시 노력하면서 인생을 만들어 나가는 것이 아닐까 한다. 두려움은 인생의 극복해야할 대상 중에 하나일 것이다.

나의 대학, 나의 인생

누구에게나 비슷하겠지만 나에게도 고등학교와 대학교 시절은 중요한 시기였다. 대학 4학년 2학기 때 다행히 외무부 시행 시험에 합격해 장래의 진로와 취업 문제는 해결되었다. 당시 우리나라의 국력은 열악했고 역사해석도 빈곤한 것은 누구나 알고 있는 사실이다. 재직 중에는 공무원으로 국민과 나라위해 봉사한다는 보람이 있었다.

졸업 후 20여년이 지난 1999년 12월 제야의 시간은 해외생활의 낭만과는 동떨어진 이스라엘과 아랍간 분쟁지역 가운데 하나인 레바논에서 보냈다. 히즈불라 민병대와 시리아 군이 쏘아올린 예광탄 줄기들이 새해를 축하하는 불꽃처럼 밤하늘로 올라가던 광경이 눈에 선하다. 굉음과 함께 빛을 더하고 순간 사라지는 섬광이다, 짧지만 지워지지 않는 기억이다.

'Time pass quickly, moments last forever.'라는 말처럼 인생에는 오랜 시간이 지나도 잊히지 않는 순간들이 있다. 나에게도 대학시절은 그러한 것 같다. 불가佛家의 표현으로 말하자면 인연의 끈이라고 할 수 있겠다. 정오에 교정 스피커에서 흘러나오던 DUBS 시그널 음악 'Never My Love'가 지금도 기억이 나고, DUBS에서의 시간들이 아름답고 소중하게 남아있다. 그러한 경험들은 졸업 후 직장에서 근무할 때도 많은 도움이 되었다.

마지막 근무지였던 카타르는 에너지 자원 고갈이후를 대비해 다양한 소프트 파워를 육성하고 있는 나라다. 그중에 하나가 Aljazeera 방송국이다. 'Opinion and the other opinion'이라는 모토 아래 중동국가 방송국으로는 이례적일만큼 개방적이고 심층적 보도를 내보내어 국제적인 신뢰를 얻고 있다. 나아가 국가위상도 높이는 언론기관이다. '같음' 보다 '다름'을 찾아 비교하고 그 다름의 차이를 발전의 기회로 삼는 중동의 변화가 시작되고 있다.

요즈음 우리나라에서도 언론의 중요성이 더욱 부각되고 있다. 언론에 관심을 가지고 있는 학생들은 대학시절부터 방송언론 활동으로 실무경험을 쌓고 공부해 나가는 것이 좋을 것으로 생각된다. 정보화 시대에 있어서 언론의 새로운 트렌드와 기술에 적극적으로 적응하고 배울 필요가 있다. 국제적인 언론감각을 키우는 것도 중요할 것이고 최근 더욱 강조되고 있는 인성의 배양도 중요하다.

현재 우리나라에는 '수축하는 세계' 속에서의 '새로운 시공간의 기회'들이 많아지고 있다. 유리한 조건이지만 동시에 과거의 방식으로 다가서서는 헤쳐나아가지 못 할 순간도 있을 것이다. 한국전쟁이 끝나고 격동의 시대를 거친 세대로서 새로운 세계와 새로운 한국을 살아가는 우리 젊은 세대들이 꿈과 함께 노력을 접지 않기를 바라는 마음이 가득하다.

함께 하고픈 책 한권, 음악하나

'저는 언젠가, 제 머리 부분을 뢴트겐 사진으로 본 적이 있습니다. 백 년쯤 후에나, 그것도 빛이 주름 잡히는 어떤 광야에서 독수리의 입부리에 의해서나 잘해야 뒤집혀 보일 제 해골을 드려다 본 순간, 저는 야, 죽는 것 그런 것쯤 별것 아니다고 자신해 버렸습니다. K! 절 너무 걱정하지 마십시오. 묻히고 나면 제 아무리 건사하던 놈도 똑같은 뵈기입니다. 문제는 해골 쪽에서 찍어 볼 양심의 무게가 아니겠습니까.'

《동국》에 실린 '초생달'이라는 단편소설에 삽입된 정채봉 선배님의 작가 노트이다. 이제 다시 읽으니 새롭게 다가오는 글이다. 누구에게나 양심은 있다. 하지만 그 양심의 무게는 다르다. 누구에게나 시간은 똑같이 주어진다. 하지만 그 시간의 결과는 같지 않다. 작가 노트는 이렇게 말해준다. 언제나 누구에게나 인생은 쉽지 않은 일 것이다. 그렇지만 '지나간 것은 다시 그리워진다. 그리고 고난은 싸워 이기는 것이 아니라 참고 견디는 것'이 다 인생이다. 푸시킨의 유명한 시와도 같다. 문제는 고난을 맞아 무너지지 않아야 한다는 것이다.

힘든 시간에도 우리의 마음을 위로하고 힘을 주는 것들이 있다. 미술이나 음악과 같은 예술작품들도 그 가운데 하나다. 1970년과 80년대 유행한 ABBA의 노래는 요즘에도 매니아층이 있듯이 친근한 곡조와 공감 가득한 가사를 우리에게 들려준다. 이밖에도 클래식 음악 중에는 좋은 곡과 가사들이 많으니 듣기를 권한다. 러시아 가요 중 하나인 '백만송이 장미'는 번역한 한글가사와 러시아 원곡 가사가 다르니 원곡을 비교해 들으면 좋을 것으로 생각한다. 책의 중요성은 아무리 강조해도 지나치지 않을 것이다. 시사성 있는 베스트셀러를 읽는 것도 중요하지만 고전을 읽는 것은 더욱 중요하다. 오랜 세월을 거쳐 검증되고 수많은 독자들로부터 인정받은 내용이기 때문이다. 대학시절에는 인생의 기본적인 길 안내가 될 수 있도록 유명한 고전들여기에는 문학작품들도 당연히 포함된다을 틈틈이 읽으면 큰 도움이 될 것으로 생각한다.

이 글은 DUBS 동국대학교교육방송국 개국 60주년을 기념하는 문집에 담겨진다. 대학시절을 돌아보는 나의 쪽글과 단상(斷想)을 모아 후배인 김종훈 동문이 고맙게도 정리하여 기록해 주었음을 밝힌다.

오랫동안 꿈을 그리면 그 꿈을 닮아간다

성연미 23기 아나운서

동국대학교 국어교육학 81학번.
KBS 공채 12기 아나운서 출신인 성연미님은 아나운서로 방송을 시작하여 불교방송 제작자로 활동했으며 현재 아나운서 전문교육기관인 '봄온 아나운서 아카데미' 대표이자 한국 미디어학회 이사, 한국 화법학회 이사, 한국 대한음성학회 이사 그리고 한국 스피치커뮤니케이션학회 부회장으로 활동하고 있다. 특히 자신의 재능을 나누어 키우듯, 방송가에서는 '명품 아나운서'를 길러낸 최고의 조련사로 불린다. 또한 짧은 시간일지라도 틈틈이 봉사활동을 하는 그녀의 일과는 따뜻한 마음으로 세상을 향해 다가서 사랑을 전하는 방송인이자 실천을 나누어 키우는 교육인의 자리를 만들었다. 주요 저서로는 《사랑받는 아나운서에겐 뭔가 특별한 것이 있다.》, 《아나운서처럼 세상과 연예하라》 그리고 《사람들은 왜 그녀를 사랑할까》 등이 있다.

'세상에서 가장 필요한 것은 무엇일까?' 그리고 그 질문에 나는 어떻게 답해야 할까?

나는 그 질문에 답을 찾아 다시 20대를 들추어내어야 했다. 돌이켜보니 마주하는 순간마다 가장 필요한 것은 달랐다. 그나마 긴 시간 소중했던 것은, 그리고 부인할 수 없는 것은 내 앞에 놓인 '지금'이다. 이제 지난 순간의 '지금'을 펼쳐 누군가와 공감하는 순간에 서고 싶다.

나는 동국대학교 사범대학 국어교육과 81학번 성연미다.

추운 겨울을 깨고 3월의 봄을 기다렸다. 봄꽃으로 가득한 대학교정 속에 갓 고등학교를 졸업한 풋풋함을 더하리라는 생각으로 대학을 거침없이 올랐다. 그런데 동국대학교는 교정이기 이전에 낮은 동산이다, 교정을 한 바퀴 도는 것은 오르막과 내리막을 잇는 둘레길이다. 지하철 충무로역에서 내려 걷는다. 낮은 언덕을 올라 학림관 사범대학에 이르면 숨이 차기 시작한다. 그저 두 손 가득 책을 안고 가슴을 진정시키고자 하늘을 쳐다보는 일로 하루가 시작되었다. 첫 수업을 마치고 수업이 비어있는 시간이면 다시 오르막길을 올라야 했다. 도서관으로 가는 길이다. 다소 급경사이기에 짧은 길이지만 쉽지 않았다. 4년 내내 오르고 내려야 했던 그 길은 생각만으로도 힘들다. 하지만 오르막에 자리한 도서관에서 아래로 내려다보는 풍광은 참 멋졌다. 힘든 언덕길을 올라온 학생들이 누릴 수 있는 선물이었다.

도서관에서 본 교정은 꽃이 피기 시작했다. 추운 아침을 지우듯 낮이면 활기가 넘쳤다. 숨 돌리고 커피 한잔을 더해 책을 펼치면 '내가 대학생이구나' 하는 현실에 정신이 들고는 했다. 봄은 그렇게 시작했다. 하지만 그 봄의 정적은 순간 깨지기 시작했다.

어디선가 전단지가 하늘에 날리면 자유와 민주의 시국 선언이 뒤를 이었다. 교정에서 하루 종일 신문을 보던 아저씨들의 발걸음이 속도를 내기 시작한다. 그리고 뒤늦게 총소리보다 낮은 그러나 폭죽소리보다 큰 울림이 교정을 누른다. 발포 소리와 함께 가방을 싸야 했다. 순간 교정은 하얀 가루로 덧칠해지기 시작했다. 최루탄이다. 꽃은 보이지 않았다. 다만 나의 눈과 코는 고통의 교정 속에서 반응하기 시작한다. 그리고 무조건 뛰어야 했다. 그저 앞선 이들을 따라 뛰어야 했다. 마치 전술적 산행과도 같이 교정 밖으로 하산을 해야 했다. 때로는 누군가를 따르던 길에 시위대의 중심에 서 있었던 한순간의 기억도 있다. '옳음'

이라는 정의를 꿈꾸며 시대의 흐름 속에 질곡의 역사를 썼던 그 순간이 나의 눈앞에서 펼쳐지기 시작했다. 소중했다. 그렇게 나의 대학교는 시작됐다. 축포가 아닌 최루탄의 총성과 꽃을 뒤덮는 최루가루 그리고 진실을 알리고자 한 벗들의 외침과 함께 나에게는 방송국이라는 공간이 다가왔다.

동그라미 그리려다 친구 따라가다

대학교 1학년, 사실 신문방송학과를 가고자 했던 고등학교 때의 생각이 쉽게 지워지지 않았다. 지워지지 않는 만큼 국어교육학과 또한 쉽사리 친해지지 않았다. 시간 위에 떠 있는 나는 주변을 살펴 마음을 비우고 다시 채울 거리를 찾았다. 안주하지 못하던 들뜸의 시간을 대학동아리에 대한 관심으로 채우고자 했다. 그리고 사진동아리 '동그라미'를 찾았다. '있는 그대로'를 담는 카메라와 필름 그리고 빛을 담아 빵처럼 구워내듯 인화지에 드러나는 명암은 진실해 보였다. 최소한 사진은 말하지 않아도 있는 그대로 드러내는 힘이 있었다. 그 드러냄의 진실은 마치 뿌연 최루가루 같은 백지 속에 '인화印畫'과정으로 선명한 그림이 되었다. 힘주어 말하지 않아도 있는 그대로의 진실함으로 나를 드러내고 그 드러냄으로 공감이라는 시간을 더하고 싶었던 나는 사진동아리 활동으로 대학의 재미를 찾기 시작했다. 하지만 움직임을 멈추어 한 장의 사진 속에 진실함과 나눔의 공감을 채우기란 쉽지 않았다. 많이 찍어 한 장을 건지는 순간은 감동이었으나 '한 장을 건지다'는 느낌은 기대가 되었고 그 기대는 당첨을 기다리는 기복적 신앙이 되는 듯 했다. 그래도 좋았다. 그곳에서 만난 수학과 이재실, 교육학과 심연미가 있어 더욱 좋았다. 그렇게 친구들과 어울려 1학기를 보냈다. 그러나 가슴 속에는 아직 비워지지 않는 신문방송학과의 미련이 움직이고 있었다. 이를 재실이는 느꼈던 것일까?

"성연미! 심연미! 우리 학교 방송국 갈까?"
"갑자기 왜?"
"학교 방송국에서 신입국원 모집한다는데?"

그렇게 우리는 재실이를 따라 방송국 후반기 신입국원 모집공고를 따라 지원했다. '재미있겠다'는 기대 속에 내심 걱정도 다가왔다.

'우리 셋이 모두 갈 수 있을까?, 누구는 되고 누구는 안 되면 어쩌지?'

이미 역사교육과 누군가가 정해졌다는 불안한 소식도 우리의 귀를 감싸기 시작했다. 재실이와 나는 아나운서를, 심연미는 보도부를 지원하고 시험을 봤다. 마지막 면접의 자리에서는 서로를 바라보았다. 설레는 두근거림을 감추듯 미소 지은 표정으로 서로를 응원했던 기억이 가득하다. 대학에서 만나 한 학기 동안 우리가 만든 우정이 꽤 깊었던 모양이다. 면접을 마치고 학생회관을 내려오는 우리의 발걸음은 가벼웠다. 서로에게 '진심'이라 묻고 '최선'이라 답하며 내려온 학생회관에서 후문까지의 길은 생생하다.

다음날 아침 우리는 약속이라도 한 듯이 학생회관 벽보를 찾았다. 방송국 합격여부를 확인하러 모인 우리 눈은 다시 서로를 확인해야 했다.

"야, 너……."

"그래, 너두!"

"응, 그리고 재두!"

서로를 돌며 전한 부름과 대답 속, '너'라는 공통점은 합격이었다. 대학 1학년 1학기를 지나 2학기에 맞은 방송국 국원으로서의 활동은 지난 미련을 지우듯 재미와 경험으로 다가왔다. 하지만 쉽지 않았다.

이른 시간, 시간 맞춰 방송국에 모여야 했다. 동기 중 한 사람만이라도 늦으면 시간과 비례하는 풀 시합이 이어졌다. 남녀 구분도, 빠짐도 없는 풀 시합이었다. 아마도 내가 경험한 남녀평등의 첫 자리였다. 누구라도 늦으면 함께 얼차려를 받았던 그 순간은 서로를 비난하기보다 서로를 이해하고 둘이 아닌 하나 된 마음자리로 커져가고 있었다. 저마다 순간을 경험으로 받아들여 나를 키우는 즐거움이 되었던 기억이다. 그렇게 사진 동아리 '동그라미'를 그리려다 친구 따라 방송국 둥근 마이크를 잡았다.

꿈에 다가서다.

한 학기 사진동아리 활동은 방송국 활동으로 지워야 했다. 그리고 신문방송학과에 지원하고자 했던 아쉬움 가득한 지난 생각도 따라 지워졌다. 방송국에서 마이크를 앞에 두고 나의 소리를 다듬고 정확하게 전달하기 위한 연마의 시간이 이어졌다. 이른 아침은 〈동악의 새아침〉으로 열었다. 물론 아침 이슬을 말리며 대학이라는 공간이 지열地熱을 높이듯 나의 목소리도 점점 열정熱情을 더했다. 그리고 부족함은 타인의 지적으로 채워졌다. 특히, 3학년 선배의 야멸찬 음성과 혼을 빼는 지적은 순간 혼돈의 시간이 되었다. 하지만 혼돈은 항상 나를 맑게 하는 나만의 의지가 되었다.

'이것만은 내가 한다.'라는 생각으로 나를 연마하던 어느날, 우연한 기회가 다가왔다. KBS라디오 방송국에서 일주일에 한번 활동할 대학방송기자를 찾는다는 소식과 함께 그 추천이 나에게 다가왔다. 대학방송국 아나운서인 내게 온 기회는 소중했다. 일주일에 단 한번이지만 나에게 주어진 일은 서울 시내 대학의 이모저모를 담아 전하는 일이었다.

바로 이정신 아나운서가 진행하는 〈노래가 있는 곳에〉라는 프로그램이었다. 꿈만 같았다. 대학 캠퍼스에 울리던 나의 목소리도 신기했었는데 이제 전국 방송으로 나의 목소리가 나아간다는 사실과 마주하는 그 순간의 설렘은 지워지지 않는 미래가 되었다. 그 일주일을 위한 나의 노력은 지치지 않는 나의 에너지이자 일상이 되었다. 우선 일선 방송국 기자나 아나운서에게 지고 싫지 않았다. 방송이 있는 날이면 미용실을 찾아 머리를 했다. 가능하면 곱고 아름다운 청춘을 위해 남달리 노력했다. 멘트를 위한 목소리도 다시금 가다듬었다. '지고 싶지 않았다'는 생각은 이내 '꼭 해야 할 길'을 만들었다. 아마도 지금의 나를 있게 한 첫 단추가 동국대학교교육방송국이라면, 결심하고 다가설 수 있었던 미래는 대학교 3학년 KBS 대학생 방송기자의 활동에서 다져진 것이다. 세상모르고 다가설 수 있었기에 돌이켜 생각하면 내 인생 최고의 순간이었다. 1년 넘게 매주 방송을 하고 KBS라는 방송국의 다양한 모습을 담았다. 그리고 신문방송학과의 꿈을 대학 방송국으로 지우고 'KBS 아나운서'라는 꿈으로 다시 채웠다.

도전과 실패, 그 속에서 주저하면 안 된다

KBS 대학방송기자의 경험은 나를 키웠다. 함께 방송을 하던 현직 KBS PD와 아나운서의 칭찬도 있었다. '목소리가 좋다', '꼭 아나운서가 되라'는 현직 선배들의 응원은 나의 꿈을 키웠다. 하지만 커지는 꿈속에 내심 걱정도 커졌다.

'아나운서 떨어지면 어떡하지…… 떨어지면 그냥 국어선생님이라도 될까?'

걱정은 하면서도 나만의 입사 전략을 세웠다.

'방송은 했던 경험이 있으니 조금만 더 노력한다. 그리고 국어교사, 그 임용고시도 함께 준비한다.'

하루를 둘로 나누었다. 오전에는 KBS 아나운서 입시준비를, 오후에는 임용고시를 준비했다. 하루를 둘로 나누어 채워갔던 나에게 하루는 생각보다 빨랐다. 시험날짜는 너무나 빠르게 나를 뒤쫓고 있었던 모양이다. KBS 입사지원과 함께 서류 그리고 필기시험이 순식간에 지나갔다. 이제 실기 테스트와 면접만이 남았다. 아나운서 면접의상조차 시간에 쫓겨 그냥 수수하게 입고 가야 했다. 물론 분장도 서툴렀다. 그나마 2만 원 남짓한 치마와 블라우스가 새 것이라는 데서 위안을 삼았다. 그날 내가 가진 장점이자 무기는 '풋풋함'이었다. 면접에 이르러 나와는 다른 모습의 경쟁자들이 눈에 들어왔다. 그들은 의상에서 표정까지 완벽하게 준비하고 전장戰場에 뛰어든 것이었다.

결과는 '낙방'

남은 것은 '임용고시'다. '차선'이라는 전략적 포지션에서 반드시 합격해야만 하는 궁극의 포지션으로 레벨업된 것이었다. 그 순간 나보다 큰 것은 내가 만든 조바심이었는지도 모른다. 여유 없이 하나 아닌 둘을 향해 달리던 나에게 임용고시 또한 자리를 내어주지 않았다. 학교방송국을 오를 마음은 지워지고, 본래 크지 않았던 학과사무실을 찾을 의미조차 작아졌다. 자신만만했던 순간이 무너져 다시 나를 바라봐야 하는 시간만이 나에게 주어졌다. 그 순간 학과사무실에서 한 통의 전화가 왔다.

"연미야, 명성여자고등학교 국어선생님 자리 있으니 원서 넣어라."

학과 교수님의 목소리는 초라했던 나에게 '다시 해 봐'라는 작은 빛이었다. 그렇게 추운 겨울을 보내고 이듬해 85년 봄, 나는 명성여자고등학교의 교정을 올랐다. 그저 아이들을 바라보고, 가르침이라는 사범대학의 정신을 갖추어 시간표를 따라 하루를 보냈다. 아는 것을 정리하고 그 정리를 효율적으로 전하는 첫 직업은 어느덧 한 학기를 채웠다. 방학이다. 새로이 여유가 생긴 것이다. 하지만 나에게 여유는 결여된 나를 채워야 하는 갈망이 되었다.

'방송국 시험 한 번만 더 볼까?'

나에게 질문 했다. 하지만 그 답은 어려웠다. 어렵게 빛처럼 소개받은 학교 선생님의 자리를 생각해야 했다. 남의 속도 모르고 '누군가 선생님 하길 잘 했어'라고 할 때, 나는 의미 없는 웃음을 더해야 했다. 물론 그 순간이 좋지만은 않았다. 개학을 앞두고 당직 업무를 위해 출근했다. 그날따라 학과 선배이자 교사 선배인 국어선생님은 밝지 않은 나의 웃음을 지켜보셨던 모양이다.

"연미 선생님, 미소가 예쁜데 그 미소 속에 뭔가 비어있어."

"예? 선배님"

"응, 평생 살아야 하는데 하고 싶은 것 해. 좋아하는 일을 해야 진실함이 드러나지 않을까?"

"그런데……."

"진실하지 않다는 이야기는 아니고, 남들 하는 것은 나도 할 수 있다고 생각하고 다가서 봐요. 그게 시작이고 꿈이니까. 남들은 다 하잖아."

개학을 앞두고 생각이 깊어졌다. 졸업을 앞두고 취업을 시작하던 지난해와 다르게 나로부터 시작하는 고민이 새로이 커져가고 있었다. 그리고 '다시 한 번'이라는 화두는 나를 놓지 않았다. 잊지 못하고 가슴으로 꼭 쥐고 있었던 것은 분명, 나였다. 그리고 다시 생각했다.

'누군가와 상의해야 하나? 아니다. 누군가와 이야기 한다면 곧 타협하는 길을 찾게 될 것이다. 내가 좀 더 진실하게 나에게 다가서야 한다. 그리고 그 답을 내가 소중히 여기고……. 그래, 시작하자!'

돌이켜 보니 지난해, 나는 나와 타협하고 있었다. 최선은 KBS 아나운서, 차선은 임용교시 합격이라는 두 장의 카드를 손에 쥐고 스스로 위안을 삼았던 것이다. '이게 아니면 안 된다'가 아니라 '이게 안 되면 저거 하면 되지'라는 타협은 나를 자신감 넘치게 이끌지 못했다. 그리고 간절함도 없었다.

다시 결심했다.

'내가 하고 싶은 것 하자. 지금이라는 순간에 머물러 해 보지 않았다는 후회를 키우지 말자.'

개학을 앞두고 결국 교장 선생님을 찾아 감사하다는 인사와 함께 교사 사직을 고했다. 그리고 아쉬움으로 학생을 바라보는 스승이 되지 않겠다고 스스로 다짐하며 교문을 나섰다.

절박함이 만든 KBS 아나운서

다시 입사 준비를 하며 지난해를 생각했다. 나의 부족함을 정리했다. 그리고 그 부족함을 채우기 위한 계획을 하나씩 준비했다. 물론 그런 나를 부모님은 이해해주지 않았다. 그저 그 좋은 선생 자리를 버렸다는 지나간 순간만으로 나를 지켜보고 계셨다. 나를 더욱 처절하게 만든 그 시선도 가슴에 담아야 했다. 더 이상 갈 곳이 없다. 마치 나를 이해해주듯 한 철학자의 문장만이 나의 친구가 되었다.

'오랫동안 꿈을 그리는 이는 마침내 그 꿈을 닮아간다.'

니체의 말은 나를 알아준 공감의 힘으로 다가왔다. 다시 준비한 KBS 아나운서 입사는 간절했다. 더이상 갈 곳이 없다는 그 순간은 오직 KBS 아나운서가 된다는 최선의 목표가 되었다. 결국 한 해 재수를 하고, 1985년 12월 나는 KBS 아나운서가 됐다. 제정신이 아니라는 말을 자주 되내이던 어머님께 먼저 전화를 드렸다. 이내 보이지 않는 눈물로 그 짧은 통화는 끝났다.

KBS 입사와 함께 나는 열정을 더한 방송 현장 속으로 다가가 지난 경험의 한계를 넘고자 나섰다.

첫 방송은 강원 춘천권 KBS라디오 프로그램의 마이크 앞에 홀로 서야 하는 것이었다. 가장 행복한 시간이다. 누군가의 사연을 전하고 그 사연에 공감하듯 나의 목소리는 떨리거나 힘을 더했다. TV프로그램의 카메라를 마주하면 마치 사람을 마주하듯 감정 깊은 두 눈으로 세상을 직시해야 했다. '나도 시청자 여러분을 보고 있어요'라고 말하듯 카메라를 부드럽게 응시했던 기억이다.

한순간 한순간이 재미있었다. 하고 싶은 일을 하는 즐거움은 이내 책임감이라는 현실이 되고 현실은 빈틈없는 열정을 요구했다. 그 가운데 하나는 '평화의 댐 성금 모금' 생방송이다. 당시는 몰랐다, 하지만 지금 생각하면 슬퍼서 웃음이 나오는 프로그램의 하나다. 그리고 나는 강원도 감자를 캐듯이, 이곳저곳 감추어진 곳을 드러내어 방송으로 세상을 바라보는 시선을 키웠다.

그렇게 재미를 더하던 방송 아나운서의 활동이 어느 순간 답답함으로 다가오기도 했다. 누군가의 기획을 이해하고 그 기획을 제작PD의 느낌만으로 드러내던 나를 직시한 것이다. 나를 잊은 채 방송의 한 공간을 차지하고 있던 나 자신을 고민하기 시작했다. 순간 '이 자리에 내가 없어도 될까?'라는 생각도 이어졌다. 그리고 하루하루의 경험은 '없어도 될까'라는 내면의 질문에 답해야 했다. 시간을 더해 답을 찾을 무렵 '없어도 된다면 나는 다른 일을 할 수 있을까?'라는 질문의 방향을 찾아 나는 스스로 나서야 했다. 그리고 다시 질문과 답을 완성하고자 틈틈이 생각하기에 이르렀다.

'내가 하고 싶은 일은 기획에서 연출 그리고 출연에 이르는 그런 일이 있을까? KBS는 분야별로 조직화되고 전문화된 곳이어서 그저 한 분야에서 내가 해야 할 일만 잘하면 되는, 그래서 좋은 아이디어를 제안해도 결국 방송 PD가 자신의 기준으로 선택하지 않으면 더 이상 앞으로 나아갈 수 없다.'

'거기까지인가'라는 혼자만의 벽에 기대어야 했다. 그리고 이런 저런 생각이 점차 굳어지기 시작했다.

'그래, 보고 배운 것을 전달하는 것뿐만 아니라 직접 제작하고 진행하는 그런 일을 찾자.' 혼자만의 생각은 방송 환경의 변화 속에 선택 가능한 현실로 다가왔다.

1990년, 방송시장은 움직이기 시작했다. 종교방송이 등장하기 시작했다. 1990년대 중반까지 국내 지상파 방송의 독과점적 지위가 1995년 이후 케이블, 위성, DMB, IPTV의 등장으로 점차 약화되기 시작한 것이다. 다양한 방송 프로그램을 지향하는 방송환경의 변화는 위기와 기회를 공급하기 시작했다. 물론 나 또한 위기와 기회의 혼동 속에서 새로운 방향을 찾아 나서기 시작했다.

불교방송, 아나운서 찍고 하나 더

누구에게나 인생은 덧셈과 뺄셈의 자산을 관리하고 그 속에서 행복이라는 그림을 그린다. 나도 그랬다. KBS라는 크고 안정된 자산에서 뺄셈의 공식을, 그리고 아나운서라는 재능에 방송 제작이라는 덧셈을 저울질해야 했다. 1990년, KBS방송국을 떠나 BBS불교방송으로 옮기려는 생각으로 나는 자신을 저울질하고 있었다. 큰 직장에서 상대적으로 작은 곳으로 옮기는 길은 위기가 될 수 있다, 하지만 지금 이 자리에 안주 한다면 그저 머무름이라는 만족으로 기회의 가치를 잊는, 그래서 나를 하나의 공간에 묶을지도 모른다는 생각은 결정의 순간을 만들어야 했다.

'안정을 잡고 있을 것인가? 아니면 새로운 환경을 잡을 것인가?'

그 고민의 답은 변화에 능동적인 삶을 이끌겠다는 도전이었다. 1990년 불교방송 개국과 함께 경력 제작 및 진행PD가 되어 첫 프로그램을 기획하고, 이를 내 이름에 담아 제작·진행하게 되었다. 임성훈 장윤정의 〈저녁 길 FM〉을 시작으로, 김한길 선생님과 함께 〈아침저널〉을 제작하고 공동으로 진행했다. 그리고 연규진 성연미의 〈여성만세〉, 신경숙 작가와 함께 한 정목 스님의 〈차 한 잔의 선율〉 등 크고 작은 프로그램을 기획·제작했다. 순간순간 함께 진행했던 옛 방송은 나의 생각을 키우는 누적의 순간이 되었다.

그리고 결혼과 함께 한 아이의 엄마가 되었다. 방송은 이어졌다. 하지만 나에게 다가온 둘째 아이와 가정의 빈 공간은 엄마의 역할을 기다리고 있었다. 선택이 아닌 엄마라는 필연의 길을 걸어가야 했다. 그 무엇과도 비교할 수 없는 절대적으로 소중한 것을 선택하는 순간이었기에 다른 때같았으면 이리 재고 저리 재며 더디기만 했던 결정의 어려움도 없었다.

그렇게 KBS에서의 5년, 불교방송 BBS에서의 5년을 방송 현장의 경험과 능력으로 남기고 '잠시'라는 생각으로 전업주부의 현실에 다가섰다. 엄마의 역할은 그 어떤 열정, 그 어떤 진취적 기상보다 타협이 필요했던 순간이다. 먼저 생활의 리듬부터 바꿔야 했다. 아이들이 자면 자야 했다. 예측 불가능한 시간에 아이들이 깨면 나도 일어나야 했다. 아이들의 의견을 존중하고, 그 존중 속에 올바름을 세우는 엄마의 역할은 소중했다. 경쟁으로 이겨야 하는 직장과는 달리 어떻게 하면 가족과 함께 만족할까라는 공생共生의 지혜를 아이들과 가정 속에서 키웠다. 고되고 부담스러운 육아였지만, 아이는 어느새 내 스승이 되고 있었던 것이다.

다시 움트다

전업주부로서의 시간은 출근과 퇴근이 없었다. 내가 쉬면, 아니 파업을 하면 나의 시간으로 다가왔다. 정신없이 두 아이와 즐겼던 시간은 두 아이의 성장으로 계산이 가능했다. 여유가 답으로 나오기 시작한 것이다. 두 아이가 학교에 다니기 시작했다. 두 아이가 학교에서 배움을 시작하자 주부로서 파업이나 태업이 없는 진정한 나만의 시간이 다가왔다. 그 시간이 길어지자 다시 '방송'이라는 옛 기억의 세포가 나를 깨우기 시작했다.

무엇인가 해야 했다. 아니 하고 싶었다. 그러나 그 공백이 크다. 일단 진실함을 담아 구직서를 써 내려갔다. 지난 시간의 경험과 부족함 그리고 아쉬움으로 다시 채워야 할 미래의 꿈을 글로 한 글자씩 심기 시작했다. '오랫동안 꿈을 그리는 이는 마침내 그 꿈을 닮아간다'는 니체만이 또 다시 나의 편이 되어주었다. 케이블 방송에서 홈쇼핑에서 연락이 오기 시작하면서 그동안 간직했던 아나운서로서의 근육을 깨우기 시작했다. 2000년 시작과 함께 시작된 나의 프리랜서 방송 활동은 스스로 선택하고 관리하는 나를 만드는 시간이었다. 그 성장의 과정 속에 광고 출연의 기회도 있었다. 그리고 내가 찾아 나선 방송과는 달리 어느 순간 누군가 나를 찾아왔다.

어느날 나도 모르게 다가온 인연은 풋풋한 대학생이었다. 아나운서의 꿈을 실현하고자 도움을 구한 그들은 나를 바꾸기 시작했다. KBS 아나운서가 되고자 노력했던 지난 과거의 순간을 복기復記했다. 그저 열정의 풋풋함만으로 다가섰던 그때, 그리고 실전이라는 세련됨이 부족했던 순간, 방송의 경험으로 찾은 나의 부족함과 넘쳐서는 안 될 자신에 대한 경계를 살폈다. 젊은 대학생의 도움에 답하기 위해 신촌의 반 지하 방에서 아나운서 지망생의 꿈을 함께 나누기 시작했다. 첫 수업은 선배 사무실의 업무가 끝나는 저녁에 시작했다. 늦은 저녁반, 주말반이었다. 그저 만나 발성으로 밤을 깨우고 무한 반복의 리딩, 감정을 담는 표현으로 서로를 이끌었다. 그리고 세련됨을 위해 세상을 분석하고 이를 자신의 것으로 만들기를 반복했다. 그 당시 경험은 지혜가 되었다. 다름 아닌 반복으로 자신의 자리를 찾는 우리들의 지혜는 무엇보다 소중했다. 반 지하 공간을 교육청에 학원으로 등록을 해야 했고 아나운서 전문학원에 어울리는 타이틀도 필요했다.

봄날은 온다…… 그렇게 온 '봄'

대학생들과 함께 수업을 하다보니 대중문화도 즐겨야 했다. 대학가의 중심에서 자신을 드러내는 아나운서로서의 자기연출은 멋쩍은 자신을 키우는 마중물이 되었고, 카페에서의 차 한 잔은 서로를 따스함으로 키우는 정情이 되었다. 함께 영화도 보았다.

사운드 엔지니어 상우유지태 분가 어느 겨울 지방 방송국 라디오 PD 은수이영애 분를 만나 자연의 소리를 모아 틀어주는 라디오 프로그램을 위해 녹음 여행을 떠난다. 바로 영화 〈봄날은 간다〉이다. 지금의 ASMR자율감각 쾌락반응 Autonomous Sensory Meridian Response 방송이 이 영화에서 등장한다. 대나무 숲에서 바람소리를 담는 영화 속 그들의 모습에는 우리도 있었다. 영화 속에서 우리는 방송인으로서의 꿈을 보다 진실히 세우고 있었다. 그때 누군가 툭 던졌다.

"영화에서 봄날은 갔지만, 우리에게 봄날은 오겠지요."

"그래, 우리에게 봄날은 온다."

우리 모두가 간절히 바라고 노력했던 방송인의 꿈, '봄날은 온다'는 우리에게 시작이었다. 지금의 '봄온 아카데미'는 그렇게 시작됐다. 아나운서의 꿈을 키우던 대학생들과 그들을 지도하던 나는 '봄날이 온다', '봄온'의 시작을 세상을 향해 힘껏 소리쳤다. 오랫동안 꿈을 그리는 이는 마침내 그 꿈을 닮아가듯이 그렇게 첫 단추는 꿰어졌다.

그리고 그 이듬해 첫 봄날이 왔다,

2003년 KBS 공채에서 이상호 박현선 아나운서가, MBC 공채에서 한준호 아나운서가, 그리고 SBS에서 최기환 아나운서가 함께한 시간을 더해 저마다의 봄날을 맞이한 것이다. 그리고 그 봄기운은 친구와 후배에게도 이어졌다. 방송을 위해 저마다의 봄은 자신이 소리를 더하고 열정을 더한 자리에 꽃을 피웠다. 그 가운데 전현무 아나운서도 있다. 그는 굵고 짙은 두 눈에 열정과 진실함을 채워 자신의 끼를 불태우겠다는 남다른 꿈을 실현하기 위해 지금도 다가서고 있다. 바라보는 것만으로도 항상 기대를 갖게 한다.

단 하나의 명제를 증명하기 위해 우리는 앞을 직시하고 부족함을 채우고자 달린다. 바로 '누구나 꿈을 위해 자신을 드러낼 때 그 꿈에 다가서게 된다'는 것과 '오랫동안 꿈을 그리는 이는 마침내 그 꿈을 닮아간다'는 니체의 말처럼 꿈은 다가서는 것이지 완성이라는 것만으로 자리하는 것이 아니라는 사실을 증명하듯, 우리는 그저 하나 된 열정으로 다가서고 다시 좀 더 다가서는 일상의 습관이 소중하다는 생각으로 지금도 하루하루 증명하는지 모른다.

이제 다시 담는다

20대, '세상에서 가장 필요한 것은 무엇일까?' 그리고 그 질문에 나는 어떻게 답해야 할까? 이제 그 질문을 소박한 답과 함께 다시 담는다. 그리고 그 광주리 속에 풋풋한 웃음의 주인이었던 방송국 친구들이 소중히 자리하고 있다. 심연미, 이재실, 위지영. 그 속에 비춰진 내가 있었다. 그 비춰짐 속에 나의 꿈이 현실로 다가서는 힘이 있었는지도 모른다. 크고 작은 고민 속에 함께 경험했던 소중한 친구들의 생각과 시선이 빛이 되고 힘이 되었다. 나를 비추는 진실한 거울은 나의 대학친구들이었고 함께 꿈을 향해 다가선 예비 아나운서였다. 지금도 그들과 함께 하고 있다. 그저 이루는 꿈이 아닌 그 꿈을 닮고자 다가서는 '지금'이라는 순간이 소중하기 때문이다. 가장 필요한 것은 소중한 것이다, 그 소중함은 지금이라는 순간에 담긴 '나'일 것이다.

이제 다시 꿈을 향해 다가선다. 그리고 그 꿈은 이루는 것이 아닌 닮아가는 순간이 아닐까하는 질문으로 남긴다. 오늘도 그렇게 하루를 시작한다.

사랑과 함께 직업 찾기,
제한시간 20대

김지혜 34기 아나운서

동국대학교 사범대학 지리교육과 92학번.
대학을 졸업하고 대교방송 성우(1998년)로 입사하여 직업인으로서 성우의 길을 시작했으며, 1999년 KBS 공채 성우로 입사한 후 20년차 성우로 활동 중이다. 현재 성우 활동과 함께 (주)보이스투보이스 방송연기교육원 대표로 성우공채 아카데미, 어린이 청소년 성우 에이전시, 성우테마카페 '스페이스 청'을 운영하고 있다.

나의 꿈은 초등학교 2학년 때 시작된다. 만화영화 주인공의 다양한 목소리를 들으며 웃음과 울음을 드러내었던 한 어린이는 성우의 꿈을 가지게 되었다. 바로 나다. 그때만 해도 성우가 연기자인 줄은 잘 몰랐다. 아마도 아나운서와 비슷한 기라고 생각했다. 그래서 대학을 들어가자마자 바로 방송국 아나운서 직에 문을 두드렸다. 동국대학교교육방송국, DUBS 아나운서 시험을 본 것이다. 그리고 합격했다는 통보를 받았다. 작은 소원을 이룬 듯 대학 합격했던 것만큼이나 기뻤다. 성우로의 꿈에 한 발자국 다가서는 느낌이었다. DUBS 아나운서 생활은 그렇게 시작되었다. 그리고 방송국에서의 활동은 정말 즐거움으로 다가왔다.

선배인 2학년 형들에게 혼나면서 배우는 트레이닝은 시련이 반이었지만 고등학교와 다른 재미가 가득했다. 또한 동기들과 함께 밤새워가며 연습했던 모의 방송제는 체력을 넘어 아이디어를 더하고 웃음을 나누던 즐거움이었다. 여름 방학이면 수련회를 갔던 낙산학사, 힘든 산행으로 기억되는 겨울 수련회는 선배와 후배 그리고 동기들과 함께 밥을 해 먹고 밤새 이야기 나누던 추억이다. 그리고 한 학기가 시작되면 〈동악의 새아침〉 방송을 위해 아침 8시30분 전에 학생회관 4층 방송국에 올라야 했다. 시작이다. 그리고 밤늦게까지 오직 방송국에서 대학 생활의 모든 열정을 바쳤던 날들이 가득하다. DJ, MC, 라디오 드라마, 콩트 등 해야 할 일들은 곧 내가 하고 싶은 방송이 되어 나 자신을 마음껏 드러내는 일이 되었다. 그리고 경험은 성우의 꿈에 다가서는 길이 되었다. 다시 대학방송국을 정리한다면 나는 이렇게 말할 것이다.

"DUBS는 제 꿈을 이루는 데 가장 큰 디딤돌이 된 곳입니다.

그리고 그 곳에서의 시간은 나의 젊은 날,

열정 가득한 잊지 못하는 기억을 저장한 곳입니다."

TV 제작, 가능한 현실이 내게로 오다

이제 그 기억의 공간으로 다시 들어간다. 옛 이야기 가득한 추억이기에, 그 소중한 이야기 속에도 방송이 있다. 내가 1, 2학년 때는 TV방송이 없었다. 오디오 방송만 하던 때였다. 우리는 TV방송의 필요성을 느끼고 관심 있는 학우들끼리 TV방송 스터디 모임을 만들어 공부도 하면서 조금씩 장비도 사 모았다. 세상이 바꿔니 우리도 뒤져서는 안 된다는 절박함과 누군가는 해야 한다는 당위가 시간의 압박으로 다가온 것이다. 그 시간은 기다림 없이 흘렀다. 그리고 동기들과 함께 했던 시간은 드디어 TV제작부 탄생으로 이어졌다. 대학교 3학년 때의 일이다. 그때 아나운서부였던 나는 학교방송국 사상 처음으로 TV제작부장을 맡게 되었다. TV제작부 1기생도 뽑았다. 처음으로 들여온 장비는 카메라, 편집기 등 기술이 생소한 나에게 흥미로운 것들이었다. 가정용 VHC테이프가 들어가는 엄청 무거운 카메라였던 것으로 기억한다. 그 카메라를 짊어지고 학교 행사들을 촬영하러 다녔다. 물론 무거운 것은 1학년 남자 후배들을 데리고 다니며 촬영했다. 나는 현장 리포터도 하고, 대본도 쓰고, 편집도 하며 TV제작부 일들을 하나씩 만들어 나갔다. 즐기면서 참 재미있게 했다.

그러던 어느날, KBS에서 섭외 전화가 왔다. 대학생들이 학내 이야기를 직접 취재하고 촬영해서 방송까지 히는 컨셉인데 출연할 수 있겠냐는 PD의 물음이었다. 난 당연히 출연할 수 있다고 대답했고, 다른 대학 방송국에서 만드는 것보다 더 잘 만들겠다는 의지를 불태웠다. 힘들지만 즐기고 함께 하는 방송의 제작과정을 웃음으로 나누던 나와 우리에게 작은 기회가 다가온 것이다. 회의를 했다.

"어떤 내용을 취재할까?"

그 질문에 답하듯 서로의 의견을 나누었다. 결국 우리는 우리 동국대학교의 특성을 살려 학생 스님들의 1박 2일을 취재하기로 했다. 나는 제작부장 동기인 현주와 함께 학생 스님을 섭외했다. 그리고 1박 2일 동안 밀착 촬영을 했다. 학생 스님들은 모두 남자였다. 나와 현주는 둘 다 여자. 낮 동안 학생 스님의 일과를 쫓아다니는 건 괜찮았는데, 문제는 금녀의 스님 기숙사에서 우리가 합숙을 해야 하는 것이었다. 다행히 기숙사 스님 모두가 허락해 주셔서 현주와 나는 스님 기숙사 최초로 잠을 잔 여자들이 되었다. 뒤늦게 알았지만 스님들이 함께 대중생활을 하는 것이라 대중회의에서 허락을 받아야 했으며 그 허락은 쉽지 않았다는 사실을 알았다. 학생스님들의 기상시간은 새벽 4시다. 우리와 다르긴 다르다. 예불을 하는 것으로 하루를 시작한다. 대중이 부처님 앞에 모두 서야 했다. 물론 우리도 카메라를 들고 따라야 했다. 새벽부터 학생 스님들을 촬영해 소중한 장면들을 담는 일은 쉽지 않았으나 두 번 다시 할 수 없을 것이라는 현실적 의미도 가득했다. 지금도 잊히지 않는 것은 학생 스님들이 공부 또한 엄청 많이 하고 있다는 사실이었다. 또한 스님들이 함께 열심히 운동하는 모습을 보며 아주 멋진 남학생들이었다는 사실을 알았다. 멋있는 삶을 수행자의 자세로 이끌고 있었다. 그렇게 촬영은 끝났다.

이제 남은 일은 편집이다. 우리는 촬영한 영상들을 가지고 KBS 편집실에서 편집을 할 수 있었다. 하지만 편집실이 비어있는 시간만을 이용해야 했다. 주로 저녁시간이었다. 처음으로 베타 편집기를 이용해 편집을 했는데 쉽지 않았다. 편집 초보였던 우리는 결국 밤을 꼬박 새웠다. 아침이 되어 편집실을 찾은 담당 PD가 내가 밤새 편집한 영상을 보더니 인상을 찌푸리면서 한마디 했다.

"편집은 이렇게 하는 거 아니야!"

그 PD는 내가 편집한 영상을 처음부터 뜯어 고쳐 완전히 다른 영상을 만들어 놓았다. 지난 하룻밤의 열정은 나의 생각과는 다른 작품으로 드러났다. 자존심이 상했다. 하지만 처음부터 잘 알려주지도 않고 밤을 새우게 만들어 놓고는 아침에 나타나 내가 고생한 편집본을 한순간에 물거품으로 만들어 놓은 그 PD가 원망스러웠다. 하지만 어쩔 수 없이 이내 수긍해야만 했다. 그가 다시 편집한 영상이 더 보기 좋았넌 것이다. 나는 밤을 세우고 아침 생방송에 출연해 VCR을 보며 나레이션도 하고 MC들과 대화를 나누며 그간의 작업들이 결실을 맺는 순간을 만끽했다. 대학생이었던 나에겐 참 좋은 경험이었다. 그리고 그 경험은 현실에서 다가서는, 그래서 실현할 수 있는 꿈이 되었다. 'KBS에 입사해 일하고 싶다'는 꿈을 구체적으로 그리게 된 것이다.

나는 결국 'KBS 성우'가 되었다, 그리고 방송국 복도에서 그때 그 PD를 마주친 적이 있었다. 예전 생각이 나서 나도 모르게 한 마디 던질 뻔하였다. '저기요, 저 기억하세요?'라고 말이다. 아마도 그 PD는 나를 기억하지 못했을 것이다. 시간이 그리 많이 흐른 건 아니지만 수많은 프로그램을 작업하며 그 프로그램의 숫자보다 훨씬 더 많은 사람을 만났을 테니 말이다. 중요한 것은 내가 그때를 분명히 기억하고 있다는 사실이다. 엄청 무거웠던 카메라, 그 무게만큼이나 엄청났던 가격, 무거운 장비들을 조심조심 다루며 했던 촬영들, 학생 스님들의 기숙사, 밤새웠던 편집실, 다음날의 좌절과 생방송, 그리고 그 모든 순간에 함께 했던 설렘까지.

그 속에는 평생 잊지 못할 친구들이 있다. 바로 내 동기들이다. 34기 동기 모두와 아직까지 연락하고 지낸다. 특히 남자 동기들 중에 제작부 '이홍철'과 보도부 '박상옥'은 나의 소개로 반려자를 만났다. 그들은 나의 친한 지인과 결혼을 한 것이다. 우리가 대학에서 서로 외치던 '동기사랑 나라사랑'을 나는 몸소 실천한 것이라 생각한다. 그들의 평생을 이어준 진정한 동기 사랑 말이다. 나의 DUBS 시절은 그렇게 청춘 속에 빛나는 푸른 별이었다. 그 빛은 지금도 내 맘속에서 찬란히 빛나고 있다

사랑과 함께 직업을 찾아야 한다, 제한시간 20대!

20대, 나에게는 방송국 동기가 중요했다. 그리고 함께 했던 방송은 그 중요함을 키워준 시간의 동반자였다. 하지만 20대 누구에게나 고민이 있는 것처럼 나에게도 고민은 그림자처럼 다가와 희망이라는 햇살을 비추면 비출수록 내 곁을 따라 붙었다.

나 또한 대학생이었다. 직업과 사랑을 성공적으로 완성하

는 미래에 대해 조심스럽게 다가서야 했다. 지금은 취업도 결혼도 점점 늦어지는 추세이지만, 내가 20대였던 그 시절에는 이력서를 낼 수 있는 나이가 정해져 있었다. 여자는 27세, 남자는 30세를 넘기면 원서를 지원할 자격마저 없었다. 마치 인생에 커트라인이 있는 것처럼 느껴졌다. 실패는 이내 두려움이 되었다. 그 당시 우리는 20대에 어디든지 취업을 해야만 하는 상황이었던 것이다. 요즘처럼 학교를 오래 다니면서 30대를 훌쩍 넘겨가며 의도적으로 취업을 미루는 것은 상상도 못했던 시절이었다. 또한 결혼 적령기도 20대 후반을 넘기는 경우가 많지 않았다. '시간'이라는 패턴에 적응해야 문제가 없는 인간으로서 존재할 수 있는, 그런 말없는 사회의 시선이 있었다. 그 시선 속에서 우리의 고민도 시작되었다. 직장도 직장이지만 배우자를 찾는 일 또한 고민이 많았다. 우리의 20대는 그 두 가지를 모두 해 내야 한다는 부담감이 있었던 것이다. 나 또한 예외는 아니었다. 아니 더 많은 고민을 했었다.

대학을 졸업하고 나는 곧장 성우 시험을 준비했다. 그리고 사회적 통념 속에 나의 인생을 계산해야 했다. 시험을 볼 수 있는 시간은 길어야 2~3년에 불과했다. 그 안에 결과가 나와야 했다. 그 기간 안에 성우가 되지 못하면 성우가 되는 꿈을 아예 포기해야 했다. 두렵고 간절했다. 당시 성우 시험의 경쟁률은 무려 300:1에 육박했다. 학교 방송국에서 경험했던 수준으로는 시험에 합격할 수가 없었다. 다시 새로운 스펙을 더해야 했다. 나는 결국 MBC아카데미에 입학해서 본격적으로 연기공부를 시작했고, 유명한 선생님도 찾아다니며 개인 가르침도 받았다. 시간은 정해져 있으니 내가 그 시간에 맞추어야 한다는 강박감 또한 나를 짓누르고 있었다. 그저 나는 성우가 되고 싶다는 열망이 너무 강했던 시기라 다른 생각은 하지 못했다. 성우 시험 준비에 집중하고 청춘이라는 여유를 지워야 했던 시간이 기억으로 남았을 뿐이다, 시험에 몇 번 떨어졌다. 낙방의 경험은 우울함으로 다시 나를 짓누르기 시작했다. 그리고 '결국'이라는 데드라인을 지키듯 나는 대교방송 공채시험에 합격했다. 한순간도 드러내지 못했던 우울감을 떨치는 느낌은 눈물이 되어 나를 위로하듯 흘렀다.

누구나 그렇듯이 '시험에 계속 떨어지면 어쩌나'하는 불안감이 자기 자신을 먼저 힘들게 한다. 그렇지만 불안감을 이겨내고 목표를 향해 돌진하는 강력한 의지와 뚝심을 드러내는 여여如如한 자세가 중요하다. 나에게는 특히 중요했다. 시험에 떨어지는 건 절대, 실패가 아니다. 합격하지 못한 경험의 사례에 불과하기 때문이다. 이런 경험들이 쌓이면 원하는 성공을 거둘 수 있다는 '과정'으로서의 길이 드러나기 시작한다. 결과만을 중시하는 길을 나서면 이기고 승리해야한다는 강한 압박이 자기 자신을 힘들게 한다. 나에게도 과거의 실패는 미래를 위한 성공의 씨앗이자 질 좋은 밑거름이 되었다는 사실은 부인할 수 없는 현실이다.

성우, 그 길 참……

옛 기억이다. 내가 초등학교 2학년 때 부모님께서 사주신 동화책 전집에는 성우가 읽어주는 오디오 테이프가 함께 들어있었다. 지금 같으면 오디오CD와 같은 것이다. 테이프에 담긴 성우의 목소리를 듣고 한순간에 완전 꽂혔던 기억이다. 좋은 소리를 들었던 기억이자 그 소리를 담았던 어린 나에게 감사하다는 생각을 때때로 한다. 나도 모르는 사이 나에게 성우라는 꿈을 향한 작은 빛을 밝혔기 때문이다.

'어떻게 저렇게 아름다운 목소리로 책을 매끄럽게 잘 읽을 수 있는지?'

나는 그때부터 목소리의 매력에 빠져 들었다. 그 당시 그 목소리의 주인공이 성우인지 몰랐다. 하지만 나도 '저 사람처럼'이라는 순진한 모방을 시작했던 기억이 있다. 그리고 나는 매일 성우 목소리를 따라 책 읽는 연습을 했다. 소형 카세트에 빈 테이프를 넣고 빨간 버튼을 눌렀다. 나의 목소리를 녹음하고 다시 들어보고, 혼자 해설도 하고 연기도 하면서 시간을 보내는 것이 가장 즐거운 놀이였다. 그리고 점차 성장하며 영화의 목소리도, 애니메이션의 목소리도 모두 성우들이라는 걸 알게 되었다. 아는 만큼 다가서는 것일까? 나에게도 성우가 되고 싶다는 열망이 마음 한구석에 깊이 자리 잡게 되었다.

그 어렸을 적 꿈을 나는 이뤘다. 노력에 앞서 정말 운이 좋았다는 감사함이 앞선다. 아마도 이 또한 어린 시절 순진한 꿈이 이루어졌다는 행운이었음을 달리 표현할 수 없다. 꿈에 그리던 성우가 되고 그토록 하고 싶었던 영화, 애니메이션 더빙을 셀 수도 없이 했다. 그저 시간을 목소리로 채우듯 일이 있는 곳에 달려가 마이크 앞에 섰다. 라디오 드라마, 해설, 광고, 교재 녹음 등 여러 분야에서 성우 활동을 했다. 연기는 하면 할수록 재미가 있다는 사실도 경험을 쌓아가며 깨달은 사실이다. 물론 성우는 목소리 연기를 위해 끊임없이 공부해야 하는 직업이기도 하다. 즐거운 일이지만 그 만큼 누군가의 삶을 따라 배워야 한다는 어려움도 있다. 목소리 연기를 필요로 하는 분야도, 캐스팅되는 역할도 모두 다 다르기 때문에 낯선 역할을 할 때마다 항상 새로운 느낌으로 다가서 새로운 배움으로 한 작품을 끝냈다. 나아가 새로이 맡은 역할은 어떤 캐릭터일까를 생각하며 대본을 펼칠 때면 습관적으로 긴장과 흥분이 다가온다. 그리고 관찰자가 되어 다양한 인물들의 새로운 삶을 살아보는 나와 내면의 나는 서로 이야기를 나눈다. 물론 혼자 나누는 대화다. 이는 연기를 시작하는 나만의 모습이기도 하다. 사실 그 모습은 연기자의 가장 멋진 모습이자 축복의 순간과도 같다. 새로움에 다가서는, 그리고 새로움을 드러내는 역할은 내가 만들어 가는 길이 되기 때문이다. 이런 생각 속에 나는 앞으로 연기자로서 꾸준히 새로운 역할에 다가서고 그 모습을 진실히 채워 드러낼 것이다. 부족한 부분을 채우는 노력으로 다가서는 인생열정을 이끌어 나아갈 것이다.

성우, 그 역할을 교육 프로그램으로

취업, 결혼, 출산…… 시간을 더하니 이제 나도 새로운 나를 준비해야 한다고 생각하며 마음을 다시 잡아야 했다. 먼저 나의 부족한 재능을 나누고 키우는 활동도 중요하다는 생각으로 개인적인 성우 활동 이외에 성우 아카데미를 설립하여 운영하고 있다. 성우를 꿈꾸는, 성우 공채시험을 준비하는 성인들을 위한 학원이다. 학생들과 함께 성우의 꿈을 키우고 그 길을 이끌어 나아간 지도 벌써 18년이 되었다. 그동안 공채시험에 합격한 제자들, 그리고 후배이자 동료인 성우도 이제 꽤 많다. 그 제자들 가운데 누군가는 성우아카데미에서 다시 강사로 활동하고 있다. 특히 DUBS 후배인 장은숙 EBS 성우도 현재 우리 아카데미에서 인기강사로 강의 중이다. 후배가 제자가 되고, 다시 제자가 후배가 된다. 그리고 후배가 강사가 되고……. 그렇게 서로 인연을 맺어 서로를 바라보며 성장하고 서로의 기회 속에 자신을 채우는 모습이 이제 힘이 되고 미래가 되었다.

이제 성우 아카데미는 어린이와 청소년을 위한 교육 프로그램으로 영역을 확장했다. 이를 위해 투자도 했다. 애니메이션 더빙을 통해 배우는 언어교육 프로그램을 전국적으로 운영하고, 더빙 교재와 어플을 출간하는 사업이다. 우리말 뿐 아니라 영어와 중국어, 일본어 등의 말하기 교육을 애니메이션 더빙을 통해 습득하게 하는 국내 유일의 멀티미디어 교재를 출간하여 일선 교육 현장의 교재로 보급하는 일이다. 사실 이 일은 성우로서 더빙의 역할을 교육으로 확장하는 새로운 시장이기도 하다, 갈망이 큰 만큼 부담도 컸던 일을 열정 하나만으로 다가서고 있는 것이다.

성우로서 연기하고, 아카데미 강의와 교육 사업까지 세 가지 일을 강행하고 있는 지금, 무척 바쁘고 힘도 든다. 하지만 그만큼 보람되고 즐겁다. 내가 열정으로 다가서 즐기는 나날로 하루를 맞이하고 보내고 있기 때문이다. 이처럼 나에게 여러 가지 일들을 열정적으로 할 수 있는 습관을 만들어 준 자리가 바로 DUBS다. 그곳에서 보냈던 4년의 시간이다. 하루도 빼놓지 않고 동국대학교교육방송국에 출퇴근하면서 늦게까지 열정적으로 일에 매달렸던 그 시절이 나를 이렇게 이끌었다는 생각에 항상 감사한다. 함께 했던 수많은 즐거움을 간직하고 이를 다시 나누어 키우는 지금은 또한 소중하다. 지금 당신이 대학생이라면 돌이켜 소중함을 담는 자신만의 그릇을 대학에서 만들어야 한다. 부족함이 없는 돌이켜 힘을 키울 수 있는 자리를 마련하는 시간은 대학이며 그 시간의 열정은 나로부터 나오는 것이다.

나에게도 아쉬움은 있다. 그래서 가끔 생각한다. 다시 대학생으로 돌아간다면 나는 어떻게 했을까. 그 질문에 대한 답은 '여행'이다. 대학시절로 다시 돌아간다면 방학 때 배낭여행을 가고 싶다, 유럽으로! 사실 나는 3학년 때까지 방학이라는 시간 전부를 동국대학교교육방송국 DUBS에서 보냈다. 그게 낭만이었다. 4학년 때는 성우 시험을 준비하느라 바쁘게 보내야 했다. 그건 현실이었다. 낭만과 현실을 더하니 여유는 부족했다. 배낭여행을 갈 시간이 없었던 것이다. 하지만 다시 그 시절로 돌아간다면 일 욕심을 조금 줄이고 여행할 시간을 만들고 싶다. 그때가 지나가니 지금 나에게 유럽 배낭여행은 더욱 더 힘든 상황이 되어버렸다. 여행이라는 나의 열정을 이제는 가족과 타협하여 드러내야 한다. 나와 엮인 모든 공간과 시간을 조정해야 가능한 여행이 되어 버렸다. 돌이키니 그나마 학생 시절이 보다 쉽게 결정하고 실현하기 가능한 일이라는 생각이 남는다. 아쉽다.

돌이켜 모든 순간이 다 중요하고 소중했다. 그 가운데 한순간을 찾기란 쉽지 않으나 나에게 가장 중요한순간은 KBS 성우 공채시험에 합격했던 순간이다. 성우는 나의 인생을 완전히 다르게 바꾸어 준 인연이자 인생에 덧셈을 가능하게 한 토대이기도 하다, 성우로서의 길은 내가 생각하고, 하고 싶은 일들을 할 수 있도록 도와준 날개와 같다. 아마 모든 일들이 그럴 것이다. 누구에게나 꿈이 있다. 그 꿈을 이루기 위한 관문도 있다. 그 관문을 우리는 시험이라 부른다. 취업도, 자격증도, 전문가가 되기 위한 모든 일은 어찌 된 것인지 시험으로 시작한다. 이를 우리는 준비해야 한다. 즐기듯이 준비하는 법을 배우지 못했다. 그저 경쟁으로 이겨야 한다는 처절함 속에 시험이라는 관문이 다가왔다. 사실 시험에서 합격을 해야 일단 무엇이든 손에 쥘 수 있다. 하지만 그 관문은 쉽지 않다. 그렇지만 우리는 자신도 모르는 관문을 거쳐 왔다. '대학 합격'이라는 성공을 했듯이 말이다. 그리고 다시 열심히 노력하면 저마다의 꿈이 시작하는 관문을 통과

할 수 있을 것이다.

'내가 어떻게 하겠어…….'

그 주저함을 먼저 버리면 된다. 주저함을 버리면 앞이 보인다. 그리고 보이는 길에 용기와 패기 그리고 열정을 더하면 다가설 수 있는 기회는 다가온다. 그 순간이 빠르거나 느리다는 차이가 있어 힘들다. 하지만 그 기회는 반드시 온다는 신념이 지금 나에게 새로운 길을 열고 남들이 하지 않았던 길을 여는 열쇠와도 같다.

누구는 그 열쇠 하나를 소중히 여긴다. 하지만 나는 그 열쇠를 바꾸어 키우고 있다. 성우를 시작했지만 30대 중반에는 카페 운영을 했다. 지금은 학원을 운영하고 있다. 출판 사업도 하고, 어린이, 청소년 성우 에이전시 그리고 공연 기획도 하고 있다. 바쁘다. 그 바쁜 일과 속에 나를 다시 돌이키고자, 올 해 부터는 책 쓰기에 도전하고 있다. 하느냐 못하느냐는 능력이 아닌 실천으로 다가서고 있다. 배고프면 밥을 먹고, 졸리면 잠을 자는 것과 똑같이 다가서는 설렘이 나를 키우고 있다. 하고 싶으면 지금 바로 시작하자. 그것이 젊음이다. 그 젊음을 위해 미치자. 젊은 열정을 가진 이와 함께 하고픈 노래가 있다. 바로 러브홀릭스의 '버터플라이'이다.

어리석은 세상은 너를 몰라
누에 속에 감춰진 너를 못 봐
나는 알아, 내겐 보여
그토록 찬란한 너의 날개
겁내지 마 할 수 있어
뜨겁게 꿈틀거리는
날개를 펴 날아올라 세상 위로
태양처럼 빛을 내는 그대여
이 세상이 거칠게 막아서도
빛나는 사람아 난 너를 사랑해
– 중략 –
너를 믿어 나를 믿어
– 후략 –

시간이 흐르고, 여러 가지 힘든 일들이 생기듯 마음에 갈등이 생기면 처음 가졌던 열정을 잊을 수 있다. 이곳에 왜 들어왔는지 그 목적을 잊을 수도 있다. 그러나 누군가의 마음속에는 처음에 느꼈던 열정이 존재하고 있다. 첫 마음, 초심初心이다. 누가 뭐래도 자신의 생각대로 가자. 열정과 꿈을 잊지 말고 힘든 일들은 자세히 들여다보면 사실 아무것도 아닐 때가 많으니까, 아무 일 없던 일처럼 내일을 열면 되지 않을까?

꿈을 알려준 곳,
아나운서의 시작 DUBS

김정근 39기 아나운서

동국대학교 경영학과 97학번.
자신이 잘 할 수 있는 일, 재미를 더하고 즐길 수 있는 길을 찾아 항상 노력하는 2004년 MBC 공채 아나운서이자 축구 캐스터이다.

꿈이 없던 어린 시절

어릴 적 어른들의 가장 흔한 질문 가운데 하나는 '너 커서 뭐 될래?'였다. 꿈이 무엇이냐고 물어보기보다 '커서 무엇이 되겠냐'고 물어보는 어른들. 그들은 지극히 현실적이었다.

그런 질문엔 누구나 그렇듯이 나 또한 그 대답들이 많이 바뀌었다. 때로는 멋져 보이는 것을 답하기도 했고 때로는 어른들이 좋아할 만한 답변을 내놓기도 했다. 예를 들면, 초등학교 때는 꿈이 목사님과 선교사라고 대답했는데 그 이야기를 들을 때마다 신앙심 깊은 어머니는 무척 감동하며 좋아하셨다. 나도 어머니의 그런 모습이 좋아서 어린 마음에 정말 성경에 나오는 위대한 인물들처럼 말씀을 증거하고 다니는 것 또한 좋겠다고 생각한 적도 있었다 .하지만 그 생각은 오래가지 않았다.

중학교 진학 후에는 좀 더 현실적인 답변을 했다, 내게 '커서 무엇이 되겠냐'고 물어보는 어른들처럼. 어린 마음으로 바라본 세상 속에는 돈도 잘 벌고 멋있어 보이는 직업이 있었다. 나는 이를 발견한 것이다. 나는 프로듀서의 약자가 PD라는 첨언을 해가면서까지 PD가 되고 싶다고 이야기했다. 무無에서 유有를 만들어내고, 유명인들을 만나고 혹은 내가 만들어내는 PD라는 직업이 정말 쿨하고 멋져보였다. 하지만 그런 대답을 하면서도 내가 정말 무엇을 원하고 좋아하는지, 그리고 커서 무엇이 되고 싶은지에 대한 진정한 답은 찾지 못했다. 답을 찾지 못했으니 공부를 왜 해야 하는지에 대한 이유도 점점 희미해져갔다. 그럼에도 불구하고 난 주어진 환경에서 어른들 말씀을 잘 듣는, 큰 반항과 일탈을 하지 않는 착하고 모범적인 학생이었다. 결혼을 하고 아내가 나의 어머니에게 아들의 성장과정 중에 언제가 제일 좋았냐는 물음에 엄마가 중학생 시절이라고 이야기할 정도니까. 정말 그랬던 것 같다.

고등학교 때는 문득 배우가 되고 싶었다. 영화와 뮤지컬을 좋아하시는 아버지는 우리 가족에게 영화와 뮤지컬을 종종 보여주고는 하셨다. 그 때문인지 나는 자연스럽게 화면과 무대에 등장하는 배우들의 모습을 동경하게 되었다. 뭔가 다른 인생을 사는 사람들이 대단해보였다. 그런 생각에 나는 연극영화과에 진학하고 싶다는 이야기를 부모님께 넌지시 건넸다. 하지만 아버지는 그 길은 백수로 살기에 딱 적당한 길이라며 마뜩찮아 하셨다. 아버지께서도 대학에서 연극영화학을 전공했기에 어찌보면 무조건적인 반대는 아니었다. 아버지께서는 연극영화과 동기생 중에 한 두 명만 성공할 가능성이 있는, 아주 어려운 길이니까 취업이 상대적으로 쉬운 학과에 진학해서 취미 활동으로 연극 같은 것을 하라고 조언해주셨다. 너무도 현실적인 조언이었기에 딱히 반항할 마음이 생기지도 않았다. 연기를 꼭 해야겠다는 열망이 가슴 깊은 곳에서 꺼지지 않고 타오르는 것도 아니었다. 그냥 잠시 피어올랐다가 아버지의 말 한마디에 너무 쉽게 사라졌다. 하지만 그 이후부터 공부에 대한 흥미를 점점 잃어갔다. 딱히 하고 싶은 것이 없으니 왜 공부를 해야 하는지 모르겠고, 학교에서 성급하게 어른들을 따라하는 아이들과 이야기하며 떠드는 것도 재미가 없었다. 고 2때 자퇴를 하려고 선생님을 한두 번 찾아갔으나 거절당하고, 그냥 그렇게 시험을 보고 결과를 받는 생활을 반복하며 고교시절을 보냈다.

그러다 고3을 앞눈 1월 겨울에 당시의 나로서는 꽤 큰 일탈을 시도했다. 이렇게 사는 것은 앞으로도 크게 달라지지 않을 것 같으니 이쯤에서 삶을 멈추자는 계획이었다. 지금 생각하면 참 끔찍한 생각이기도 한데 그 당시에는 나름 진지했었다. 반복되는 일상의 지루함에 대해 깊이 생각한 청소년의 진지함은 행동으로 옮겨야 한다면서 실행하게 된 것이다.

계획은 이러했다.

영화 〈남부군〉과 소설 《태백산맥》에서 보고 읽었던 지리산이라는 장소에서 나는 하얀 눈雪과 함께 잠드는 것이었다. 한 번도 가본 적은 없지만 험하고 깊은 산세를 지녔다는 지리산이 왠지 삶을 마감하기에 적당해보였다. 눈 속에서 피곤에 지쳐 잠들어야 한다. 그러기 위해서는 몸이 피곤해야 했다. 그래서 일부러 밤을 꼴딱 새고 집을 몰래 빠져나와 새벽 첫 기차로 지리산 백무동으로 향했다. 계획은 아무도 찾을 수 없는 산 깊은 곳으로 들어가는 것이었기에 등산로를 따라 오르다가 등산로가 아닌 곳으로 진입해서 무작정 산 깊은 곳으로 들어가 산을 올랐다. 지금 생각해보면 정말 무모하고 겁 없는 행동이었다. 그렇게 한 참을 오르다가 한 능선의 봉우리에 다다랐다. 오후 2시쯤 되는 시간이었을까. 맨 손으로 무릎 밑까지 차오른 눈을 파고 누울 공간을 마련했다. 그리고 가방을 가슴에 안고 누웠다. 가방 안에는 유서 비슷한 편지도 한 장 써서 넣어 두었다. 이제 잠들기만 하면 내가 세운 계획대로 되는 것이었다. 추위 속에서 잠들면 다시 깨어나긴 힘들 것이라고 생각했기 때문이었다.

그렇게 10분쯤 누워있었을까. 온 몸으로 전해지는 차가운 냉기 속에 엄청난 추위를 느꼈다. 그리고 스산한 바람소리와 생각보다 빨리 사그라지는 겨울의 햇살이 무서워지기 시작했다. 이러다가 정말 죽을 것 같았다. 자리에서 일어나 주변을 둘러봤다. 여기가 어딘지 어디로 어떻게 내려가야 하는지 도무지 알 수가 없었다. 무작정 소리를 지르면서 좀 더 낮은 곳을 향해 뛰고 달리기 시작했다. 야호를 외치기도 하고 사람 있다고 소리를 지르기도 했다. 길을 모르니 무작정 계곡을 찾아서 계곡을 따라 내려왔다. 그렇게 한 참을 내려오며 눈이 어둠에 완전히 익숙해졌을 때 계곡 위에서 한 아저씨가 불빛을 비추며 소리를 치셨다. 거기 누구 있냐고.

결국 그 아저씨의 도움으로 그 곳을 무사히 빠져나올 수 있었다. 아저씨는 나를 보자마자 죽으려고 작정했냐며 이 계곡에서 몇 주 전에 대학생 2명이 큰 일을 겪었다고 이야기하셨다. 나는 그냥 산을 좋아하는 학생이라고 둘러댔는데 아저씨는 더 이상 묻지 않고 혼자 다니지 말고 얼른 집에 돌아가라며 나에게 초코파이를 하나 건네 주셨다. 그때 먹었던 그 초코파이의 달콤한 맛은 나중에 군대에서 힘든 훈련 후에 먹었던 그 어떤 초코파이의 맛과도 비교할 수 없었다. 그렇게 만 하루가 넘는 일탈을 하고 돌아온 아침, 고맙게도 부모님은 자고 있는 날 확인하시고는 조용히 문을 닫고 나가셨다. 그 일을 묻지 않으셨다. 그렇게 나의 십대는 끝났다.

1997, DUBS 39기

남들보다 한 해가 늦었다. 방황에 대한 대가이기도 했고 목표 없이 떠돌다 돌아온 탓도 있었다. 크리스마스를 얼마 앞 둔 1996년 겨울 어느 날, 합격 통지서를 혼자 손에 쥐고 충무로 언덕길을 내려오는 나의 마음은 덤덤했다. 원하고 바랐던 학교도 아니었고 1년을 돌아서 그냥 제자리에 선 기분이었다. 그래도 대학생이라는 단어가 주는 설렘은 분명 있었다.

오리엔테이션이라는 곳에 가서 난생 처음 소주도 마셔보고 선배라는 사람들과 어울려 보기도 했다. 경영학과라는 이름은 언젠가 취업할 때 두루 요긴하게 쓰일 호환성이 좋은 상품이라고 생각했기에 고민 하나 없이 들어갔는데 그곳에서 만난 사람들의 생각도 많이 다르지 않은 것 같아 보였다. 대학생이 되었지만 역시 무엇을 하고 싶은지에 대한 답을 찾지는 못했다.

경영학이라는 모호함에 흥미를 느끼지 못하고 있을, 무료한 어느 봄날에 난 학생회관을 찾았다. 그것 역시 새내기 대학생이라면 누구나 한 번쯤 거치는 코스였다. 캠퍼스 이곳저곳을 탐방하는 것. 영화, 여행, 연극 등 나의 흥미를 끄는 곳들이 몇몇 있었다. 그 가운데 4층에 위치한 대학 방송국은 그 규모부터가 남달랐다. 그리고 '모두 환영'이라는 다른 곳과는 달리 지원서를 쓰고 시험을 보고 합격이 되어도 일정 수습기간을 거쳐야 방송을 할 수 있다고 했다.

혼자 처음 가 본 날, 아나운서 선배가 지원서를 건네주면서 방송국 시설을 보여주었는데 라디오 부스가 정말 멋져보였다. 유리문 너머로 테이블과 마이크가 보였는데 그 안에 들어가는 것은 지원을 하고 합격을 해서 수습기간을 거쳐 정국원이 되어야 가능하다고 했다. 최소한 몇 단계는 거쳐야 했다. 그리고 정국원이 되면 장학금도 준다는 말을 덧붙였다. 완벽한 설명에 난 바로 마음을 빼앗겼다. 지원부서는 볼 것도 없이 바로 아나운서였다. 그 유리부스 안에 들어가서 방송이라는 것을 해보고 싶었으니까. 비로소 뭔가 해보고 싶은 진짜를 발견한 기분이었다.

그렇게 지원을 거쳐서 DUBS 39기 수습국원이라는 이름으로 학교 방송국 생활을 시작했다. 학교 방송국은 내가 생각했던 곳과는 많이 달랐다. 규율이 엄격했고 상하 위계질서가 명확했다. 또 호칭을 모두 '형'으로 통일하라고 했다. '학형'의 줄임말로 '형'이라는 호칭을 쓰는 것이라고 했는데 한 해를 돌아서 입학한 나는 처음에 이 '형'이라는 호칭이 참 어색했다. 동갑인 친구들에게 남자, 여자 할 것 없이 모두 형으로 불러야 한다는 사실이 처음엔 정말 싫었다. 그냥 선배라고 부르라고 하면 그러겠는데 '형'이라고 부르는 것에 왠지 저항감마저 들었다. 그래도 '형'이라고 부르는 것이 이곳의 오래된 전통이자 룰이라고 하니까 모든 선배들을 다 '형'으로 부르기 시작했다. 근데 이 호칭은 20년 넘은 선배에게도 통했다. 처음 본 선배에게도 형이라는 호칭으로 바로 부를 수 있다는 사실은 세월이 주는 거리감을 좁혀주고 뭔가 끈끈한 느낌도 들게 했다. 호칭을 시작으로, 해야 하는 것과 지켜야하는 것 등 수습국원의 업무는 의외로 참 많았다.

매일 아침 8시 30분, 〈동악의 새아침〉 방송프로그램을 모니터해야 했으며, 매일 저녁 6시면 종례를 방송과 같은 정확한 시간에 진행했다. 방송인으로서 시간에 대한 중요성을 일깨워주는 고마운 일이었다. 또 이는 군기를 잡는다는 뜻도 있었다. 집합 시간을 1초라도 어기면 모두가 '엎드려 뻗쳐'와 같은 얼차려를 받았는데 스무 살이 넘는 대학생이 견뎌내기에는 때때로 참을 수 없는 감정들이 올라오기도 했다. 그런 이유 때문인지 자유와 낭만을 기대했던 몇몇 동기들은 이 과정에서 떨어져나갔다.

이렇게 빡빡한 학교 방송국 규율에 적응하기 위해서는 고등학교 시절보다 더 이른 기상시간이 필요했다. 당시 안산에 살았던 나는 아침 8시 30분 모니터 시간에 맞추기 위해서 매일 6시쯤 집을 나서야 했다. 고등학교, 재수생 시절보다 더 이른 시간이었다. 조금이라도 늦잠을 자면 충무로에서 내리자마자 가파른 언덕길을 미친 듯이 뛰어 시간을 맞춰야 했다. 나중에 학군단 체력 시험에서 특급으로 통과하게 된 것은 아마 이때의 훈련이 바탕이 된 것 같다. 그해 여름방학도 혹독했다. 방송에 투입되기 위한 선배들의 강한 훈련이 매일 이어졌다. 그런 인고忍苦의 시간들이 지나자 일종의 테스트를 통과한 후에는 그토록 궁금했던 '방송'이라는 것을 드디어 하게 되었다.

그 시작은 아침 방송 〈동악의 새아침〉이었다. 등굣길 학우들에게 좋은 이야기와 음악을 들려주는 프로그램이었다. 학교 방송이었지만 라디오를 통해 학교 구석구석에 내 목소리가 전달되는 것은 꽤 근사한 방송이자 추억이었다. 그리고 녹음해서 듣는 내 목소리 역시 나쁘지 않았다. 그리고 그런 방송을 하는 우리들을 DUBS 후배라는 이유 하나로 많은 선배들이 찾아와 밥과 술을 사주며 격려하고 때로는 군기도 잡으면서 많은 관심과 애정을 보여주었다.

신입 수습국원 장기자랑을 하는 날에는 MBC 이재용 아나운서가 찾아왔었는데 그 훈훈한 모습에 우리 동기들이 모두 웅성웅성 했던 기억이 있다. 산 같이 커 보였던 그 형이 먼 훗날 회사 직속 선배가 될 줄을 그때는 상상도 못했다. 또, 이상우 형은 인천으로 우리를 초대해서 방송국 곳곳을 구경시켜주기도 했다. 멋진 선배들이 많았고 다양한 방송이 계속 만들어지는 DUBS라는 공간은 시간이 지날수록 내 대학 생활의 시간과 열정을 모두 가져가기 시작했다. 수습국원에서 정국원이 되자 할 수 있는 방송들은 더 많아졌다. 라디오 방송, 텔레비전 제작물, 방송제에서 선보일 드라마 연기, 캠퍼스 뉴스 등등 다양한 장르의 방송을 경험하면서 학교 방송국 아나운서로서의 생활에 익숙해졌고 내 모습에서도 어느덧 방송국 선배다운 모습이 보이기 시작했다.

무엇보다 학교방송국에는 좋은 사람들이 많았다. 고등학교 시절, 꽤 늦은 시기에 진한 사춘기를 겪은 내게 있어 방송국 친구들은 참 소중했다. 특히 '39기'라는 이름으로 뭉쳐진 동기들은 저마다 아름다운 젊은 시절을 방송과 함께 많은 시간을 보낸 나를 아는 벗知友이다. 시간이 갈수록 우리는 더욱 끈끈해졌다.

지금도 방송국 생활의 가장 큰 수확을 꼽으라면 주저하지 않고 39기 동기들을 제일 첫 순위에 꼽고 싶다. 20년 넘게 세월이 흘러 지금은 모두 한 가정의 아빠, 엄마로 바쁜 삶을 살아가고 있지만 지금도 만나면 서로 웃으며 즐거울 수 있는 것은 대학 시절, 순수하게 방송을 만들며 열정을 나눈 시간들이 있었기 때문이라고 생각한다. 그 열정이 남달라서였을까? 우리 동기들 중에는 유독 방송 분야에 진출해서 일을 하는 친구들이 많다.

그 가운데 영화 제작에 큰 관심을 가지고 〈뷰티 인 사이드〉라는 멋진 작품을 탄생시킨 '심윤보'가 있다. 누구보다도 학교

방송국을 사랑하고 아꼈던 친구이자 독특한 개성을 지닌 친구여서 우리 동기들이 많이 좋아했던 녀석이다. 지금은 병중에 있지만 언젠간 기적처럼 훌훌 털고 일어나 우리에게 멋진 농담을 해줄 것을 기대하고 있다.

그렇게 대학시절에 즐겁게 방송국 생활을 했다. 하지만 그 시절, 내가 희망했던 진로에 아나운서는 없었다. 재미있고 멋진 일이지만 내가 직업으로 삼기엔 버거울 것이라고 생각했다. 예전에 아버지가 하신 말씀처럼 취미로는 적합할지 모르나 직업으로 삼으려고 달려들었다가 실패하게 될 확률이 훨씬 더 커 보였다. 그래서 많은 추억을 가진 방송국 생활을 대학교 3학년이 되어서 접어야 했다. 군대는 ROTC로 가야 한다는 아버지의 말씀을 따르기 위해서였다. 내가 숫자를 읽기 시작할 무렵에 색맹 책을 사와서 색맹 테스트를 하고 색맹이 아님을 확인하고 기뻐하셨다던 아버지는 내가 아주 어릴 적부터 군대는 장교로 가야한다고 말씀하셨다. 당신은 색맹이어서 갈 수 없었다면서 너는 갈 수 있다고 수없이 말씀하신 아버지의 바람을 거스를 수 없었다. 그렇게 해서 '112 학군단 39기'가 된 나는 자연스럽게 방송에서 멀어졌다.

동국대 학군단은 전국 학군단 중에서도 군기가 강하기로 유명한 곳이어서 선배들은 다른 활동을 하는 것을 허락하지 않았다. 그렇게 2년을 보내고 나니 어느덧 나는 졸업을 하게 되었다. 학교 방송국 2년, 학군단 2년을 하면서 틈틈이 교회에서 선생님으로 봉사활동도 했다. 그렇게 대학 생활을 보냈더니 종착역에 이르러서는 연애 한번 해보지 못한 청춘이 되어 있었다. 그럼에도 방송국 사람들이라는 소중한 자산과 아나운서 생활이라는 경험을 간직할 수 있었다.

진짜로 원하는 것

2년 4개월의 군 생활이 끝날 무렵, 나도 누구나처럼 취업에 대한 고민을 해야 했다. 아나운서에 대한 호기심은 있었으나 자신이 없었다. 그 기간동안 나는 예전에도 그랬던 것처럼 그냥 남들이 하는 것과 같은 방식으로 그 시기를 보내기 시작했다.

전역을 몇 개월 앞두고 일과가 끝나면 부대 근처 PC방에 가서 취업 공고가 뜨는 기업을 찾았다. 그리고 회사에 대한 정보를 탐색하고 지원서를 작성하는 일이 하루의 마감이었다. 진로를 정한 몇몇 동료를 제외하고는 대부분이 그렇게 했다. 마치 낚시터에 여러 개의 낚싯대를 던져 놓고 뭔가 하나 걸리기를 기대하는 것처럼 말이다.

전역이 한 달도 채 남지 않았을 때 몇몇 곳에서 면접을 보라는 연락이 왔다. 그 중 한 스포츠 방송국 캐스터 자리도 있었는데 예비군 훈련 교관으로 임무를 수행하다가 눌린 머리 그대로 아무 준비 없이 방송국 실기 시험을 보러 갔다. 환한 조명 아래에서 말도 제대로 못하고 땀만 뻘뻘 흘리다 부대로 복귀했던 기억이 있다. 그 짧은 경험은 너무도 민망하고 부끄러워서 그때 다시는 이 근처에 기웃거리지 말자고 결심했었다.

그렇게 몇 곳의 면접을 거쳐서 최종 선택을 한 곳은 S은행의 기업금융팀이었다. 일단 연봉이 높았다. 합격한 다른 친구들의 학벌도 나보다 훨씬 좋았다. 아버지께서 특히 기뻐하셨다. 전역 다음날이 출근하는 날이었는데 전역하는 날, 아버지는 나를 백화점으로 데리고 가 양복에 넥타이까지 사주시면서 격려하셨다. 열심히 해서 지점장이 되라고, 그 정도면 충분하다고 하셨다. 그렇게 큰 기대와 격려를 받고 신입사원 연수원에 들어갔는데 난 오래 버티지 못하고 그곳을 나와 버렸다. 모든 것이 너무나 전형적이었다. 경영학과, 학군단, 은행사원.

짜여진 틀 속에서 20대를 마무리하고 싶진 않았다. 그래서 합격 통지를 받은 곳 중에서 좀 더 창의적으로 보이는 일터로 방향을 옮겼다. 한 패션회사의 기획팀이었는데 연봉은 은행의 절반밖에 되지 않았지만 뭔가 비전이 있어보였다. 기독교적인 회사의 분위기도 좋았고 '기획'이라는 단어가 주는 설렘도 있었다. 그 회사에서 내가 처음 배치 받은 곳은 W의류 브랜드의 동대문 직영점 부지점장이었는데 복장이 은행과는 비교할 수 없을 정도로 자유로웠다. 본사에서는 캘리포니아 느낌의 브랜드 이미지에 맞게 매장 직원들에게 염색할 것을 권유하기까지 했다. 나는 직원들과 함께 오렌지색으로 머리를 염색했다. 입사한 첫 해 어느 날, 매장의 고장 난 에어컨 뒤에서 배수 호스를 점검하고 있었다. 때마침 아버지가 매장에 오셔서 노란 내 머리와 청바지에 셔츠를 아무렇게나 걸친 내 모습을 보시면서 한 숨을 쉬시던 모습이 너무도 선명하다.

매장의 일은 너무도 바빴다. 오전 9시에 출근해서 밤 12시까지 일을 하고 주말에는 새벽 2시까지 연장 근무를 했다. 퇴근하면 작은 고시원에서 잠을 자고 나와 다시 일을 하는 생활이 반복됐다. 이 시기를 잘 버티면 본사에서 폼나게 기획도 하고 좀 더 나은 대우를 받을 수 있을 것 같았는데 선배들을 보면 그 길도 그리 쉽진 않아 보였다. 그런 생활을 일 년쯤 이어갔다.

나에게 28살 봄이 다가왔다. 나 자신에게 제대로 된 질문을 처음 던져봤다. 서른이 되기 전에 진짜로 하고 싶은 것이 무엇인지. 정말 즐거웠던 일이 무엇이었는지. 그것은 학교 방송국의 아나운서 생활이었다. 방송은 즐거웠다. 만약 그 일을 업으로 삼을 수 있다면 행복할 것 같았다. 그래서 결심했다. 한 번 도전해보고 포기하자고!

군대 생활에 더하여 일 년 남짓 직장생활을 하며 모은 돈은 한 10개월 정도 부모님께 손을 벌리지 않아도 버틸 수 있는 시간을 만들어주었다. 다니던 회사에 사직서를 제출했다. 내가 아나운서 시험을 준비하겠다는 말씀을 드렸을 때 아버지는 예전처럼 현실적인 조언을 해 주셨다. 그때는 야구에 비유하셨는데 인생에는 타석에 들어설 기회가 10번쯤 있다는 말씀으로 시작하셨다. 스물여덟인 나는 이미 일곱 번 정도의 기회가 지나갔다고 하시면서 점수를 많이 따 놓지 못한 상황에서 득점을 만들기는 어렵다고 하셨다. 맞는 말씀이었다. 타율이 높지 않은 타자가 마지막에 역전 홈런을 때려내는 것은 대단히 낮은 확률일 테니까.

그럼에도 나는 도전했다. 목표가 분명했기에 해야 할 것들도 분명했다. 방송 편성표를 보면서 아나운서들이 하는 방송프로그램들을 분석하며, 각 프로그램들의 오프닝 멘트를 따라 해보고 외워보고 어설픈 중계도 준비했다. 그리고 그해 가을, 난 거짓말처럼 아나운서가 되었다.

아나운서 합격 발표가 있던 날, 아버지는 골프 모임을 하셨는데 그날은 멤버 네 명 중에 홀인원을 한 사람이 두 명이나 있었단다. 한 명도 쉽지 않은 일인데 두 명이나 홀인원을 한 그날은 모두가 밤새 즐기자고 작정을 하면서 골프장을 나오셨는데 아들의 아나운서 합격 소식에 아버지는 모두에게 크게 한 턱 내셨다고 했다. 그 발표가 있던 날, 아버지와 어머니의 들뜬 목소리…… 그리고 혼자 소리 내어 펑펑 울었던 기억은 잊을 수 없다. 그 모든 시작에는 DUBS 아나운서 생활이 있었다.

또 다른 꿈을 찾아서

눈물을 흘리며 들어온 방송국 아나운서 생활은 솔직히 기대 이상이었다. 똑똑하고 멋진 선배들이 많았고 그들과 같은 브랜드로 불린다는 사실이 늘 행복했다. 많이 부족하고 모자라다고 생각했기에, 선배들 가운데 누구라도 비슷하게 따라갈 수 있다면 좋겠다는 마음으로 방송에 임했다. 하지만 늘 좋을 수는 없었다.

방송 생활이 익숙해지면서 나 자신의 한계가 보이기 시작했다. 때때로 깊은 좌절감도 맛봐야 했다. 공정한 방송이라는 가치를 위해 질문을 던지고 답을 구하는 과정에서 싸움도 해야 했고, 마이크를 오랜 시간 내려놓기도 해야 했다. 모든 것이 나의 생각과 달랐다. 단지 '옳음'이라는 생각만이 나를 이끌었다.

방송이 익숙해질 때쯤 오래 전에 잊고 있었던 연기에 대한 꿈이 되살아났다. 20대의 마지막에 스스로에게 던진 질문처럼 30대의 마지막에 같은 질문을 던졌다. '30대가 가기 전에 꼭 해보고 싶은 것이 무엇이냐?'고. 답은 '연기'였다. 작은 무대 위에서 배우로서 한 번 존재해보고 싶었다. 연기연출을 배울 수 있는 대학원에 진학해서 연극으로 연기를 배웠고, 그 인연으로 세 편의 연극에 출연을 이어갈 수 있었다. 그 연극 무대를 아버지에게 꼭 보여드리고 싶었는데 현실적인 조언을 많이 해주셨던 아버지는 너무 일찍 하늘로 가시고 말았다.

새로운 무대를 꿈꾸며 애정을 더했던 회사를 그만두고 밖에서 생활하다 다시 회사로 돌아와서 방송을 하고 있지만 난 지금도 꿈을 꾸며 스스로에게 질문을 던지려 노력하고 있다. 다시 질문을 해 본다.

'오래 전에 대학방송국 문을 열고 들어갈 때 느꼈던 그 설렘을 넌 지금 어디에서 찾고 있냐고?'

그리고 답한다.

'지금도 내 가슴속 어딘가에 있을 그 두근거림과 설렘이 오래 오래 꺼지지 않았으면 좋겠다. 그리고 그 시작을 알려준 동국대학교교육방송국 DUBS가 오래 오래, 늘 새로운 열정으로 뜨겁게 이어졌으면 좋겠다.'

20대, 나에게 유일한 당신

김정은 38기 아나운서

동국대학교 자연과학과 96학번.
전공은 수학, 하지만 복수전공으로 국어국문, 신문방송학, 총 3개를 전공하고 방송이라는 인연의 끈을 학업으로 더하고자 연세대학교대학원에서 신문방송을 전공한 현대홈쇼핑 쇼호스트 15년차 방송인. 알고 보니 방송의 기본은 국어국문과 신문방송학으로 배우고 수학과에서는 셈을 익혀 매출 숫자에 민감한 홈쇼핑 쇼호스트가 되었다고 함. 특히 다낭 등 해외여행 홈쇼핑 최단 시간, 최다 주문, 최다 매출 등의 기록을 세우고 다시 기록을 경신 중이다.

가끔 나는 나에게 질문을 던진다. 그 질문 속에 삶에 대한 의미와 즐거움 그리고 아쉬움이 베어있기 때문이다. 질문은 아마도 나를 지키는 힘인지도 모른다. 오늘도 질문을 해 본다. '나에게 방송국이란?' 그 답은 간단하다. '꼭 들어가야 하는 곳!'

어렸을 때부터 나에게 보이고 담기 시작한 꿈이 있었다. 아마도 그 순서는 아나운서이거나 의사였다. 생각하면 완전 극과 극이다. 문과 같지 않은 문과와 완전 이과 수석을 해야 하는 극과 극이다. 하지만 그땐 그랬다. 고등학교 때부터 정말 열심히 공부를 했다. 그리고 그 공부는 나의 적성을 갈랐다. 적성은 이과. 하지만 나는 다른 곳에 동의하고 있었다. 흥미는 문과라고 생각했으니 말이다. 그런데 현실은 나를 다른 곳으로 보내고 있었다. 어느 해인가 수학경시대회와 과학경시대회의 상을 받아버린 것이다. 다들 의대로 가야한다고 했던 기억이다. 내가 대입 시험을 치를 당시만 해도 수능과 본고사를 함께 보아야 했다. 두 번의 시험이 있기에 나는 더욱 신중해져야 했다.

'여고에서 이과는 진짜 등급 따기 어렵다. 하지만 열공은 한다. 모두가 의대나 치대 등 소신지원하고……. 사실 그 결과는 모르겠다. 하지만 동국대는 집이랑 가까우니까, 수학은 내가 좋아하는 것이니 대학은 그냥 붙겠지.'

단지 그 생각만으로 동국대학교에 지원했다. 그리고 대학은 나에게 다시 현실이라는 고민을 가져다 주었다.

'의대라는 꿈은 사라졌다. 내가 머무르는 곳은 학과 수업 아니면 동국대학교교육방송국이다. 의대를 위해 한 번 정도 재수를, 아니면 유학을…… 하지만 '지금의 나'를 회피하지 못한 것 같다, 사실 방송국이 아니면 모르겠지만 지금이나 지금 이후나 방송국은 좋다, 나의 어린 꿈이었던 아나운서의 길도 이 길의 끝에 있겠지.'

그렇게 위안하며 어딘가 부족한 방송국에서 나 자신을 채웠다.

'그래, 그럼 아나운서라는 꿈으로 가자.'

그렇게 결심을 하니 편했다. 그리고 나는 나의 미래를 위해 그 영역을 키웠다. 국어국문과, 신문방송학과, 수학과 세 가지 전공으로 나 자신이 변신한 것이다. 물론 공부도 하면서 방송국 생활도 열심히 했다. 대학 입학과 동시에 여러 동아리를 알아보았다. 알아보니 방송국이 너무나 '빵빵~'했다. 그리고 대학방송국 가운데 동대방송국은 대학입시만큼 그 경쟁이 치열하다는 소문을 접했던 터라 대학방송국 지원은 신중히 그리고 간절히 다가서야 했다. 물론 나의 마음속에 굳어진 '그래, 아나운서 꿈으로 가즈아~~~! 한눈은 팔지 말자~~!'라는 신념은 미래와의 약속이었다. 나만의 미래 말이다. 진짜 들어오고 싶었고 학교 다니는 이유이기도 했기에 동국대학교교육방송국에 합격 했을 때의 기분은 정말 좋았다. 일단 꿈을 위한 첫발을 내딛었던 그 때의 느낌은 지금도 잊혀지지 않는다.

방송은 그토록 나의 간절한 꿈이었다. 4층 방송국에 오르는 일은 그 자체가 좋았다. 특히 이른 아침을 깨우듯 〈동악의 새아침〉은 나의 목을 깨워 맑은 목소리와 바른 발음을 드러내는 일과가 되었다. 점심시간이 되면 학우들의 사연을 소개하는 방송을 했다. 마치 누군가의 대변인이 되어 그들을 대신해 연기를 하듯 많은 사연을 전했던 기억이 난다. 목소리 연기는 여기서 배웠을 지도 모른다.

하지만 방송이 좋았던 만큼 빈 공간이 생겼다. 매일 아침에 콜사인 시간에 맞춰서 교수님께 달려갔다. 특히 수학과 교수님께 아침 방송으로 수업 출석 5~10분 늦는 것에 대한 양해를 구하며 아침마다 방송으로로 인사드리겠다고 애교도 부렸다. 그만큼 방송이 소중했고, 좋았다.

방송에선 누군가의 사연을 소개하지만, 방송국에선 나만의 사연이 만들어진다. 그 사연 속에는 신고식이 있다. 잘하지도 못하는 술을 마셔야 했다. 마신 다음 날도 아침방송 시간에 맞춰 뛰었다. 힘들게 1분전 도착하고 아슬아슬하게 방송했던 기억이다. 물론 그 아슬아슬함은 아무도 몰라야 한다. 왜냐면 나의 실수로 이어지는 순간이기 때문이다.

그런 대학 생활 중에 부족했던 공간이 있다. 엠티나 미팅에 맘껏 참석해 보지 못했다. 내 꿈을 위해서 소문이 나면 안 되니까 엄청 몸을 사리며 술도 안 마시고 11시 전까진 꼭 귀가해야 했다. 친구들과 나이트클럽을 가도 밤 11시에는 집으로 향했다. 남들 놀기 시작할 때 귀가해야 했다. 신데렐라도 아닌데 말이다. 지금 생각해보면 그랬던 시간이 아쉽다. 무서운 아빠 덕분에 착실하게 자랐지만 그만큼의 아쉬움도 크다. 그런 시간 때문이었는지 지금도 일탈을 꿈꾼다. 심지어 과에서 하는 행사 엠티는 단 한번도 참석하지 못했으니……. 누군가에게는 평소와 같지만 나에겐 큰 맘 먹고 가야했기에 일탈과도 같았던 엠티에 대한 추억이 없다. 그나마 방송국 1박2일 행사는 참석했다. 일탈이다. 하지만 그 일탈도 내 기억에 방송국장님이 아빠에게 전화해서 나 대신 허락을 구했기에 가능한 일이었다. 넘 착실하기만 했던 대학 생활을 돌아보면 아쉽기만 하다. 하지만 그런 나를 잠시나마 학교 밖의 일탈로 이끌었던 것은 아르바이트였다. 방송국 리포터, VJ 등 아르바이트는 나에게 흥미로운 시간을 담아준 공간이자 시간이었다.

이처럼 함께 했던 방송국에는 친구들이 있다. 같은 아나운서부였던 김준한, 김민정! 너무 소중한 우리 38기다. 함께 방송제 준비도 하고, 점심시간에 함께 방송을 진행했다. 스튜디오라는 작은 공간에서 함께 호흡을 맞췄다. 작은 실수라도 하면 안 된다는 걱정의 눈으로 서로를 바라보았던 순간이다. 스튜디오를 나오면 쿵짝 잘 맞았던 준한이가 있다. 남달리 준한이가 많이 생각난다. 술을 마시는 자리가 있을 때는 항상 흑기사가 되어 주었던 준한이다. 그리고 사건도 있다. 늦은 시간 함께 방송국에서 방송제 연습을 하다가 불이 났다. 그 불을 멀리하고 연기를 가르며 함께 탈출했던 보도부 석신이가 있다. 이런 친구를 우리는 동기라고 한다. 기억이 잘 나지는 않지만 거의 생사를 같이한 경험이다. 화재를 피해 옥상으로 올라가서 비상 계단으로 내려가고 그 와중에 소방차와 소방관을 만나 그들을 위해 길을 피했었다. 그 당시 함께 했던 동기들 없었으면 진짜 무서웠을 것이다. 그렇게 내려와 서로를 바주보았다. 시커먼 얼굴로 서로 마주보았던 그날에는 눈물이 나왔다. 내가 살아서 다행인지 친구가 살아주어서 고마운 건지 모르는 감동의 눈물이 흘렀다. 그런 우리에게 후배가 들어왔다. 바로 아래 아나운서부 직속 후배 39기 김정근 MBC 아나운서다.

그 친구가 방송국에 원서를 제출하러 왔을 때 나한테 물었던 기억이 있다.

"무슨 부세요?"

그리고 지원 부서란에 정근이가 '아나운서부'라고 쓰길래 내심 기분이 좋았다. 김정근 아나운서는 기억하는지 모르겠다.

그가 내 결혼식 사회도 흔쾌히 봐주었기에 더욱 고맙다. 그리고 그가 자랑스럽다. 내 후배라는 사실이 말이다.

그런 시간을 더해 나는 졸업을 해야 했다. 졸업은 취업으로 연결되어야 한다는 보이지 않는 강압이 있었다. 물론 나 또한 꿈을 실현하기 위한 수많은 도전이 있었다. 먼저 KBS와 MBC 아나운서 공채 시험을 보기도 했다. 틈틈이 리포터로 새벽방송도 하고, 오후방송도 하고, 퀴즈프로그램 MC도 하고, 지금 하고 있는 일의 연장선 어딘가에 다 연결되는 그런 일에 재미를 더했다. 물론 그 연결은 끊어지기도 한다. 연예프로그램 리포터는 유명 연예인 덕분에 잘렸다. 그 동안의 열정이 아쉽지만 거기까지라면 과감히 버려야 했다. 다른 일을 찾는 일은 내가 자주 그래서 잘하는 일이기 때문이다. 그렇지만 과감히 버리지 못한 아쉬움이 있다. 바로 연애다. 그 흔한 연애도 제대로 못했다.

그래도 대학 방송국은 재밌고 즐거웠다. 물론 '다시'라는 도돌이표를 붙여야하는지에 대해선 생각해야 한다. 지금의 현대홈쇼핑 쇼호스트가 되기 전에 신방과로 유명한 연세대대학원에서 석사 논문도 쓰고, 유학과 함께 유럽여행도 길게 다녀오는 나만의 삶에 충실한 시간이 있다. 그 시간이 아쉽지 않은 그리움으로 남았다.

지금 나는 현대홈쇼핑 쇼호스트다. DUBS에서 이어온 방송의 연장선에 나는 서 있다. 그 선을 어디로 언제까지 그을지 모른다. 쉬었다 다시 그을지도 모르는 선이다. 하지만 그 시작은 명확하다. 방송의 기본기를 대학방송국에서 다졌으니까. 여름이면 학교방송국에서 한 명씩 대표로 참석하는 KBS연수도 참여할 수 있었다. 그 기회도 DUBS가 있어 가능했다. 언론고시와 리포터 등의 경험과 함께 지금의 15년 쇼호스트 방송 생활을 할 수 있는 원동력은 학생회관 4층 DUBS에서의 경험과 동기 그리고 함께 방송했던 시간 속에서 시작되었다. 그리고 그 시작은 경험으로 다져지기 시작했다. 대학생 때 다양한 경험 속에서 나한테 어울리는 일, 내가 잘하는 일을 짐작하고 알 수 있었다. 대학 방송제를 진행하면서 나 자신을 위해 부족함을 찾았고 이를 반복하면서 성장할 수 있었다. 특히 누군가에게 말을 하면서 내가 말하는 걸 좋아하고 남을 설득하는 일을 조금 더 잘 한다는 사실을 알았다.

지금의 나

지금 나를 드러내는 표현이 있다.

홈쇼핑, 최다 콜 소유

베트남 다낭, 40분 50분에 만 콜 만 명 예약

장가계, 30분 만에 구천 명 예약

나는 여행전문 쇼호스트다. 그것도 최다 지역을 소개한 여행전문 쇼호스트. 홈쇼핑 개국이래 현재까지 가장 많은 지역을 직접 경험했다고 해도 과언은 아닐듯하다. 그렇게 위안하며 카메라 앞에서 자신감을 드러내야 했다. 그게 방송이기 때문이다. 솔직히 카메라 앞에서는 누구나 연기자여야 했다.

"북유럽 아프리카 남미 등
세계 어디든지 여행상품 오케이~^^"

나의 감탄과 감격 그리고 느낌은 여행으로 완성되고 드러나기 시작한 것이다. 특히, 유럽여행 광고방송 동시간대 시청률 1등. 같은 지역 여행방송이 타 홈쇼핑과 겹칠 때, 그 짜릿한 1등의 순간. 그 기록들이 길에서 때때로 목격되기도 한다. 한때 거의 모든 여행용 가방을 방송했기에 그 가방을 바라보는 만족감이 생기기도 했다. 지금도 공항을 가면 내가 방송한 가방을 들고 여행을 떠나는 사람을 본다. 보는 순간마다 나는 그의 동반자가 된 듯 기쁘다. 뿌듯하기도 하다. 아마도 하루 10억 이상 매출이라는 기록은 나를 다시 키우는 힘이 되기도 했다.

또 다시 나는 나에게 질문을 던진다.

'그들과 함께 동반자가 되어, 그리고 방송국 선배와 함께 음악을 나누면 어떤 음악을?'

Morten Harket의 〈Can't Take My Eyes Off You〉이다.

You're just too good to be true,
사람이라기에 너는 너무 완벽해
can't take my eyes off you.
나는 너에게 눈을 뗄 수 없지.
You'd be like heaven to touch.
당신에게 다가서면 천국 같겠지.
I wanna hold you so much.
난 널 붙잡고 싶어.
……
Oh pretty baby, don't bring me down. I pray.
사랑스러운 그대, 나를 두고 떠나지 말아요 기도해요.
Oh pretty baby, now that I found you. Stay.
사랑스러운 그대, 이제 당신을 찾았으니 머물러줘요.
Oh pretty baby, trust in me when I say.
사랑스러운 그대, 나의 말을 믿어줘요.
I need you baby.
나는 당신이 필요해요.

20대, 나에게 방송국은 유일한 당신이었다.
나는 너에게 다가서면 행복했다, 천국과 같이.
나에게 완벽함을 꿈 꿀 수 있었던 순간도
당신이 다가와 줘서 일거야
난 널 영원히 붙잡고 싶고
항상 필요하다는 생각이 지워지지 않아.
당신은 바로 DUBS 동국대학교교육방송국이야. 감사해!

2층 하늘이 감춘 인연

나의 인생

오인순 10기 아나운서

동국대학교 문리과대학 국어국문학과 68학번.
시와 소설을 즐기던 소녀의 마음을 간직하고 국어국문학과에 입학하여 중등교사 자격을 취득하였으며 교생생활을 마친 후, 결혼을 하였다. 이후 두 자녀의 어머니로 가정주부 7년차가 되던 해, 인연처럼 중등학교 교사가 되어 국어교사로 재직하였으며 2008년도 동국대학교사범대학부속중학교에서 명예퇴직한 후, 씨앗을 뿌리고 수확의 즐거움을 누리는 전원생활과 함께 시간을 내어 산행을 즐긴다.

1969년 동국대학교등반대회에서 찍은 기념사진. 왼쪽에서 두 번째가 필자이다.

어느 날 전화가 한 통 왔다.

"안녕하세요, 혹시 오인순 선배님이시죠?"

"예, 전데요."

"저는 동국대학교 방송국 31기 김종훈입니다. 김기덕 선배님이 선배님 찾아뵈라고 해서요……."

DUBS 동국대학교교육방송국 개국 60주년을 기념해서 옛 생각을 소중히 담아 책으로 만들겠다는 한 통의 전화와 함께 일상에 묻어두었던 50년 전 이야기를 꺼내야 했다. 먼저 사진을 찾았다. 1968년 동국대학교 문리대학 국어국문학과에 입학했으니 50년이 지났다. 어렵지 않게 한 장의 사진을 발견했다. 산 속에서 '동국대학교방송실'이라는 깃발을 들고 찍은 한 장의 사진 속에 내가 있다위 사진. 그 옆은 김기덕 선배가 두 손 곱게 모은 자세로 서 있다. 옛 앨범에서 사진을 꺼내야 했기에 긴 시간 눌러 붙어 있던 사진은 앨범을 나오기 싫었나 보다. 얇은 비닐을 벗기니 깊이 눌러 붙은 자리의 사진의 한 쪽이 상했다.

'나에게 한 장밖에 없는 사진인데. 아니, 더 이상 다른 곳에 없을 사진일 텐데…….'

걱정과 아쉬움이 오고 갔다. 하지만 옛 생각이 더욱 소중해지는 것은 긴 시간의 무게를 더했기 때문일까? 아니면 세월이 유수같이 흘러 내가 뒤돌아보지 못했기 때문일까?

내가 바라던 바가 있는 자리, 동국대학교

1968년 동덕여고를 졸업했다. 그리고 나는 동국대학교 문과대학 국어국문학과에 입학했다.

책이 좋았다. 책을 좋아하다보니 책 쓰는 이에 대한 관심이 커지고 그 중심에 부정하지 못할 사람들이 있었다. 양주동, 서정주, 조연현, 이병주 나의 스승이자 내가 바라던 바를 비춰줄 그 자리에 계시던 어른들이다. 그저 설렜다. 고등학생의 소박함으로 대학의 언덕을 가슴 벅차게 아니 숨이 벅차게 올랐다. 그리고 내 자리의 앞에는 존경하는 스승이 서 계셨다. 배움을 키우고 그 배움 속에 나 자신도 커야 했던 당시의 면학 분위기는 시간 맞추어 수업을 시작하고 마치는 연속된 자리 속에 나를 안주시켰다. 그러던 어느 날 고등학교 선배의 조언은 면학 더하기 알파(+α)의 새로운 공간으로 나를 이끌었다. 고등학교 1년 선배인 '지금순' 언니를 교정에서 만난 것이다.

"인순아, 너 이제 뭐 할 거니?"

지금도 그렇지만 누군가 나에게 '뭐할 것이냐?'고 물어보면 그 답이 쉽지 않다. '지금 뭐하니?'라고 물어보아도 그 답이 쉽지 않은데 '앞으로 뭐할 거니?'라는 질문은 어렵다. 그나마 '뭐했니?'라고 물어보면 잠시 생각하고 답하면 된다. 그냥 솔직하게 말이다.

'뭐 할 거니?' 갑자기 멍해졌다. '공부 열심히 할래요' 이건 아니다. 이미 열심히 했다. 그래서 대학도 왔다. '그럼 뭐라고 해야 할까?' 답은 몸으로부터 나왔다. 난 그저 머뭇거리고 있었다.

"너 방송부 와라"

"…… 네?!"

머뭇거림을 지우듯 나도 모르게 답이 나왔다. 난감한 순간은 지우면 일단 편해진다. 하지만 순간은 또 다른 순간으로 나에게 다가온다. 시험이 있단다. 아나운서에 지원한 나는 다시 책을 읽어야 했다. 방송을 위한 책은 방송멘트라고 불러야 했다. 읽어야 할 책은 쉬웠다. 그런데 멘트와 나 사이에 마이크가 있다. 소리 내어 읽어야 했다. 길게 숨 쉬고 긴장감을 지우려니 몸은 이미 떨림으로 긴장이 시작되었다. 그 자리에 같이 있던, 하지만 서툰 낯가림에 모르던 사람들이 긴 시간 함께 하는 친구가 되었다. 바로 대학방송 아나운서 여덕중·신동금, 편성제작에 황영균, 기술에 김옥동·함석홍이다. 위로는 부장인 김기덕·조민현 선배 그리고 우태우 선배가 있었다. 방송국이라는 한 공간속에 한 시대를 담는 어울림이 시작됐다. 바로 동국대학교방송부 부원이 된 것이다.

읽다가 방송이 됐다

사실 나는 책이 좋았다. 책장을 넘기는 순간 저마다의 삶이 한 고개를 넘기듯이, 읽었던 과거와 함께 앞으로 일어야할 미래가 남겨져 있듯 책은 나에게도 한 장을 넘기면 다시 한 장을 열어야 했던 인생이다. 그리고 그 사이에 걱정도 있었다. 잘하고 싶었던 순간이 걱정 가득한 미래를 열었던 것이다.

'내가 좋아하던 책 속에 방송국 마이크라는 장치가 들어왔다. 아니 마이크는 전선을 타고 앰프로, 앰프는 다시 전선을 타고 스피커로 이어진다. 그리고 스피커는 누군가의 귓속을 울린다. 그 울림은 저마다의 가슴까지 작은 미동을 남겨야 하는데…….'

아나운서 선배인 지금순, 이현숙 언니의 가르침으로 매일 읽었다. 리딩Reading이다. 안내 방송을 하듯이, 때로는 방송 대본을 읽듯이 마이크를 통해 내 목소리를 점검하기 시작했다. 마치 수련하듯이 선배는 '되는 것과 안 되는 것' 그리고 '잘하는 것과 못하는 것'을 분별하더니 어느 순간, 됐다고 싸인을 보냈다. 그 길로 나의 첫 방송은 교내를 울렸다.

'알려드립니다'로 시작된 그 신기한 교정의 울림은 나를 흥분시켰다. 마치 책 한권을 읽고 다시 새로운 책 한권을 펼치는 순간이 나에게 다가온 것이다. 방송국에서 읽었던 첫 책이 온통 글과 이를 정확히 옮겨야 하는 말이었다면 두 번째 책은 음악이라는 동반자가 따라왔다. 방송멘트를 전하고 그 울림을 키워 음악을 더했다. 그리고 우리의 즐거움 혹은 아쉬움과 처절함이 저마다의 가슴으로 전해지기를 기원하듯이 나는 목소리를 가다듬어야 했다.

나의 음성에 자주 더해진 것은 클래식이다. 사라사테Pablo de Sarasate의 지고이네르바이젼Zigeunerweisen, Op.20 그리고 베토벤의 운명이다. 그저 그 당시 자주 틀어야 했던 두 음악은 나에게 지워지지 않는 가슴이 되었다. 긴 시간을 돌이키면 활력소였는지도 모른다. 그 음악과 함께 했던 선배, 동기 그리고 후배라는 큰 그림이 나에게 보이지 않는 의지처럼 남아있다.

방송 그 소중했던 순간

누군가는 지워지지 않는 기억으로 힘들어 한다. 아무도 모르는 그 기억을 치유하고자 그저 누군가 그 옆에 있어야 한다. 있어야 편한 이것은 혼자가 아닌 둘이 만드는 '우리'라는 힘이다. 반면 누군가는 지워질까봐 그리움을 끈을 놓지 않는 사람도 있다. 나에게 방송국은 지워질까봐 그리움의 끈을 놓지 못하는 소중함으로 가득하다.

대학방송부 대학생 아나운서였던 나는 교내의 크고 작은

행사에 진행을 맡았다. 그 가운데 기둥과 같이 잊혀지지 않는 추억이 하나있다. 바로 학교 축제 때 중강당에서 서정주 시인이자 학과 교수님을 모시고 대담프로그램을 진행하여야 했다. 다시 두려움이 다가왔다. 고등학교 때부터 한 소녀의 순수함을 키워 주셨던 시인이기에 가까이 마주하는 순간을 부담감으로 펼쳐야 했다. 그리고 혼자 꿈꾸던 생각이 현실이라는 한순간으로 접히는 듯 했다.

'내가 할 수 있을까?'

나는 머뭇거렸다. 이런 어린 소녀의 꿈을 아셨을까? 아니면 더 순수한 마음으로 세상을 바라보고 한 편의 글로 이끌어 오셨기 때문일까? 선생님의 첫 마디가 기억에 선하다.

"인순아, 잘하고 있어."

서정주 선생님의 격려와 칭찬은 다시 공감으로 다가왔다. 그리고 그 공감은 다르지 않다는 '같음'의 가치가 되었다. 그 한 순간은 잊혀지지 않는다. 그리고 지워지지 않는 생각이 되었다.

'아마 누군가를 소중히 생각하는 시작은 나도 너와 다르지 않다는 생각이 아닐까?'

세상을 비추는 시인의 순수함과 이를 잊지 못하는 소녀의 감성은 떨림으로 시작한 대담프로그램 속에서 점점 굵어지고 있었다. 대담으로 대학 중강당의 자리를 나섰던 나는 당시 동아방송과 동양방송에서 대학생을 초청하여 진행하던 라디오 프로그램에 참여하기도 했다. 단지 대학방송국 국원이라는 그 이름 하나만으로 일선 방송국 라디오 프로그램에서 대학 생활과 청춘을 그리고 꿈과 미래를 이야기했던 순간은 잊혀지지 않는다.

추억이다. 기억이다. 행복이다

단 한 번의 만남은 짧은 시간일지라도 잊히지 않는다. 중복되지 않는 삶의 기록이기에 더욱 소중해지기도 한다. 반면 자주 만나고 경험하던 기억은 쉽게 잊혀 진다. 그래서 더 소중하다는 사실을 쉽게 잊기도 한다. 또한 놓치지 않도록 노력하는 순간은 웃음이 되기도 한다. 그리고 다시 누군가의 이야기 속에서 다시 되살리는 기억은 한 동안 저마다의 가슴에 담기게 된다.

방송부 선배와 후배는 그런 사이이다. 놓치지 않도록 노력하는 끈끈함이 있다. 긴 시산이 시나도 이야기 속에 기억을 살리는 즐거움이 있는 그런 사이이다.

대학생인 나는 방송과 함께 산을 자주 찾았다. 물론 방송국 선배 그리고 후배와 함께 산을 올랐다. 산을 오르는 길과 내리는 길에는 항상 김기덕 선배, 손기봉 선배 그리고 황영균, 함석홍이 있었다. 그리고 나의 고등학교 친구들도 함께 산행 길을 뒤따랐다. 주로 마석의 천마산, 수락산 등 서울 근교의 산을 찾았다. 산행은 약속으로부터 시작되었다. 그 시작은 만남이다. 종로에서 만나 버스를 타고 수락산을 자주 찾았다. 달리던 버스가 흔들리기 시작한다. '언제 내리지'라는 두근거림은 이내 흔들림으로 바뀐다. 버스 손잡이를 보다 '꽉' 잡아야 했다. 비포장도로가 등장한 것이다. 1960년대 말 70년대 초이니 비포장은 산을 오르기 위해 버스와 함께 거쳐야 할 입문과정이었다. 버스의 흔들림으로 시작한 산행길은 우리의 걸음이 내리막으로 접어서야 끝이 난다. 하지만 본격적인 시작은 산행 이후다. 다시 버스에 몸을 담구고 다시 비포장의 흔들림에 뭉친 근육이 풀리면 풀린 만큼 비워지는 느낌이다. 그 비움을 채우고자 무교동을 자주 갔다. 낙지와 막걸리가 다시 우리를 채우기 시작한다. 오르고 내리며 지친 저마다의 몸을 입으로 풀어야 하는 진정한 운동이 시작된 것이다. 어느 날은 명동으로 간다. 그날은 생맥주라는 시원함으로 채워진다. 막걸리의 텁텁함, 생맥주의 시원한 목 내림. 저마다의 개성 넘치는 이야기와 같이, 술도 저마다의 삶을 이야기 한다. 저마다의 술 내음을 가지고 있다. 하지만 서로 다른 술들이 섞이면 힘들다.

어느 한 해 산행이다. 우리는 한 팀이 되어서 학교등반대회에 나갔다. 동국대학교 방송부의 이름으로 김기덕 선배와 한 팀을 이루어 산을 올랐다. 등반대회의 길은 동국대학교방송부 깃발이 함께 했다. 깃발을 들고 산에 오른 것이다. 오르면 내려와야 할 길을 정복하여 깃발 꽂아야 할 기세로 올랐다. 그해 북한산을 오른 학교등반대회에서 우리는 1등을 했다. 옛 사진을 찾아 펼쳤다. 흰색 등산양말과 베레모, 깃발을 든 김기덕 선배와 친구들, 우리의 두 눈은 정면을 응시하고 있다. 자세히 보니 유치원생 같기도 하다. 지금은 모두가 일흔을 넘겼으니 그 긴 시간의 깊이로 다시 바라보면 50년 전, 젊음을 유치원으로 비교해도 무리는 아닐 것 같다.

이렇게 주말이면 산을 찾았다. 동기와 함께 어울리던 산행은 또 다른 인연을 만들었다. 내 친구와 나의 동기 황영균은 백년가약을 맺었다. 만남이 삶이 되는 것인가 보다. 그저 그들의 삶을 지켜보던 나는 행복과 안타까움을 인생에 함께 담아야 했다. 그렇게 나에게 순간은 더없는 소중함이 되어있다.

그저 음악 듣고 함께 했던 시간

산을 찾아 오르며 몸을 채웠다면 음악을 들으며 마음을 채워야 했던 70년대, 나는 음악을 찾아 즐기는 재미를 키웠다. 먼저 학교방송국에서 전축 바늘에 기대어 음악을 즐겼다. 우리는 즐거움을 키워 명동으로 나섰다. 학교 밖 니 섬은 친구들과 함께 클래식 음악 감상실로 향했다. 그곳에서 아는 음악이 흐르면 나의 마음도 흘렀다. 그 흐름은 편했다. 모르는 음악이 등장하면 편한 마음 속에 작은 긴장감이 나의 귀를 세웠다. 그리고 '제목은 뭔지? 누구의 작곡이며 누구의 지휘인지?' 더욱 귀 기울어야 했다. 귀를 열어 살아있음을 담는 순간은 세상의 시름을 잊을 수 있는 유일한 여유였다. 거친 유신의 혼돈 속에서 방황하는 젊은 시간을 산과 음악으로 채웠다. 70년대 초, 나에게 고민은 '안정된 삶을 어떻게 만들어야 하는가?'라는 문제였다. 대학이라는 틀에 머물러 세상을 접하는 한계도 있었다. 풍요로움에 대한 열망도 있었다. 그저 학교 교내식당에서 한 끼를 해결하고 도서관에서 책을 펼치던 시간이 전부였다. 그래야 '미래'라는 그림에 다가설 수 있었다. 직장, 취업 그리고 인간답게 살아야 한다는 생각이 배움으로 커 가고 있었다. 하지만 다시 그 시간으로 돌아간다면 넓지 않은 시야를 키워 보다 큰 그림을 그리고 싶다. 아니 지금 대학생이라면 배낭을 메고 걸림 없는 걸음을 움직이고 싶다. 눈으로 담는 여행을 통해 폭 넓은 인생을 그리는 '나의 순간'을 만들고 싶다. 하지만 대학을 마치고 안정된 삶을 그리던 나에게 결혼이라는 한순간의 섬광이 다가왔다. 가장 편하고 안정된 삶의 시작이었다. 하지만 결혼은 육아의 업무로 다가오고 나를 가두듯 나의 반경은 점차 줄어들었다. 다만 나의 소중한 2세만이 나를 위로하는 삶이 되었다. 그 시간만큼 나는 지난 대학생의 여유를 지워야 했다. 그리고 대학 졸업과 결혼이라는 시간은 7년을 더해 새로운 삶의 공간을 만들었다.

대학 졸업 후 7년, 아줌마 되어 새로운 경력을 시작하다

어느 날 남편으로부터 뜬금없는 한마디가 나에게 새로운 시간과 공간을 열었다.

"여보, 애들 가르칠래?"

"애들……?"

"당신 국어국문학과 교직이수 했지 않나?"

그렇게 시작됐다. 경력 없는 아줌마가 새로이 첫 경력을 쌓을 수 있는 한순간의 계기가 다가온 것이다.

경기도 남양주 진접면 장현, 그곳에 광동중·고등학교가 있다. 교사지원서를 내고 시험을 보고 면접에 이르기까지……. 상당히 빠른 시간이 지나고 나는 교단에 서야 했다. 대학 졸업 후 취직 그리고 결혼과 가정을 꾸리던 과거, 아니 요즘의 문화와는 달리 나는 대학 졸업 후 결혼 그리고 출산이라는 시간을 더한 뒤, 첫 직장은 갖게 되었다. 당시 내 나이 서른, 이력서 경력 란에 '아줌마'가 전부였던 내게 근 30년 봉직할 수 있는 직장의 길은 누군가의 손짓에 답하는 한순간의 소중함으로 생긴 것이다. 이른 새벽에 일어나 학생보다 빨리 갔어야 했던 광동에서의 교직은 이후 서울 동대부속중학교와 인연되어 다시 20년을 더했다.

돌이켜 생각해보니, 인생의 반을 채웠던 기회였다. 그리고 그 기회는 한순간 다가왔다. 그러나 누군가는 그 순간에 머뭇거리거나 '내가 무슨?'이라는 자신만의 한계로 바라본다. 그들에게 혹은 그런 삶 속에 젖어 있는 젊은이들에게 인생의 지혜와 힘을 더하고 싶다.

"항상 마음만은 준비하세요. 그리고 그 준비로 새로움은 시작되는 것입니다."라고 말이다.

그리고 안정된 삶은 가만히 여유를 즐기는 삶이 아니라 움직임으로 채우는 새로움의 길이어야 한다고 전하고 싶다. 하지만 요즘 우리의 세상은 다르다. 그저 안정된 직장이라는 곳을 향해 달린다. 다른 곳은 보지도 않는다. 우리 사회가 정한, 혹은 부모가 정해 놓은 '답'은 나 이전에 이미 있었다. 이런 고민 없는 결론을 향해 우리는 그저 달린다. 하지만 순간순간이 선택이어야 행복이 된다. 돌아보면 이루어지거나 이루어지지 않거나 선택으로 긴 시간을 즐기는 삶인데 요즘은 한번 선택하면 꼭 이루어야 하는 그래서 어렵고 힘든 삶으로 자신을 몰고 있는 듯하다. 그 지친 삶 속에 나도 모르는 기회가 나도 모르는 사이에 다가왔는지도 모른다. 그냥 지나갔는지도 모른다. 잠시 앞길이라는 절박함을 버리고 다소 시간이 걸리더라도 지금 좋아하는 것이 무엇인지 살펴야 한다. 자신을 사랑하는 순간을 선택하는 삶의 주인이 되어야 한다. 드러내지 않는 나만의 이력서에 한 공간을 채워줄 경험을 찾아 움직이기를 기대해 본다.

젊은 친구들, 나의 옛 친구들과 함께 후랑크 시나트라Frank Sinatra의 〈마이웨이My Way〉를 듣고 싶다. 굵고 거친 남성의 목소리 속에 한순간의 여유를 즐기는 나만의 삶을 드러내듯이 두 눈 감고 마음에 자신의 모습을 담는 짧은 시간을 나누고 싶다. 그 순간에 그 누군가를 떠올린다면 그는 친구다. 애인이다. 그만큼 우리는 행복하다. 하지만 두 눈 감은 그 순간, 나도 모르는 아쉬움의 눈물이 나를 적시면 이제 두 눈 뜨고 누군가를 찾아야 한다. 남아있는 시간만큼 우정을 더하고 사랑을 더하는, 그리고 그 더함 속에 내가 주인이라는 사실을 깨닫기 바란다. 모두에게 고맙다. 나는 〈마이웨이My Way〉 노랫말처럼 살았는지 모르다.

나는 사랑하고, 웃고, 울기도 했고

I've loved, I've laughed and cried

충족한 기쁨도, 잃는 것의 억울함도 알고 왔다네.

I've had my fill my share of losing.

그리고 지금 눈물이 마름에 따라

And now, as tears subside

모든 것이 즐겁게 여겨지네.

I find it all so amusing.

……

그것이 나의 인생이었네.

Yes, it was my way.

_〈My Way〉 중에서

대학 졸업기념 사진. 필자 뒤편으로 멀리 보이는 건물이 학생회관이다.

성우, 여행 속 느낌을 익힘으로 전하다

이미자 19기 아나운서

동국대학교 사범대학 지리교육과 77학번.
주관적인 아나운서의 꿈을 객관적인 성우의 길로 바꾼 한 남자와 살고 있으며, 보는 만큼 목소리로 드러내는 한국의 대표 성우. 대표 더빙작품으로는 〈은하철도 999〉의 '철이', 〈도라에몽〉의 '진구', 〈뽀로로〉의 '크롱', 〈에반게리온〉의 '이카리 신지'등 수많은 영화와 애니메이션 속 등장인물 목소리의 주인이다.

대학시절, 남편이 될 줄 몰랐던 이장석과 함께 한 장

대학교. 돌이켜 생각하니 대학교는 나에게 꿈을 펼치기 위해 거쳐 나아가야 할 시간과 공간으로 채워져 있다. 사실 나는 서울 중앙여자고등학교 방송반에서 시작된 여고생의 꿈이 있었다. 바로 아나운서였다. 안정된 자세로 세상을 향해 뉴스와 정보를 전하는 아나운서의 꿈은 대학교에 입학해서 더욱 분명히 드러내어야 할 나의 미래였다.

동국대학교 지리교육학과에 입학한 나는 고민 없이, 아니 이미 생각한 대로 나의 걸음을 옮겼다. 바로 DUBS 동국대학교 교육방송국 아나운서부 지원이다. 그곳에서 동기들과 함께 방송 원고를 읽었다. 그리고 옳고 바른 생각과 말을 전하는 아나운서의 꿈을 위해 작은 움직임을 드러내고 있었다. 나의 대학 방송국 활동 속에 평생 지워지지 않을 기억이 있다. 나를 바꾼 그리고 나의 삶을 이끈 한편의 방송 드라마가 있다. 바로 이장석 PD의 프로그램 〈형님 있자나요〉이다.

형님 있자나요

대학방송제 날이다. 1970년대 대학방송제는 축제의 꽃이었다. 동국대학교 중강당 1,000여석의 자리는 빈틈이 없었다. 창가에 목을 내밀고 강당의 무대를 향한 젊은이도 넘쳤다. 달리 즐길 수 있는 문화가 많지 않았던 시절이었으니 학교의 문화 공연은 대학생이 아니더라도 누구나 찾는 문화의 자리였다. 무대는 다시 어두워졌다. 내가 올라가야 할 자리다. 앞선 방송드라마가 흥분과 웃음으로 중강당을 왁자지껄하게 채웠다.

나는 조심히 부끄러운 듯 무대 중앙에 홀로 섰다. 모노드라마 '형님 있자나요'가 음악가 함께 시작한다.

"형님 있자나요."라는 첫 대사로 시작한 방송제 모노드라마는 첫사랑 소녀에 대한 풋풋한 감정을 편지 형식으로 담아 전하는 구성이다. 이 모노드라마 속 주인공은 이룰 수 없는 사랑을 애절하게 편지로 담아 홀로 읽는다. 부족한 감정을 모두 담아야 하는 어려움이 원고에 가득했다. 방송을 듣는 대학생들이 순간 조용해 졌다. 오직 귀만 열어 나의 부족한 감정 표현에 저마다의 감정을 더하고 있었다. 이를 공감이라 할까? 아니면 저마다 이룰 수 없는 사랑이 있어서 일까? 벌써 50년 전의 일이 되어가고 있다. 하지만 나에게 이 순간은 지워지지 않는 순간이다. 공간을 채웠던 모든 이의 눈 속에 내가 비쳐져 있었다. 달리 나의 음성은 점점 슬퍼야 했다. 나도 모르는 슬픈 감정이 어디에서 시작되었는지 모른다. 하지만 잊지 못하는 순간을 담아 기억하는 지금 이 순간은 행복하다. 왜냐면 그 드라마를 구성한 이장석 선배가 지금 나의 남편이다. 무대 위 연출을 한 선배 이장석 그리고 이를 드러내어 전한 나 이미자는 때때로 그 뒷이야기를 나누기도 한다. 함께 했던 긴 시간 속에 선배가 있어 행복하다.

이미자 떠나다

대학생인 나는 고등학교 친구들과 자주 여행을 다녔다. 여고생의 순수한 웃음을 놓치기 싫었던 나와 친구들은 모르던 곳을 찾아 '첫걸음'이라는 신선함으로 마주했다. 그리고 마주함은 즐거움으로 이어졌다. 친구와 함께 한 여행은 나에게 마주하고 극복하는 경험의 계단이 되었다. 그리고 경험은 나도 모르는 세상에 대한 열성을 만들었다. 누군가를 바라보고 시간을 더하며 이해를 키웠던 여행의 경험은 나에게 큰 의미가 된 것이다. 버스 노선에 나의 발걸음을 더해 동해안을 걸었다. 굽이굽이 해안선을 걷는 길이면 바다 내음과 멀어지거나 가까워지는 후각의 느낌이 좋았다. 때로는 눈을 감아 그 느낌을 진하게 더하고 아쉬움 속에 마주한 산을 계곡 따라 오르기도 했다. 여행의 기쁨은 집과의 거리와 비례했다. 멀리 그리고 긴 시간은 기쁨이 되었다. 그래서 요즘은 외국도 자주 나아간다. 여행은 두려움 없는 마음으로 다가서야 했다. 이내 두려움이 없는 마음은 그 누구의 걱정도 별 것 아닌 것처럼 행동하는 연기가 되었다. 그리고 세상을 걸으며 바라본 중심에 사람이 있었고, 나는 그런 사람들의 드러난 삶을 따라하는 목소리 연기자가 되었는지도 모른다. 이처럼 여행의 과정은 나에게 연기의 모습이 되어 세상을 배우고 이해하는 길이 되었다.

그리고 여행은 나에게 세상을 향해 마주하고 극복하는 드러나지 않는 삶의 지혜를 안겨 주었다. 하지만 언제부터인가 드러내고 싶었다. 여행 속 경험을 드러내어 나누고 싶은 마음에 나는 극예술연구회 활동을 시작했다. 방송국 활동으로 목소리를 드러내었다면 극예술연구회는 움직임을 더하는 드러냄이 되었다. 하지만 그 길은 길지 않았다. 진정 짧은 경험으로 나를 살피는 계기가 된 듯하다. 그 깊은 인연을 만들어준 길 속에 월정사 오대산 둘레길이 있다. 다시금 홀로 걷고 싶은 그 길은 계곡의 물소리를 자연의 큰 그릇에 담듯 나의 마음 속에 담고 싶다.

아나운서, 아니 성우聲優야!

대학방송국에서 아나운서가 되고자 거울을 보며 발음연습을 했다. 하지만 나도 모르는 재능을 누군가는 지켜보고 있었다. 방송제 모노드라마 '형님 있자나요'는 나도 모르는 나의 재능을 주변 사람이 알아챈 하나의 사건이었다. 대학 생활 동안 방송국에서 선배와 동기들이 만들어 주는 방송원고는 바르고 옳은 발음으로 전하는 기쁨이었다. 그리고 두 번째 즐거움은 친구들과 함께 떠나는 여행이었다. 배낭도 메고 텐트도 치고 그저 자연을 벗 삼아 친구들과 옮기는 발걸음은 항상 가벼웠다.

사실 학과는 지리교육과 인데 지리교육과 답사는 이런 저런 사정으로 한 번도 가보지 않았다. 아마 학과 선후배의 눈에 나는 그저 이방인이었는지도 모른다. 하지만 대학동기들과 고등학교 친구들과 함께 떠나는 여행은 세상을 곁눈질하는 즐거움이 되었다. 대학 떠나 세상을 바라보는 신선함이 가득했다. 간난아이를 포대기로 맨 아줌마의 포근한 눈빛, 그 속에는 세상 부러울 것 없는 따스함이 가득했다. 시장의 시끌벅적함 속에서 입보다 빠른 상인들의 손놀림이 있었다. 기회는 잡는 것이라면 이들은 일상의 작은 기회를 놓치지 않는다, 자세히 살펴야 보이는 거친 손끝에는 인고忍苦의 순간이 굳어 있었다. 그리고 약주 한잔으로 걸쭉한 입담을 자랑하는 아저씨까지 세상은 두 눈에 담기에 벅찼다. 그저 시선을 돌려 잠시 머물면 다시 들어오는 세상의 빛은 여행의 참맛이 되었다.

여행의 즐거움은 시간의 축적으로 넘더니 이느덧 졸업이 다가왔다. 입학과 함께 즐겁게 방송하고 여행하던 시간은 과거가 되었다. 돌이켜 생각하면 대학 4년은 내가 하고 싶었던 일을 했던 '잠시'다. 다시 나의 고민이, 아니 나의 꿈이 현실 앞으로 다가오고 있다. 아니 내가 다가가야 했다. 오직 자신감 하나만으로 방송국 아나운서를 지원했다. 긴 시간 고민하고 노력했다. 그리고 마지막 신중함을 더해 지원하고 아나운서 테스트를 하기를 몇 번, 합격이라는 기대는 쉽사리 다가오지 않았다. 말할 수 없는 슬픔도 있었다. 그 순간 '형님 있자나요'의 제작자이자 대학 선배인 이장석 선배가 다가왔다.

"미자야, 넌 성우를 해 봐."
"아니 형, 성우라니요? 나는 아나운서가 꿈인데!"
"알지, 근데 넌 성우야."

알고 보니 MBC 방송국에서 성우를 뽑고 있었다. 하지만 나는 아나운서가 되어야 한다는 생각만이 가득했다. 사실 성우는 잘 몰랐다. 그런데 이장석 선배가 다시 내 앞에 나타났다.

"미자야, 내가 접수 했다. MBC 성우!"
"어머나, 형!"
"일단 해 봐. 넌 성우야, 성우……."

'나도 모르는 나의 장점을 본 것일까? 어떡하지' 고민은 길지 않았다. 방송국 제작부 이장석 선배는 나만 보면 속삭이듯 이야기했다.

"성우 해야지!"

서류합격의 소식도 이장석 선배가 전해왔다.

"미자야, 성우 테스트만 하면 된다."
"예……."
"너 아나운서 테스트 많이 했잖아. 거기다 이제 느낌만 담으면 된다."

떨어져도 미련이 없는, 타인에 의한 나의 구직활동은 그렇게 흘렀다. 그리고 그 진도는 빨랐다.

테스트, 고민과 두려움 없이 마이크 앞에 섰다. 자신감도 없었다. 더구나 간절함도 없었다. 그저 '시키는 대로 한다.'는 생각이 유일한 자신감이었고 합격해도 그만 떨어져도 그만이라는 여유는 '내려놓은 자리'의 주인이 되었다. 편한 주인의 마음으로 테스트 결과를 기다렸다. 이상하게도 테스트는 힘 빠진 자세로 몰입했으나 합격발표가 다가오자 힘이 들어갔다. '그래도 혹시나'라는 마음으로 합격자 발표 날 라디오에 귀를 기울였다.

'이미자'

전파 속에 내 이름이 등장했다. 합격이다. '그래도 혹시나'라는 기대감으로 키운 시간만큼 합격의 기쁨도 컸다. 나를 안다는 선배의 안하무인격 입사 지원으로 나도 모르는 성우의 직업을 나는 갖게 된 것이다. 생각해보니 그날 성우테스트는 열정조차 더하지 않은 평범한 속에 '있는 그대로'를 드러낸 순간이었다. 목소리 연기를 하며 '힘을 빼라'는 소리를 수없이 들었다. 하지만 성우 테스트는 기대, 열정 그리고 힘찬 노력 등을 뺀 '그저 그만'이라는 힘 빠진 진솔함을 드러낸 한순간이었다. 그 순간을 가끔 떠 올린다, 주로 하고자 하던 일이 어렵고 힘들게 되는 순간이면 나의 성우 테스트를 다시 떠 올린다, 그리고 머릿속을 지워 순수함을 채우듯 진공眞空의 남김 없는 자리를 만들고는 한다. 즐겁지도 않는 고통스럽지도 않은 그 순간 나는 다시 나의 앞에 놓인, 아니 놓아질 것들에게 다가선다. 힘 빼고 말이다.

'성우 이미자'에서 새로이

나에게 대학은 선후배와 함께 떠나는 여행이었다. 그 여행 속에는 크고 작은 변화를 담은 소녀의 두 눈 속에 세상을 기록하는 순간이 있다. 그 기록 속에 방송국 선배인 ROTC 이장석이 있었다. '진공'의 남김 없는 자리에 이장석 선배는 존재했었다. 사실 지리교육학과인 나는 학과의 특성상 답사 등 많은 여행의 기회가 있었다. 하지만 나는 그 기회에 다가서지 않았다. 4년 내내 학과 답사를 한 번도 안 갔으니 학과의 기대 또한 없었다. 단지 아나운서라는 꿈이 나를 이끌고 그 꿈을 향한 노력은 나를 행복하게 했다. 하지만 결국 나는 전문성우가 됐다.

어느 날인가부터 나는 〈은하철도 999〉의 '철이'가 되었다.

영원한 생명을 동경하는 '철이'는 '메텔'과 함께 '999호'를 타고 여행을 하는 어린이다. 나도 여행이 좋다. 전국 이곳저곳을 둘러보았다. 물론 은하철도는 아니었다. 새마을호나 무궁화호 아니면 고속버스였다. '철이'는 작은 키에 넓은 갈색 모자와 갈색 망토를 항상 입었다. 나 또한 크지 않다, 넓은 챙을 가진 모자를 쓰고 망토를 두르면 코스프레하기 딱 좋다. 어머니를 기계 백

작의 손에 잃었으나 '철이'는 정의롭고 따뜻한 성품의 소유자다. 가끔은 참견하기 좋아하는 '철이'는 열 살배기 소년 특유의 자기 중심적 사고와 지기 싫어하는 성향까지 있다. 누구나 그렇지만 나도 그렇다. '철이'는 성인의 시각으로 보면 답답해 보이기도 한다. 이것만 빼면 나와 싱크로율 100인데 아쉽다. 참 '철이'는 남성, 난 여성이다. 근본부터 다르기는 하다. 하지만 난 그런 '철이'가 좋다. 누군가의 마음속에 동경의 대상이 되었을 '철이'가 부럽기도 하다. 그런 부러움을 드러내지 못한 나에게 다시 이장석 선배가 다가왔다.

고등학교를 졸업하고 긴 시간 보아왔던 선배 '이장석', 점점 선배가 새로이 다가온다. 장석이 형은 남자다. 나는 여자다. 대학방송국, 나의 청춘은 걱정이 컸다. 그런 걱정 속에 성우가 맞는다고 직장의 문을 열어준 장석이 형은 내 주변에 항상 있었다. 내가 직장인이었고 장석이 형이 ROTC 군복무 중 일 때도 서로의 빈 시간은 만남으로 채워졌다.

만남의 시간은 거리를 좁혔다. 하지만 서로 결혼을 이야기하지 못했다 동성동본同姓同本이었기 때문이다. 지금은 아니지만 30년 전 동성동본, 성姓이 같고 본本 집안의 공간적 시작이 같으면 결혼을 할 수 없었다, 동성동본인 남녀가 만나면 '우린 안 된다'는 사실을 알고 헤어져야 했다. 아니면 혼인신고를 하지 못하고 그냥 살다가 법률적 구제를 받거나 했다. 부정하고 싶었다. 스물아홉, 내 이야기다.

직장생활까지 잘 왔다. 결혼이 문제다. 돌이켜보니 대학과 함께 나의 곁에 가까이 혹은 멀리 있었던 형은 서른의 나이가 됐다, 물론 서로 결혼을 이야기 했다. 하지만 결혼 앞에서 물러서야만 하는 관습, 아니 현실의 법이 싫고 두려웠다. 그리고 다시 멀어짐의 시간이 다가왔다. 그 시간이 다시 가까이 다가올 수 없는 시간이 될 수 있다는 두려움으로 채워졌다.

"미자야, 우리 결혼 할 수 있는 방법이 있다는데……."

"동성동본인데……."

"응, 할 수 있다는데"

"어떻게……?"

"법무사가 비용만 주면 할 수 있다는데……."

"결혼을……?"

"응, 혼인신고 할 수 있다구."

"진짜?!"

"한번 해 보자! 되겠지 뭐."

서로에게 미련은 더 이상 있어서는 안 된다는 생각이 앞섰다. 그리고 장석이형에게 '함께 해 보자'라는 응원을 마음으로 더했다. 그렇게 우리는 부모님 허락도 없이 혼인신고의 길을 걷기 시작했다. 법무사의 요청대로 우리는 혼인신고서에 필요한 서류와 관련 비용을 전했다. 그리고 사기가 아니었으면 하는 작은 바람으로 그 결과를 기다렸다.

하루하루 궁금했다. 언제 어떤 결과의 이야기를 통보 받을지 기다려졌다.

장석이 형과 나에게 각각 전화 한통이 왔다.

"이미자 씨, 다 됐으니 주민등록등본 떼 보세요."

"네……."

불안하고 얼떨떨한 마음에 시큰둥하게 답을 한 나는 인근 동사무소를 찾아 주민등록등본을 발급받았다. 내 이름 위에 '이장석'이름 세 글자가 있다. 남편이다, 장석이 형이 공식적으로 내 남편이 된 거다! 반가움과 놀라움도 잠시. 마음은 이내 불안해지기 시작했다.

'엄마나 아빠가 주민등록등본을 떼 본다면 어떡하지…….'

그날 저녁 장석이 형, 아니 '남편'을 만났다. 장석이 형, 아니 남편은 얼굴 가득히 웃음을 지으며 나에게 다가왔다.

"미자야, 우리 결혼을 제일 먼저 안 사람은 부모님도 아니고 우리도 아냐."

"무슨 이야기야?"

"우리 결혼을 제일 먼저 안 사람은 그 법무사야. 혼인신고지는 남쪽 어딘가 봐."

혼인신고를 한 곳은 나도 모르는 경남의 어느 이름 모를 농촌이었다. 농촌 총각과 처녀가 신랑각시가 되어 혼인신고를 한 셈이다. 우리는 웃었다. 그리고 다시 혼인신고 보다 어렵고 힘든 길을 함께 가야했다.

양가 부모님께 이 사실을 어떻게 알려드려야 할지……. 동성동본을 숨기고 상견례를 먼저 해야 하나……,

아님 그냥 있는 그대로 9년 동안 사귄 데다 동성동본이라 허락 없이 하면 안 되는 줄 알면서 결혼이 된다고 하기에 법무사를 찾은 이야기를 해야 하나……, 아님……, 아님…….

더 이상 생각을 이을 수가 없었다. 이장석, 남편이 된 선배와 나의 머릿속은 혼란스러웠다.

대학을 입학하면서 알게 된 선배, 나보다 나를 아는 것 같아 때로는 싫었던 선배, ROTC 축제면 나를 파트너로 이끌었던 선배, 가끔은 학교가 답답하다는 핑계로 누군가의 눈을 피해 함께 장충단공원을 거닐며 차도 마셨던……. 선배는 그렇게 언제나 나와 함께였다. 200%, 300% 응원하며 내게 용기를 주었다. 직장생활 속에서도 나를 응원하던 선배를 나의 동료들은 이렇게 부른다. '일 없는 성우'라고. 나의 곁에 진정 소중한 자리가 되어 주었던 선배가 지금 내 남편이 되었음에 감사하는 마음으로 나는 부모님 몰래 한 혼인신고에 대한 걱정을 누르고 있었다.

나의 친구 '신지', '철이', '진구', '크롱'

시간이 나이만을 더했다고 생각했다. 하지만 나에게 시간은 목표를 채우는 공간이었다. 목표는 이루는 것이 아니라 채우는 것이라는 생각이 늦은 나이에 가르침으로 다가왔다. 그 채움 속에는 나의 친구들이 있다. '신지'다. '에반게리온, 강철의 걸 프렌드' 캐릭터 '이카리 신지'.

그는 언뜻 보면 전형적인 동양인 외모를 가진 평범한 소년이다. 하지만 자세히 보면 눈동자가 옅은 파란색이다. 게다가 평범해 보이지만 외모를 하나하나 뜯어보면 흰 피부에 좁은 턱선, 가녀린 외모 등 작품 속 다른 남성 캐릭터의 기준으로 보아도 상당한 미소년이다. 어딘지 여자 아이처럼 귀엽고 청초한 신지의 이미지는 나도 모르게 빨려 들어가는 흡입력이 있다. 나는 그가 좋다. 여성인 내가 여성적 남성의 느낌을 드러내던 기억은 어느 넛 나의 인생을 채운다.

나의 첫 대중적 캐릭터인 〈은하철도 999〉의 '철이'는 50대 중년층의 기억 속에 담긴 보물과 같다. 그래서 인지 쉽게 잊히지 않는다. 그리고 긴 시간이 지나면 그리움이 기억을 살렸다. 은하철도 999의 철이 또한 그런 존재다.

〈도라에몽〉의 '진구' 또한 긴 시간동안 많은 친구들의 사랑을 받은 친구다. 항상 누군가의 보살핌이 필요했던 '노진구'는 항상 놀림감이 된다. 사실 운동신경이 나쁘고 공부를 싫어하는 게으름뱅이다. 하지만 다른 사람의 아픔을 이해할 줄 알고 자연을 사랑하는 상냥한 소년이다. 그래서 더욱 아련한 마음이 더해진다. 그나마 다행인 것은 그 친구 옆에 항상 다재다능한 만능萬能, 그래서 나도 곁에 두고 싶은 도라에몽이 있다는 사실이다.

셀 수 없는 목소리 연기의 주인공들이 있다. 그들은 나의 시간을 채웠다. 성우라는 과정 속에서 그저 목표를 채우듯 나의 목소리 연기는 '지금'이라는 소중한 인생의 자리를 채우고 있다.

누군가 성우가 되려고 한다면 목소리를 따라하지 말고 보다 많은 사람들의 삶을 보고 그들의 목소리를 듣는 일에 관심을 가졌으면 한다. 인생의 목표는 이루는 것이 아니라 채우는 것이기에 눈으로 채우고 귀로 채워 그 가득함을 힘 빼고 드러내면 된다. 보고 들은 순간을 담아 연극배우처럼 그 느낌을 드러내고 그것이 자연스럽게 느껴지면 성우로 시작하는 것, 그게 성우지 아마.

그리운 추억, 모두의 기억

1974년 6월, 여름이 시작될 무렵 모교 운동장에서 열렸던 DUBS 동우회 체육대회. 그리운 얼굴들이 한자리에 모여 있다.

_방송국에 남겨진 옛 앨범속에서

젊음, 풀어헤치니 인생이다

김종호 22기 보도부

동국대학교 국어교육학과 80학번.
ROTC 22기로 군사교육과 함께 DUBS 동국대학교교육방송국 활동을 하였으며 83년 KBS라디오 귀순용사 대담프로그램인 〈증언〉에 1년간 출연함. 군 제대 후, 한국화약그룹(현 한화그룹) 공채 입사하여 제일화재해상보험(주)에서 화재특종업무부 손해사정 업무를 시작으로 지점장(영업소장), 천안·경기 남부·강원·서울 강북 지역단장 그리고 제일화재(주) 점포사업본부장과 한화손해보험 GA사업본부장을 역임하며 '만남은 나눔'이라는 진취적인 역량을 실천으로 드러내는 삶의 주인이다.

긴 머리, 예전에는 장발이라 불렀다. 빨간색 상의에 검은 바지 그리고 베이지 색 구두. 거울을 비추니 외모는 날라리 같았다. 대학교 1학년이었던 나에게 멋은 그런 것이었다. 그런 내가 대학입학과 함께 가졌던 꿈이 있다. 기자다. 방송국 기자가 되어, 있는 그대로의 멋을 드러내겠다는 꿈을 가지고 있었다. 그 꿈을 가졌던 나는 동국대학교 국어교육학과 김종호다. 그 꿈은 이루어지지 않았다. 하지만 그 꿈을 다지고 키웠던 젊은 시절의 시간과 공간이 있다. DUBS 동국대학교교육방송국이다. 시간을 빼내야 했다. 40년전의 기억이다.

대학교 입학, 날라리

동국대학교에 입학한 나는 동아리를 기웃거리기 시작했다. 공부도 중요했다. 하지만 생각이 같은 친구들을 만나 즐겨야 한다는 생각은 지우지 못했다. 성격도 그런지라 뭐든지 해야 했다. 그래서 찾은 곳은 흥사단이다, 왠지 의식이 있는 동아리 같았다. 몇 번 찾았다. 입회식도 없이 그냥 입회원서만 쓰고 회원이 되었던 기억이다. 그러던 어느날, DUBS 동대방송국 신입국원을 모집한다는 공고가 나를 멈추게 했다. 그곳에 '보도부 기자 ○○명 모집'이라는 검은 글씨가 확연히 드러나 보였다. 그러나 다시 눈을 비벼 확인해야 하는 내용도 있었다.

전형 방법에 '필기시험', '음성테스트' 그리고 '면접'까지 있었다. 이건 신입직원을 뽑는다는 공고와 다름없었다. 머릿속은 계산이 시작됐다.

'국어, 상식은 해 볼만 한데 영어라니…….'

영어는 어렵다. 그러나 '그냥 해 본다'는 결정이 모든 생각을 앞섰다. 4층 방송국을 힘차게 올랐다. 그리고 지원서의 빈 칸을 깔끔한 글씨로 채웠다.

시험이다. 국어는 잘했다. 상식은 뭐, 아는 만큼 써 내려갔다. 내가 모르는 만큼 다들 모를 것이라는 위안을 가지며 빈 공간을 채웠다. 이제 영어시험이다. 펼쳤다. 그리고 웃었다.

'어, 이거 학원에서 나온 지문인데?!'

사실 나는 재수를 했다. 대성학원에서 재수하면서 보고 익혔던 영어 문제가 그날 DUBS 시험에 그대로 나온 것이다. 걱정을 많이 했던 내게 DUBS는 그렇게 인연처럼 다가왔다. 나에게 로또 같은 시험지로 말이다. 물론 돈은 안 됐다. 하지만 그곳에서 시작한 만남은 지금까지 이어가는 진한 인생을 열었다.

합격자 명단에 '보도부 기자 국어교육학과 김종호'라고 쓰여진 대자보를 보고 웃었다. '이제 시작'이라는 생각으로 나는 학생회관 4층에 올랐다. 신입국원이 함께 모여 인사를 드리고 나니 선배들은 각각의 부서로 우리를 이끌었다. 그 방에서 두 번의 충격에 빠져야 했다.

"김종호, 너는 검은 바지에 빨간 외투 그리고 베이지색 구두. 난 그것 밖에 생각이 안 나더라. 널 뽑아야 하는지 고민 많이 했다."

"예, 선배님…… 아니, 왜요?"

"처음에 날라리인 줄 알았잖아."

모두가 웃었다. 그리고 시간이 지나 3학년 최경봉 선배가 다시 그 이야기를 꺼내며 나를 다시 한 번 놀라게 했다.

"종호야, 네가 시험 성적 제일 좋았어. 물론 복장 점수가 없어서 다행이었지."

시험점수로 1등, 그러나 복장은 불량이었던 모양이다. 경봉이 형이 하나 더 물었다.

"넌 왜 기자가 되려고 하니?"

"CBS 저녁 뉴스 앵커, 월터 크롱카이트Walter Cronkite를 좋아합니다. 봉두완 앵커도 좋아합니다. 아니 마이크 잡은 그들의 삶과 같이 신뢰받는 기자가 되고 싶습니다."

선배는 미래를 함께 생각해 주는 인생의 동반자였다. 선배를 따라 배우고 익힌 뒤 2학기 방송국 활동이 시작되었다. 그리고 나는 지난 몇 개월동안 함께 했던 흥사단의 '구로야학'활동을 접어야 했다. 1980년 대학입학과 함께 했던 흥사단을 떠나 방송국 활동을 새로이 열어야 했다. 그리고 숫한 데모 속에 나서야 했다. 방송국의 지원이 필요했던 운동권의 자리를 먼저 잡고 방송기기를 설치했던 기술부를 도와야 했다. 물론 취재는 녹음으로 시작했다. 하지만 우리의 활동은 오래가지 않았다. 5월 18일 계엄령이 내려졌다. 학교는 휴교가 되었다. 가고 싶어도 가지 못하는 학교가 되어 버린 것이다. 학교를 군인이 지키고 있다는 사실을 나는 방송으로 알았다. 그리고 그 현장을 취재하듯, 아니 세상 모르는 듯 학교를 찾고는 했다. 물론 미성년자도 아닌데 입장거부가 나날이 이어졌다. 하지만 가만히 있을 수 없었던 우리는 선배를 따라 보도부 취재교육과 기사작성 그리고 아나운싱을 배웠다.

"저희 현:대는 정의사회 구현: 복지사회 건:설을 위해 힘껏 매진하겠습니다."

장음과 단음을 구분하며 외웠던 이 문장을 소리내어 배웠다. 40년이 지나도 지워지지 않는 교과서보다 진한 이 한 문장을 선배들 앞에서 소리로 드러내야 했다. 물론 학교에서 배울 수 없었다. 나라는 계엄령, 학교는 휴교령이었으니 말이다. 결국 우리는 서로 연락을 해서 학교 밖에서 만났다. 약속장소는 사직공원이었다. 그곳은 돈이 적게 들었다. 돈이 있는 날이면 다방에서 트레이닝을 했다. 물론 함께 했던 친구이자 동기는 종국이와 미화다. 물론 그 옆에는 아나운서부 병인이, 미경이 그리고 금옥이가 있었다. 우리는 매일 똑같은 맨트를 매미소리 내듯이 읽었다. 무슨 암호도 아닌 장단음을 암호같이 외웠다. 공원에서 누가 보면 독립투사인 줄 알았을 것이다. 하지만 그 열정은 무엇인가 해야 했던 젊은 시절의 추억이다, 그 당시 경찰과 군인의 눈을 피해 조심스러운 발길을 움직이기도 했다. 서울 · 경기 대학교의 취재부 모임이 경찰의 감시 범위에 있었기에 서로 조심히 연락하고 늦은 밤에 만나야 했다. 시국에 대한 이야기는 주로 여기서 시작되었다. 광주 이야기, 각 대학교에서 일어난 일 등 진정 몰래 만나야 했다. 대학방송국은 할 일이 없느냐는 탄식과 함께 그래도 할 일을 찾아야 한다는 희망이 한 잔의 술 속에 녹아들었다. 그 한 잔의 술은 둘이 아닌 하나의 길을 만들기도 했다. 대학 휴교령은 1980년 5월에 시작해서 그해 10월까지 이어졌다. 그 기간 우리는 독립투사였을지도 모른다.

이제야 시작한다, 방송 그러나

휴교는 나의 꿈 가운데 일부를 지웠던 지우개 같다. 마이크를 잡고 뉴스를 전하고자 했던 꿈은 휴교령으로 지워졌다. 하지만 학교 밖 트레이닝은 나에게 방송이라는 뉴스의 자리로 안내했다. 설레었지만 이내 재미로 더한 시간이 이어졌다. 그러던 어느날이었다. 우리학교 야구부가 동대문운동장에서 춘계대학야구 시합을 하고 그 경과와 내용을 중계하는 방송을 진행했다.

"아니, 이렇게 아쉽게……. 이게 뭔가요. 공을 봐야지요. 외야석 여자를 봤나요.

아쉽습니다. 아…… 이렇게 끝을 내나요."

나는 신나게 즐기면서 재치와 유머를 장전한 입담으로 야구 중계를 이어갔다. 그런데 야구 중계를 듣는 사람이 너무나 많았나 보다. 재미있다는 이야기와 함께 학교 야구부 선수들이 방송국을 찾았다.

"김종호가 누구야?"

그 길로 학교 체육관 옆 금강관 선수 숙소로 끌려갔다. 그리고 주먹이 날라왔다. 일방적이었던 그 자리에 프로야구의 전설들도 있었다. 무력 앞에 나는 할 말이 없었다. 그러나 그 사건은 나와 운동부를 더욱 가까이 이끄는 계기가 되었다. 서로의 어려움을 이야기하고 나누는 관계가 형성되었다. 그 이후 방송 보도는 재미가 아니라 누구보다 빠르게 진실에 다가서야 한다는 사실을 알았다. 그리고 있는 그대로 옳고 그름을 담아야 한다는 가치도 배우게 됐다.

하지만 방송의 현실은 암울했다. 방송원고는 학교에서 먼저 봐야 했다. 그리고 빨간펜이 한 줄로 그어지면 방송 불가였다. 어느날 경봉이 형이 장애인의 삶을 다루었다. 우리 사회가 장애인에 대한 배려와 사회적 개선의 여지가 있느냐는 질문에서 시작한 이 프로그램은 빨간펜이 그어져 세상의 빛을 볼 수 없었다. 세상을 비추는 빛이 되기 위해 많은 노력을 기울여 쓰인 방송 원고가 칼날 같은 빨간펜의 무참한 휘둘림에 숨을 거두어야 했던 것이다. 취재를 위한 노력, 사실 확인의 과정 그리고 우리 사회가 뒤돌아보아야 할 중요한 순간이 버려졌다. 그럴 때면 우리는 함께 아파했다. 서로 위로했다.

잦은 방송 불가不可는 갈등의 소용돌이 속에 남겨진 풍전등화의 순간이 되었다. 내가 2학년 때 3학년과의 갈등은 심했다. 취중 반란으로 이어진 그날은 서로가 드러난 현실보다 그동안 담았던 감정을 앞세우는 순간이 되었던 것이다. 누군가 나와 다르면 적이 되어 나의 한을 풀어야 했었던 모양이다. 우리는 그 책임을 서로에게 전가했다. 순간의 어리석음이라고 불러도 된다. 하지만 그 과정을 이해하고 다가서는 경험은 우리에게 부족했다. 거친 말과 행동 속에 서로 감정은 상할대로 상하고 우리는 그 대가를 톡톡히 치러야만 했다. 우리 모두는 결국 방송국을 나와야 했다. 그때 우리는 그저 젊음이, 청춘의 패기가 모든 것을 대체하고 새롭게 할 수 있다고 생각했던 모양이다. 그게 20대의 삶이자 젊음의 순간에 터뜨려야 할 용기라고 생각했다. 학교에서도 감을 잡았는지 예의 주시했다. 방송국을 통제하며 불편하고 불안한 시선을 거두지 않았다. 이듬해 새해, 지도교수의 앞과 뒤가 없는 순간적 발언으로 방송국은 폐쇄되었다.

짧은 시간이 흘렀다. 그해 3월을 앞두고 다시 방송국으로 동기를 부르는 웃지 못할 씁쓸함이 있었다. 일부 국원은 복귀하고, 새로운 국원이 들어온 것이다. 그리고 우리는 3학년이 되었다. 그즈음 나는 ROTC 육군학생군사학교 후보생이 되어 방송과 군사훈련을 함께 해야 했다. 학군사관후보생으로서의 훈련과 함께 DUBS 보도부장이라는 직함 아래 보도제작을 하며 '투 잡'을 이끌어 나갔다. 월급은 없었지만 의욕 과다라는 이상증세로 무장한 채 대학방송에 열정을 쏟아 부었다.

방송제, 그 가운데 서다

절정에 달한 내 열정의 끝은 방송제로 향해 내달렸다. 어수선한 시국, 시절도 하 수상한 때 억압에 숨막혀하던 우리는 서로 위로하며 위선과 허위에 가득 찬 세상에서 참과 거짓을 가려내기 위해 신경을 곤두세웠다. 선배들의 지혜와 경험, 그리고 좌절을 극복하고 성공한 사람들의 이야기에 라디오 주파수를 맞추듯 세심하게 귀를 기울였다.

학생방송장인 남주와 나는 최동호 앵커를 중심으로 방송

좌담회를 하자는 의견을 모았다. 모두가 동의했다. 뉴스에서의 삶을 대학이라는 공간에 현실감 있게 전하고자 하는 우리의 방향에 모두가 공감했다. 사실 그냥 TV에서 본 사람을 모셔와 대학 방송제 특별기획을 하겠다는 아이디어였다. 이제 이를 무대위로 올려야 한다. 먼저 섭외를 결정지어야 포스터도 만들고 현직 앵커의 출연에 따른 방송제도 기획할 수 있었다. 나와 남주는 그냥 KBS를 찾아갔다. 방송국 입장부터 쉽지 않았다. 방문 신청을 하면 만나고자 하는 이가 허락을 해야 하는 시스템이다. 우리는 보도본부 24시의 최동호 앵커를 만나겠다고 했다. 그리고 방문신청서도 신원 확인과 함께 했다. 이제 답을 기다려야 했다. '들어갈 수 있을까?' 간절한 마음으로 서로의 눈빛을 교환했다.

"박남주 씨, 김종호 씨 들어가세요."

방송제의 첫 관문인 최동호 앵커와의 만남이 이루어졌다. 이제 우리의 생각과 진심을 드러내야 한다. 우리의 이야기를 전했다. 세상에 대해 방송현장의 이야기를 대학생들과 함께 해달라고, 그리고 우리들의 질문에 선배로서의 살아온 경험을 나누어 달라고 애원했다.

"예, 알겠어요. 그런데 그 시간에 방송이 잡혀 있어서 나보다 그런 일이라면 저기 이윤성 기자가 더 잘할 것 같은데."

우리의 시선은 다른 곳으로 돌아갔다. 이윤성 기자이자 앵커다.

"대단한데! 대학생이 그저 생각만 가지고 여기까지 오다니……."

우리는 다시 설명했다. 왜 왔는지 무엇을 하고자 하는지 그리고 왜 당신이 함께 해야 하는지에 대해서.

"ROTC 몇 기지?"
"예, 저는 ○○기입니다.
"아, 그래 알았어. 언제 어디로 가면 되지?"

세상 모르고 무작정 달려들었던 우리의 섭외로 그렇게 소중히 여겼던 방송제의 기획단계가 완성되기에 이르렀다. 그리고 방송제 하루 전날이었다.

"여기가 동국대 방송국인가?"
이윤성 KBS앵커가 방송국을 찾았다. 다음 날이 방송제인데 전날을 방송제로 알고 찾아온 이윤성 앵커. 덕분에 방송제 하루 전, 이런 저런 이야기로 다음 날 있을 방송제의 리허설 같은 시간을 만들었다. 아마도 미리 접하고 신뢰를 만들어야 하는 방송의 습관이었는지도 모른다, 방송을 위한 배려 차원의 방문이었던 기억이다. 그날 밤, 이윤성 앵커는 자신의 포니2 차에 나를 타라고 했다. 그리고 남산 순환도로를 천천히 오르고 둘만의 공간에서 서로에 대한 이야기가 있었다.

"야, 종호, 너 왜 기자하려고 하나?"

그 질문에 대학입학과 방송국을 찾았던 이야기, 그리고 내가 좋아하고 존경하는 앵커에 대해 이야기했다.

"정치하고 싶어서 하는 것은 아니고?"

아니라고 말했다. 기자면 기자지, 정치는 모르는 일이다. 나에게 목적은 절대 수단이 되어서는 안 된다는 신념이 있다고 말했다. 목적을 드러내어 이를 수단으로 생각하는 이기적인 삶은 좋아 보이지 않았기 때문이다. 그리고 이윤성 앵커는 나에게 한 마디 더하고 채찍을 더했다.

"종호야, 너 패기는 좋다. ROTC 근성도 보이고. 그런데 공부해라. 내가 기자생활 시작하면서 느낀 것은 실력이다. 1차 필기시험 반드시 통과하고, 아무도 없는 곳에 네가 혼자 있다고 생각되면 날 찾아와라. 내가 이제 너는 기억한다. 동국대학교 김종호 말이다. 군대 가서 공부하고 합격해라, 꼭!."

그렇게 방송제 전날의 만남은 끝이 났다. 그리고 그날 밤은 다시 아침 해를 띄었다. 이제 방송제다. 우리는 방송제 오프닝 음악을 중강당에서 올렸다. 그리고 이윤성 앵커와 함께 하는 자리를 동악의 함성으로 채우고자 열정을 더한 제작 프로그램을 하나씩 오픈하기 시작했다. 시간을 맞춰 이윤성 앵커도 무대 위에 섰다. 그리고 어제 나눈 이야기를 오늘 다시 더하고, 우리는 방송제를 서로의 신뢰로 채우기 시작했다.

방송제도 끝났다. 학교에서 준비한 간소한 출연료도 이윤성 앵커에게 전했다. 모두에게 악수로 인사를 하고 이윤성 앵커는 자신의 쥐색 포니2 자동차를 타고 떠났다. 우리는 그저 손을 흔들었다. 서서히 본관 앞으로 가던 차가 멈추었다.

"야, 김종호!"

이윤성 앵커가 나를 불렀다. 나는 뛰었다. 자동차 창문이 열리고 나는 열린 차창으로 고개를 숙였다. 이윤성 앵커는 자신이 받은 출연료를 나에게 건낸다.

"종호야, 이거 받아, 모두 모여 한 잔 해라. 내가 여기서 돈 받아 무엇 하냐. 이거 너희 거니까. 자 어서."
"아니. 그래도 여기까지 오셨는데……."
"그래, 그럼 내 이야기 하면서 술 마셔. 그럼 됐지?"

지난 시간의 추억이다. 그 당시 우리의 추억은 뒤풀이 장소에서 서로의 꿈을 키우는 자리로 이어졌다. '멋있다'는 말과 함께 '우리도 그와 같이'라는 젊은 날의 푸른 꿈을 갖게 되는 계기가 되었다. 방송제, 우리는 그 가운데 서야 했다. 그리고 섰다.

기자를 꿈꾼 금융인, 마이크 잡다

대학 방송의 추억 속에 기자의 꿈을 담았던 나는 ROTC 생도에서 벗어나 초급장교의 길을 걸었다. 군 생활 속에서도 기자가 되어야 한다는 생각은 항상 나를 뒤따랐다. 하지만 나라를 지키는, 물론 내가 지켜서 지켜지는 것은 아니지만 나라를 지키는 일에 묻혀 취업준비를 제대로 하지 못했다. 그렇지만 나를 기다려준, 아니 내가 가야할 곳은 있었던 모양이다. 한화손해보험, 금융권의 직원인 된 나는 금융업무와 함께 '사내 방송인'이라는 이목의 집중을 받게 됐다. 회사의 크고 작은 행사 진행을 맡게 된 것이다. 대학 방송국에서 하던 대로 했는데 호응이 좋았다. 회사에서도 금융인 관련 모임에서도 사회를 맡기는 일이 잦아졌다. 그러던 어느날, '○○신문'에 기자 응시를 한 선배가 권했다.

"종호야, 네 꿈은 기자 아니야?"

맞다. 나의 꿈은 기자였다. 하지만 지금 현재를 무시하거나 지워버리는 일에는 신중해야 했다. '작은 신문사지만 경력을 쌓아 보다 넓은 기자의 세상으로 나아가야 하는가? 아니면 지금 나를 인정하는 이곳에서 나의 역량을 넓혀야 하는가?'

혼자만의 걱정과 고민은 커져만 갔다. 회사에는 직장을 옮길지도 모른다는 엄호용 은폐를 설치하고 신문사 시험을 보았다. 면접도 보고 잘될 것 같다는 이야기도 들었다. 하지만 세상이 나를 위해 길을 만들지는 않는가 보다. 어디선가 낙하산이 떨어졌다는 이야기를 들었다. 그리고 기다리던 최종 합격의 통보는 오지 않았다. 그냥 가던 길을 가열차게 가야했다. 회사의 창립기념행사, 체육대회 그리고 회식자리까지 아직 내가 설 수 있는 공간이 존재하고 있다는 감사함을 담아 직장에서 최선을 다했다. 그 결과가 지금의 나를 만들었는지 모른다. 금융인으로서의 영업, 그리고 마이크를 잡은 나의 모습은 누군가와 인연이 되어 이름을 남겼다. 나에게 '존재'라는 힘이 있다면 그 힘은 방송이었다. 크고 작은 좌충우돌하는 경험이 정제되어 군인으로 그리고 금융인으로 '지금'이라는 나를 만들었다.

가끔은 나를 인터넷으로 검색한다. 금융인으로 등장하는 나 자신을 그리고 그 지난 삶의 기억을 살려 나와 함께한 모든 이와 함께 음악을 나누고 싶다.

Smokie의 'If you think you know how to love me'다.

기타 소리와 힘 있게 갈라진 그리스 노먼의 목소리가 우리를 적힌다.

A breathless drive on a down town street
도심 거리에서의 숨 막히는 질주
A motor bike ride in the mid-day heat
한낮의 열기 속에 오토바이 타기
The dust that hung from the desert skies
사막의 하늘에서 날아든 먼지

Run though we'd run, it still burned our eyes
우린 달리고 달렸지만 먼지는 우리 눈을 쓰라리게 했죠.

……

Now you may think you can walk on the wild wild side with me
이제 당신은 걸을 수 있다고 생각할지도 몰라요. 나와 함께 험한 쪽으로
But there's a lot I can learn and a lot that I've yet to see
하지만 난 아직 배울 것이 많고 그리고 모르는 것도 많아요.
You know you've got my life lying in your hand
당신이 아시다시피 내 인생을 당신에게 맡겼어요.
It's up to you to make me understand
나를 일깨우는 것은 당신 손에 달렸어요.

내 인생은 방송국에 맡긴 시간만큼 익히고 채웠던 나의 경험을 긴 시간 조금씩 풀어헤쳐 나누고 다시 키우는 삶이다. 긴 시간을 더하고 나누는 지금, 그리고 이 순간이 중요하듯이 그런 나를 일깨우는 것은 당신과 함께 하는 길이다.

벌써 30년, 그리움의 시간이 되다

박지영 30기 제작

동국대학교 경영학과 88학번.
1988학번인 우리는 입학과 함께 '88 꿈나무'라고 불렸다. 하지만 그런 것에 관심 없이 동국대학교교육방송국에 들어가 마치 사원처럼 시간을 맞추는 신입 교육을 받았다. 힘들었지만 재미있었다. 그리고 그곳에서 또 다른 꿈나무를 만났다. 30기 동기이자 지성과 미모를 겸비한 김미영 동우와 결혼하여 가정의 행복을 키우고 나누고 있다. 현재, 예전에 못다 한 공부의 한(限; 경계)을 풀고자 고등학교 기숙사 사감으로 아이들을 다그치며 그들에게 또 다른 한(恨; 원통)을 만들고 있다.

1989년 제작부실에서 필자와 아내 김미영

나는 88학번이다. 그리고 DUBS 30기다. 벌써 동국대학교교육방송국 개국 60주년이란다. 30년 전, 내가 학생일 때는 10년 위 선배님만 봐도 상당히 높다고 여겼었는데 이젠 나도 그 위치, 아니 그 이상이 되어 버렸다. 시간은 항상 결과와 함께 정리해야 할 관계를 만드나 보다.

88년 봄부터 90년 겨울까지의 기억을 떠올려보면 미소를 짓게 하는 것과 이불을 걷어차게 만드는 일이 반반이다. 많은 인연과 많은 일들을 겪으며 20대 초반을 보냈던 듯하다. 하지만 이젠 그 기억도 어느 정도는 흐릿해지고 추억 보정도 살짝 가미가 되고 있다. 잘 기억 안 난다는 얘기다. 어찌 보면 시간은 가해자다. 하지만 그 피해를 저항 없이 받아들이지는 않는가 보다. 이렇게 글로 남기고, 만남으로 남기고, 술로 남기고, 휴대전화로 남겨 다시 볼 것처럼 저장하는 것은 우리가 시간에 저항하는 방법이다.

재수는 필수, 삼수는 선택이라 했는데 필수만 이수하고 입학한 대학은 그리 재미있지만은 않았다. 수요와 공급만 간신히 구별하던 나에 비해, 경영학과 동기들은 다들 두 번째 경영학과를 다니는 것 마냥 '아는 체'에 '잘난 척'을 해 대니 은근히 기가 죽었던 것 같기도 했다. 마음속으로 '재수 있다'와 '재수 없다'를 교차하는 대학 1학년의 삶은 학과에 별다른 흥미를 느끼지 못했다. 그저 강의가 끝나자마자 담배나 피울 생각에 누구보다 먼저 일어서려고 했다. 그런데 그 시간 그 강의실에 누군가 들어와 방송국 신입국원 모집 홍보를 했다. '대학 생활 뭐 이래?' 하던 차에 '재밌겠네' 싶은 생각과 장학금 얘기에 훅 넘어가서 여차 저차 방송국 생활을 시작하게 되었다.

방송국 들어오고 좋았던 것은 듣고 싶은 음악 맘껏 들을 수 있었던 것과 선배들의 음주 지도, 냉혹한 당구의 세계에서 살아남기, 10여 명의 동기들. 거기에 평생의 소울 메이트까지 만난 일이다. 방송국은 내게 행운의 장소임이 확실하다. 하지만 그 덕분에 학과 생활은 부수적인 것이 돼 버렸다. 당시 최고 투수였던 선동렬의 방어율을 능가하는 학점을 자랑삼아 술을 마시기도 했었다.

146승 40패 132세이브
통산방어율 1.20
통산 탈삼진 1698개

당시 선동렬 투수의 기록이다. 우리는 학교 방송국에서 선동열 투수의 방어율과 학점을 견주기 시작했다. 그 경쟁을 이끈 동기와 후배들이 있다. 이처럼 방송은 학업 보다 재미를 더했다. 물론 공부 꽤나 하는 동기와 후배도 있었다. 누군가는 학과 수석을 했다고 하니 이상했다. 방송도 잘하고 공부도 잘하고, 하지만 나와 동기 그리고 후배들은 '공부는 선동열처럼 방송은 재미있게'하는 일상을 즐겼다.

사실 나는 방송을 잘했던 것 같지는 않다. 그래서인지 딱히 생각나는 프로그램도 없다. 제작부야 누구나 거쳐가는 아침 방송 〈동악의 새아침〉이 있고 2학년이 되어서 정규프로그램을 두어 개 했었지만 방송을 기획하고 제작하고 녹음하거나 생방송으로 제작하여 내보내는 부담으로 적지 않은 심적 압박을 느끼고는 했다. 결국 나는 실수나 논란을 일으키지 않으려고 무난한 내용에 무난한 선곡으로만 방송을 하다 보니 방송국 생활만 기억나고 방송에 대한 기억은 별로 남아있질 않다.

두 번의 모의 방송제와 세 번의 방송제를 치르면서도 딱히 가슴에 남아있는 건 없는 듯하다. 지금 생각하면 방송을 좀 더 적극적으로 해 볼걸 하는 아쉬움은 남아있다. 뭐 중간고사 끝나면 기말고사 때는 이러지 말아야지 하는 반성과도 같은 거라고나 할까. 다시 돌아가도 제작부실에서 LP 판이나 뒤적거리고 있겠지, 뭐…….

LP판 얘기가 나와서 생각나는 기억이 하나 있다.

지금은 음악에 대한 소비가 너무나 쉽지만 그 당시만 해도 오디오 시스템을 갖추기란 쉽지 않았다. 나 같은 경우엔 방송국에 들어와서야 LP판을 처음 만져봤을 정도였다. 고등학교 때까진 라디오를 듣다가 좋아하는 노래가 나오면 테이프로 녹음해서 듣고, 어쩌다 테이프 하나 사면 늘어져서 플레이어 헤드에 테이프가 감길 때까지 듣고는 했었다.

그 가운데 유난히 좋아했던 노래가 제리 래퍼티Gerry Rafferty의 'Baker street'란 노래였는데 이 노래를 구할 방법이 없었다. 70년대 후반 노래라 라디오에 나오지도 않고 광주에선 그의 테이프도 살 수가 없었다. 발매가 됐었는지 모르겠다. 암튼 그랬었는데 방송국에 들어오니 그 LP판이 제작부실에 있었다!!! 비록 흑백 자켓의 빽판이기는 했지만, 그때 느꼈던 반가움과 설렘은 아직도 생생하다. 물론 그 노래를 듣기도 많이 들었다. 한달 정도 지나니 그렇게 좋던 것도 심드렁해지긴 했다. 이래서 '꽃노래도 삼세번'이란 말이 있나 보다. 지금도 차에서 듣는 USB 속에 'Baker street'가 있다. 아직도 내가 간직하는 음악이다. 오랜 시간을 함께하는 나의 벗이다.

좋았던 기억은 음악 찾는 재미 외에도 동기들과 함께 한 엠티다. '88학번'이라 하면 대학 입학 하던 해에 서울올림픽이 열린 탓에 꼭 '꿈나무'란 말이 따라 붙었다.'88 꿈나무~' 이렇게 말이다. 지금이야 올림픽에 대한 부정적인 시선이 상당하지만, 당시엔 올림픽을 유치했다고 바로 선진국에 들어선듯 호들갑이 어마어마했었다. 그 올림픽의 개막식 날, 우리는 동기들만의 첫 엠티를 갔었다. 올림픽 굴렁쇠 굴리기가 어떻고 '손에 손 잡고'가 어떻고 간에 우리는 하나도 못 봤다. 그날 술 먹고 동기들끼리 쓴 롤링페이퍼는 집 어딘가에 있을 텐데…….

모든 동우 여러분들도 그럴 테지만 동기들을 만나면 아직도 반갑고 즐겁다. 작년 제주도 엠티까지 족히 열 번 이상 동기와 함께 다닌 모양이다. 다들 흩어져서 살다보니 자주 만나지는 못하지만 꾸준히 서로의 소식을 전하고 물으며 그때의 선배들이 강조하던 동기애를 실현하고 있다. 아니 88 꿈나무의 못다한 꿈을 이루고자 함께 하는 시간을 만드는 모양이다.

좋지 않았던 기억도 꽤 있었겠지만 지나고 나니 그런 기억도 보정이 되고 미화되어 추억으로 포장되고 그리워진다.

올해 아들놈이 대학에 입학했다. 아빠를 닮아서 재수를 필수로 하고서 말이다. 그 놈에게 대학 가면 방송국에 지원해보라고 했는데 싫다고 해서 살짝 섭섭할 뻔 했다. 가끔 학교에 들를 때 학생회관 4층을 올려다본다. 그리고 방송국 창문에 기대어 만해광장으로 오르는 길을 내려 보던 스무 살의 내가 그립다.

내가 만난 총장스님

궂은 일, 하지만 긍정을 담아야 한다

김종훈 31기 보도

동국대학교 불교학과 89학번.
대학 졸업 후 방황을 거듭하다가 우연히 광고대행사에서 잠시 근무했다. 하지만 자신의 뜻과 다르게 고려대장경연구소 종림 스님과 함께 '해인사 팔만대장경 전산화 프로젝트'를 진행하였으며 전산화 작업을 끝낸 후, 주변인의 생각과 아주 다르게 진선여자중학교에서 도덕 과목을 가르치고 있다.

1980년대, 함께한 동국대학교 보도부 기자들이다. 아래 맨 오른쪽부터 시계방향으로 박건우, 최호영, 박재영, 문준배, 박찬규, 임동민, 김종훈, 박광우 그리고 후배 이철웅.

1989년. 동국대학교는 세간의 이목을 끌게 된다. 바로 동국대학 부정입학 사건 때문이다. 당시 1학년에 재학 중이었던 나는 학교 학생으로서도, 또 DUBS 동국대학교교육방송국 보도부 기자로서도 그 큰 사건에 다가서야 했다. 하지만, '1학년 신입생'이었기에 학내의 소식을 직접 접하기에는 한계가 있었던 것 같다. 그보다 빠르게 전해지던 학교 밖의 소식에 귀 기울이거나 선배의 지시에 따라 그저 관련 인물을 만나 사실을 확인하면서 사건 진행의 흐름을 따랐다. 게다가 동국대학교는 대한불교조계종의 종립대학이었기에 조계종단에서 바라보던 학교에 대한 입장은 언제나 학내 의사 결정을 앞지르거나 우선시 되었다.

사람들을 만나 듣게 된 이 사건은 조계종단과 학교법인 사이에서 벌어진 중요한 일이 되었다. 반면 그 피해는 고스란히 학교, 정확히 바라보면 학생들의 몫으로 돌아가고 있었다. 이 사건은 내게 '누군가를 이겨야 내가 살 수 있다'는 사회생물학적 관점에서 본 '투쟁의 가치'를 몸으로 느끼게 해 주었다. 싸움은 얼마 가지 않아 사람들을 나누기 시작했다. 학교를 정상화시키겠다는 교수회, 학교의 주인으로서 바르게 세우겠다는 석림회, 부정입학의 진실을 밝혀 그 책임을 묻겠다는 대한불교조계종, 그리고 진실을 밝히고 그 책임자는 물러나야 한다는 총학생회 등 서로 다른 입장에서 서로 다른 주장이 넘치고 있었다. '부정입학'이라는 불공정하고 불공평하다는 가치 판단이 명확하게 정해진 사건 속에서 상대를 이해하고 아우르는 '관용'과 같은 아름다운 말은 처음부터 존재하지 않았다. 그칠 수 없는 싸움만이 시작된 것이다.

당시 보도부장은 불교학과 87학번 박재영 선배였다. 선배는 불교계의 내적 갈등이 표면으로 드러난 사건이자, 누군가 동국학원의 비위非違를 들어내 학교의 주요 의사결정자를 바꾸려는 의도를 짐작하고 몇 가지 사실 확인을 위한 취재 계획을 후배 기자에게 전했다. 그 취재 속에는 종단이 학교를 바라보는 시선을 정확히 파악하여야 한다는 것과 학교 책임자인 총장을 만나 관련 취재를 진행할 것, 그리고 교수회와 학교가 제시하는 해결의 방향과 학생들이 제시하는 문제 해결의 방법 등이 있었다. 내게 주어진 취재는 대한불교조계종단의 '종의회'에서 논의될 내용에 대해 알아보는 것이었다. 종의회는 한 나라의 국회와 같은 조계종단의 입법기구이다.

조계종단의 입법기구인 종의회의 안건으로 동국학원 사태에 대한 건이 상정되어 모일 모시에 진행된다는 사실을 알게 되었다. 이제 그곳으로 가면 된다. 물론 내게도 취재 무기는 있었다. 한손 벌려 잡을 수 있는 소니 녹음기였다, 지금과는 달리 카세트테이프를 넣고 굵은 단추 두 개를 눌러야 누군가의 음성을 담을 수 있는 장비이다. 이 도구는 누군가의 소리를 담을 뿐, 나를 지켜주지는 않는다. 혹 녹음이 잘되지 않았으면 선배에게 혼도 나야 되는 무서운 기계 장치이다. 나는 총을 쥐듯이 녹음기를 한손으로 꽉 움켜잡고 취재대상을 만나러 전장, 아니 현장으로 향했다. 생각해 보면 예나 지금이나 공감되는 표현이 있다. '그때는 최고였지만 지금은 별로'라는. 그 소니 녹음기가 딱 그랬다. 대부분의 전자기계 장비의 운명이 그렇듯 말이다. 지금은 구시대의 유물이 되어 어딘가에서 귀하신 몸으로 대접받고 있을지도 모를 일이지만 말이나.

예정된 종단 종의회가 있던 날, 나는 건우와 함께 그 귀한 무기를 들고 조계종단이 자리한 종로구 견지동 조계사로 향했다. 종의회는 조계사 대웅전 바로 옆에 있던 옛 조계종 중앙회관의 1층 강당에서 진행되었다. 우리는 건물 주위를 몇 차례 돌았다. 그리고 창가를에 기웃거리기 시작했다. 1층 회의장의 회의소리를 들을 수 있는 곳에 자리를 잡았다. 이제 녹음을 하면 된다. 한손으로 휴대용 녹음기의 검은색과 붉은 색 굵고 네모난 버튼을 힘껏 눌렀다.

'이제 됐다. 녹음은 잘되겠지.'

시간이 잠시 흘렀다.

'녹음이 잘 안되면 어쩌지. 보나마나 이게 뭐냐고 또 한소리 듣게 되나.'

시간을 더하면 불안도 커진다. 왠지 불안한 마음에 난 녹음기를 회의장 창문 틀 위에 올려놓았다.

'이 정도면 녹음은 잘되겠지.'

이제 남은 일은 중간에 테이프를 뒤집거나 바꾸어 녹음을 계속하면 되었다. 물론 나도 모르는 종단의 종의회가 빨리 끝나면 금상첨화다.

"거기 누구냐?"

우리는 놀라서 창틀 위에 있던 녹음기를 갖고 줄행랑을 치려고 창틀을 올려다보았지만 이미 사라진 뒤였다. 소니 녹음기는 벌써 종의회 회의장 누군가의 손에 쥐어져 있었다.

'큰일이다!'

녹음 버튼을 누르고 녹음기를 창틀에 올려놓은 직후 큰일의 첫 단계를 무사히 해냈다는 잠깐 동안의 안도감은 보기 좋게 뒤집어졌다. 사라진 녹음기 걱정을 하는 순간 누군가 나의 팔을 잡고 회의장으로 인도하기 시작했다. 사실 뒤늦게 알았지만 종단의 감찰기관인 호법부 스님과 직원이었다. 일이 커졌다.

'죽었구나.'

사실 나는 한 공간에서 스님을 그렇게 많이 본 것도 처음이었지만 모든 스님들의 두 눈 속에 나와 건우는 죄인으로 비치고 있었다. 우리는 취재 허가를 받지 않고 불법녹음까지 한 죄인이었다. 불편하고 불안한 상황 속에서 걱정이 가득할 때 한 스님이 앞으로 나섰다. 우리학교 총장님이다. 당시 동국대학교 총장이셨던 지관 스님이 종의회 의장에게 발언권을 구하고 다음과 같이 말했다.

"학생들이 무슨 죄가 있겠습니까? 학교방송국 기자이니 궁금했던 것도 많았을 것이고 이를 알려야 한다는 생각이 무엇보다 컸을 것입니다. 그러니 학생들이 무슨 죄가 있겠어요? 녹음된 테이프만 제외하고 모두 돌려주시기 바랍니다. 어찌 보면 우린 잠시 책임지는 것일 뿐, 학생들은 평생 동국대학교, 그 이름을 안고 갈 가장 큰 피해자입니다."

당시 학교를 책임지고 있었던 총장 지관 스님의 도움으로 우리는 무사히 회의장을 나올 수 있었다.

"학생들은 무슨 죄가 있겠습니까? 학생들은 평생 동국대학교, 그 이름을 안고 갈 가장 큰 피해자입니다."

스님의 말씀은 한동안 기억에 남았다.

시간이 흘렀다. 물론 그 시간은 취재의 두려움도 선배의 꾸중도 잊게 했다. 하지만 학내 부정입학 사건은 이듬해 총장선출과 맞물려 잊히지 않는 진행형이 되었다. 그로부터 한참 후, 나는 다시 총장 스님을 취재할 기회가 생겼다. 그 장소는 정각원 사무실이다. 당시 총장실은 총학생회가 점거하여 농성 중이었다. 스님은 짧은 시간이지만 몇 가지 질문에 답을 주셨다. 그리고 인사를 드리고 나올 무렵 한 말씀을 더했다.

"김종훈이라고 했지?"

"예."

"학교의 크고 작은 일을 찾고 전하는 일은 재미있느냐?"

"예, 이런 저런 이야기와 그 만큼의 서로 다른 생각을 듣는 일은 재미있기는 합니다."

"그래, 그럼. 나쁜 일, 궂은일을 듣고 뉴스로 전하는 만큼 좋은 일도 담아 전해야 한다."

그리고 스님은 나에게 만 원짜리 몇 장을 쥐어 주셨다.

"스님, 이건……."

"아니야, 이제 좋은 소식도 전하고 더 바빠질 텐데……. 같이 밥도 사 먹어……."

그리고 나는 누군가의 손에 등을 밀려 그 방을 나와야 했다.

대학을 졸업하고 10여 년의 시간이 지났다. 나는 결혼도 하고 아이도 있었다. 그 즈음 다시 지관 스님을 만났다. 스님은 대한불교조계종 총무원장의 자리에 계셨다. 종단과 관련한 일로 누군가를 대신해 인사를 드리러 갔었다. 동국대학교 방송국원이었던 김종훈이라고 인사를 드렸다. 스님은 기억하고 계셨다.

"그래, 김종훈, 부정입학 사건을 취재했었지……."

"예, 스님."

"결혼은 하고?"

"예, 결혼도 하고 애도 있습니다."

"그래, 할 일은 다 했네."

2008년 여름, 당시 조계사는 광우병 촛불 집회를 진행하던 박원석 상황실장이 피신하여 점거 농성 중이었고 관할 경찰서는 조계사를 에워싸고 있었다. 그러던 어느날 경찰은 총무원장인

지관 스님의 차량을 검문 검색했다. 이를 당시 불교계에서는 불교 탄압이라고 불렀다. 수많은 사람이 불교 탄압을 항의하며 시위를 이어 갔지만 지관 스님은 달리 말이 없었다. 추석 즈음, 나는 스님께 여쭈어 볼 것이 있다고 허락을 구했다.

"스님, 불교탄압이라고 여러 스님들이, 그리고 여러 불자들이 거리로 나서고 있는데 스님은 아무 말씀도 없으셔요?"

스님의 대답은 간단했다.

"아무 것도 안하는 게 지금 가장 큰 일 하는 것이다."

나는 "예"라고 대답은 했지만 무척 의아했다.

"시간이 지나면 별일 아닌 듯이 지날 갈 거야. 그리고 그때쯤 알게 되겠지? 걱정 말고 나중에 나 있는 곳으로 애들하고 놀러나 와."

모를 일이다. '아무것도 안하는 것이 가장 큰일을 하는 것이라고?' 그 말꼬리는 한동안 나의 머리를 떠나지 않았다.

그 뒤 새해가 되면 나는 스님이 계신 정릉 경국사를 가족과 함께 찾았다. 매년 세배를 드리고 세뱃돈도 받았다. 그저 절값

치고는 적지 않은 돈을 우리 두 아이에게 주셨다. 그러다 스님께서 모 병원에 입원해 계신다는 이야기를 들었다. '며칠'이라는 그 짧은 시간을 더한 겨울 어느날, 스님께서 입적하셨다는 소식이 들렸다. 나는 빈소를 찾아 해인사로 갔다.

한 겨울, 해인사는 분주했다. 스님들의 발걸음은 잰 듯 빈틈없이 움직였다. 다비장으로 치러진 스님의 마지막은 겨울 하늘을 하얀 연기로 채우며 올라갔다. 내 머릿속도 하얀 연기로 채워지고 있었다.

'아무 것도 안하는 게 지금 가장 큰일 하는 것이다.'

현실, 말하는대로

정광수 35기 아나운서

동국대학교 생명자원경제학과 93학번.
대학 졸업 후, 육군학사장교 30기로 임관하여 15년간 국방의 의무를 하였으며 현재 미스터피자 마노핀(커피) 사업부에서 근무하고 있다. 직장인 음악밴드 보컬로 지역 행사의 무대에 서는 아마추어 음악인이자 행정사 자격을 가지고 무료 법률상담을 하는 열정전사다. 일상 속에서 커피 바리스타 자격과 함께 노후의 보람찬 삶을 위해 최근 사회복지사 자격 취득에 매진하고 있다.

노래봉사활동을 하는 웃음나눔행사에서
노래 부르는 필자

누나가 심어준 대학의 꿈

1990년, 나는 고등학교 2학년이었다. 서울 D여대 방송국 제작부였던 누나를 따라 대학 방송제를 보러갔다. 저 멀리 롱핀에 비춰진 누나의 '큐-사인' 모습 속에 나의 미래도 그려졌다.

'나도 대학에 가면 방송국에 들어가서 해보고 싶다.'

그저 한순간의 생각이었다. 그리고 1년 후, 동국대학교에 합격했다. 대학 입학식이 끝나고 부모님, 누나와 함께 학교 후문으로 내려갔다. 그 길에 학생회관이 보였다. 4층에 DUBS라는 큰 시트지가 붙여진 창문이 눈에 띄었다. 누나에게 물었다.

"누나, DUBS가 방송국인가?"

"응, 동국대학교에도 방송국이 있어. 누나랑 친한 친구도 여기 있는데."

부모님께 잠시만 기다리라 말씀드렸다. 그리고 4층 방송국의 문 앞에 섰다. 그냥 막 들어가도 되나 싶어서 노크를 했다. 답변이 없었다. 빼꼼히 문을 열고 들어가 보니 당시 3학년 선배들이 앉아 있었다. 프로야구 시범경기를 보는 지 TV에 시선을 두고 있었다. 언제 방송국 국원모집 하냐고 물어보니 어이없다는 표정, 그리고 '쟤 모니?'하는 표정으로 웃는다. 나중에 국원모집 현수막 걸고 방송도 하니까 그때 오라는 답을 얻었다. 시간이 흘렀다. 학생회관을 지나는 길에 대자보를 살폈다. 그러던 어느 날 국원모집 포스터가 눈에 띄었다. 나는 보자마자 학생회관 4층으로 향했다. 바로 들어가서 신입국원원서를 작성하고 접수했다. 그리고 당당히 면접과정을 거쳐 합격했다. 그 합격 속에는 뒷이야기가 있다.

사실 원래 제작부 지원하려 했었다. 그런데 접수과정에서 아나운서부 선배가 말을 건넸다. 그리고 나는 덩달아 인사드렸다. 그런데 그 선배 나 보고 아나운서에 지원하라고 한다. 이유는 목소리 좋다는 것이다. 그래서 생각도 안하고 바로 아나운서에 지원했다. 우선 지원하라고 했으니 지원하면 떨어뜨리지는 않을 것이라고 생각했다. 그리고 시간이 지나 내 귀가 그렇게 얇은지 스스로 의심하기도 했다. 합격 발표 날이 가까워졌다. 많은 선배님 앞에서 면접이 끝나고 신입국원 선발결과만 지켜보았다. 대자보의 한자리에 내 이름이 쓰여 있었다. 얼마나 좋던지! 바로 아나운서에 선발된 그 시간 이후, 학과에 미안하게도 '뽑혔던 과

대표'를 반납해야 했다. 그리고 마음과 몸을 한 곳으로 향해야 했다. 그곳이 바로 DUBS 동국대학교교육방송국이다. 그 인연이 지금까지 이어져 오늘의 나를 만들었다. 나중에 알게 된 사실이지만 그 당시 선배님들이 접수할 때부터 한 가지 분명한 것이 있었다는 이야기를 들었다. 바로 저 놈은 절대 방송국을 안 나갈 거라는 사실이다. 잘해서 뽑힌 것이 아니라는 진실을 뒤늦게 알았다.

방송은 그렇게 시작되었다. 발성으로부터 발음 연습. 선생님이 시켜도 하지 않았던 아니 하기 싫었던 책 읽기를 아나운서 트레이닝이라는 명목으로 매일 아침마다 방송원고를 읽어야 했다. 연습은 현실 속에서 드러난다. 집중하지 않으면 '실수'라는 두 글자가 선배의 입에서 먼저 나왔다. 사실 워낙 방송 사고를 많이 내서 아마 방송국 징계기준을 채우고도 남았다.

1학년, 여름방학 트레이닝을 거치고 2학기 방송을 시작했다. 제목은 기억이 나지는 않는다. 그 프로그램에서 '방송중, On-air'표시등을 자주 깜박이는 기술부 동기가 있었다. 우리는 아나운서다 보니 스튜디오에 표시등이 들어오면 방송이 나가는 상황이기에 조용히 할 수 밖에 없었다. 마이크가 꺼지고 음악이 나가는 동안에도 방송원고 연습도 해야 했다. 실수하기 싫어서다. 방송원고를 다 읽었는데 '방송중, On-air'들어오면 우리는 손으로, 입으로 표시등 좀 끄라고 신호를 보냈다. 하지만 그 친구는 웃으면서 '속았지롱'하는 표정으로 웃는다. 우리들의 장난은 끊이지 않았다. 그러는 사이 한두 번이 아닌 경험이 쌓이기 시작했다. 기술부는 장난이지만 스튜디오 안에서 우리는 혹 실수라도 할까봐 긴장을 지속해야 했다.

결국 "야~~XXX야, 안 끌래? 우 씨~ 끄라구, XX야" 욕을 아주 시원스럽게 맛깔나게 했다. 그런데 분위기가 장난이 아니다. PD얼굴이 하얘지고, 장난치던 동기도 순간 얼음이 된 것이다. 방송은 순간 멈췄다. 온 교정에 나의 욕이 나가버린 것이다. 설마 했었는데 이미 드러난 사실이 된 것이다. 비상이다. 아니 방송사고다. 선배는 방송 부스로 뛰어오고…….

도서관 앞에서 자주 모니터링 하던 OB선배, 방송국 내부에서 모니터링 하던 선배, 그리고 동기들이 방송국에 모이기 시작했다. 그날 우리 팀은 정말 많이 혼났다. 여긴 장난하는 곳이 아니라고 귀가 막히도록 들었다. 하지만 그 장난이 어디를 가지 않았다. 기술부 그 친구는 끝까지 그 장난을 놓지 않았다. 우리는 계속 속고 말이다.

나는 93학번 아나운서부 35기다. 33기 아나운서 부장인 고충남 형은 당시 대학방송 아나운서 연합회약칭 대아라는 곳에서 임원을 맡고 있었다. 웬만하면 신경질도 안내시던 충남이 형, 형은 대아모임에 우리 신입 1학년 아나운서 후배들을 데리고 갔다. 어찌하다보니 1학년 중에는 나만 충남이 형을 따라 자주 나가게 되었다. 물론 D여대에서 제작부를 하던 누나의 영향도 있었다. 당시 누나는 대학방송 제작부 연합(제련)에서 활동을 했었다. 나는 타 대학 방송인들과 교류하는 것이 흥미로웠다. 자주 다니다보니 다른 학교 3학년 선배님과 자주 교류하게 되었다. 하지만 아쉽게도 2학년 선배님들의 활동이 없었다. 오히려 나와 같은 1학년들이 계속 나오게 되었고, 1년이 지나고 이후 임원진을 뽑아야했다. 그 순간 사람도 없었다. 2학년 선배는 없었다.

어렵지 않게 답이 나왔다. 그냥 제가 해보겠다고 손을 들었다. 2학년 올라가던 해, 나는 그렇게 대아 회장을 맡게 되었다. 임기도 원래 학기제였는데 사람이 없다보니 동의도 없이 연임하게 되었다. 그냥 1년을 꼬박 하게 된 것이다. 결국 나는 서울 경인지역 모든 학교의 방송국 행사에 다 참여해야 했다. 정말 많은 노력을 했다. 작은 대아가 아니라 큰 대아를 꿈꿨으니 그 결과를 만들고자 노력했다. 그런 나의 노력은 결과를 만들었다. 몇 개 회원학교밖에 안되던 대아가 서울 경인지역에 있는 대부분 대학교, 전문대학이 회원이 된 것이다. 그러다 보니 대학 방송인의 모임이었던 제련제작연합, UB-RA기자연합, 기련기술연합의 많은 친구들과도 교류하는 경험을 가졌다. 물론 경험은 학업과는 반비례했다. 아니 시간을 쪼개어 노력했으나 두 가지 일, 두 가지 업은 나에게 두 마리 토기를 안겨주지 않았다. 아니 한 마리도 잡지 못했다. 서울경인지역 방송국 연합가칭을 만들자라는 생각을 가지고 추진위도 만들어보았지만, 이후 활동이 적어지면서 아쉽게도 큰 그림은 드러나지 않았다. 하지만 20대의 기억에 남는 친구가 있다. 대아를 위해 활동해주었고, 힘들 때 같이 힘써준 모든 친구들이 다 기억에 남는다. 물론 그 때 한 친구를 짝사랑했지만, 보기 좋게 차였다. 돌이키니 그 친구 앞에서 열심히 한 것인지도 모르겠다. 아니 맞을 것이다. 나는 순수했으니까.

그런 나에게 고민이 생기기 시작했다. 대학을 떠나야 할 시간이 다가오고 '진로'라는 고민이 벽처럼 다가왔다. 물론 나는 대학 졸업 후 군에 갈 것이었고, 평생 군인으로 살고 싶은 게 꿈이었다. 그런데 방송국에 들어와서 활동하다 보니 점차 꿈이 방송 쪽으로 향하고 있었다. 나 자신에게 갈등과 고민은 두려움으로 다가왔다. 하지만 그 두려움을 현실에서 극복해야 했다. 나는 KBS, MBC, PBC 등 여러 방송국 라디오 리포터 활동, 당시에 있었던 전화 700서비스 녹음, 각종 행사 진행 아르바이트까지 정말 방송에 관련된 여러 경험을 했다. 그 경험은 나름의 매력으로 다가왔다. 물론 다른 선, 후배님처럼 방송에 관련된 직장을 가지지는 못했지만, 군인으로서, 지금의 일반 직장인으로서 대학시절 배운 여러 가지 활동들이 다른 사회생활에 큰 도움이 되었다.

먼저 방송국은 조직문화를 직, 간접적으로 경험한 첫 공간이었다. 학업과 함께 동기와 더불어 만들고 조정하는 방송 제작은 작은 조직의 일이었던 것이다. 내가 하는 일이 아닌, 함께하는 일에는 책임감도 따른다. 그 책임감은 후배는 후배로서, 선배는 선배로서, OB는 OB로서, 자기 자리에서 저마다 직책에 맞는 권한과 책임이라는 말없는 경험을 쌓게 되었다. 이처럼 사회로 나아가기 전 어느 정도 경험을 가지고 세상에 다가서는 기회가 방송국조직 속에는 있었다. 나만을 위한 것이 아니라, 동기, 조직, 그리고 방송국 전체를 보고 움직이는 것과 같이 우리 사회도 다르지 않다. 방송은 최소한 나만을 위해 일하지 않아야 하는 매력이 있었다. 그 매력 속으로 다시 들어가고 싶을 때도 있다. 사회와는 달리 대학은 이기와 경쟁의 결과를 피할 수 있기 때문이다. 그러니 이를 낭만이라고 하는지도 모른다. 그리고 직장인이 된 지금, 방송국 친구들을 만나면 그 시절로 돌아가는 생각을 자연스럽게 하게 된다.

아마 대학교 3학년 때로 기억한다. KBS 제2FM 〈유영석의 인기가요〉에서 대학생 리포터 생활을 했다. 마침 KBS에서 캠퍼스 드라마를 기획 중이었다. 대학 방송국을 배경으로 대학생의 애환과 갈등, 사랑 등을 주제로 하는 드라마로 기억하는데, 우리 방송국에서 촬영하면 안 되겠냐는 제안이 있었다. 그리고 우리 방송국 전 인원을 출연시켜주겠다는 조건에 그냥 좋았다. 하지만 그 드라마 촬영 일정은 당시 우리 방송국 일정과 맞지 않았다. 방송국내 반대 또한 심했다. 이루어지지 않아 개인적으로는 아쉬움이 가득하다. 결국 그 제안은 숭실대학교 영화동아리로 넘어가버렸다. 돌이켜 공중파 방송에 우리 방송국이 나왔으면 참 좋은 추억이었을 텐데 라는 아쉬움만 남는다. 그리고 '혹시 우리 중에 탤런트로 성공하는 친구가 나오지 않았을까?' 하는 기대 또한 아쉬움으로 남았다. 우리도 모르는 기회 아니면 위기였는지도 모를 시간은 그렇게 지나갔다.

방송에 대한 아쉬움과 함께 개인적으로 미팅을 해보지 못한 아쉬움이 있다. 대학교 3학년 때까지 여자 친구를 사귀지 못했다. 한 여학생을 지금으로 말하면 썸을 타고 있었는데 아쉽게도 잘 이어지진 못했다. 그리고 여행도 즐기지 못한 순간은 더욱 아쉽다. 하지만 여름방학과 겨울방학, 그 시절 대학방송국에서 살았다는 기억은 행복하다. 그 행복은 나에게 후회를 가져다주지 않았다.

시간이 지났다. 대학을 졸업하고 군 생활을 이었다. 그저 명령에 따르면 큰 결정은 하지 않아도 되는 시간이었다. 하지만 제대는 나에게 중요했다. 16년간의 장교생활을 마치고 사회로 진출한다는 그 자체가 솔직히 쉽지는 않은 결정이었다. 가족이 있어 나 자신만 생각하면 안 되는 시기였다. 사랑하는 아내와 두 아들이 나만을 바라보고 있다. 그 시선을 두 눈에 담아 가족과 함께 웃음을 지었으나 혼자 있으면 막막했다. 항상 자신이 맡은 분야에서 충실하면 언젠간 나에게도 기회가 올 것이라는 생각 속에 열심히 살았다. 그냥 충심忠心으로 다가서야 했다. 그 생각만으로 지금 근무하고 있는 회사에 취업할 수 있었다. 여유롭지는 않지만 항상 하루를 감사하며 행복을 키우고 만들면서 말이다. 직장 생활 속에 뒤늦은 아쉬움과 부족함을 깨닫기도 한다.

누군가 방송국에 들어왔다면 그는 방송에 관심이 있다는 말이다. 방송국 소속이라고 해서 학과공부나 다른 공부에 소홀

해서는 안 된다. 하지만 방송국에서 단순한 동아리 활동처럼 시간을 보내기보다 스펙은 아니겠지만, 방송과 관련된 다양한 활동에 좀 더 관심을 가졌으면 한다. 경험이 소중하다는 사실을 사회는 알려주기 때문이다. 그리고 그 관심으로 나를 키우는 시작이 만들어지는 것이 아닐까? 마치 유재석 이적의 '말하는 대로'와 같이 말이다.

> 마음먹은 대로 말하는 대로 될 수 있단 걸 알지 못했지.
> 이젠 올 수도 없고 갈 수도 없는 힘들었던 나의 시절
> 나의 20대, 멈추지 말고 쓰러지지 말고
> 앞만 보고 달려 너의 길을 가.
> 주변에서 하는 수많은 이야기,
> 그러나 정말 들어야 하는 건 내 마음속 작은 이야기,
> 지금 바로 내 마음속에서 말하는 대로

누구나 지금이라는 순간은 쉽지 않다. 힘들기도 하다. 하지만 긴 시간이라는 무한 잠재력이 젊음 속에 있다. 마음 먹은 대로 말하는 대로 될 수 있단 걸…….

그렇게 마음을 드러내자.
그렇게 다가서자.
그렇게 우리 모두 힘을 내자.
그리고 사랑하자.

3층 그때 그 시절

인연, 열정 그리고 위기와 낭만

여덕중 10기 아나운서

동국대학교 경영학과 68학번.
대학 졸업 후 농기계 업체인 대동공업에서 기획업무로 사회생활을 시작하여 알루미늄 회사에서 기획영업을 하였다. 그리고 경영지도자격을 취득한 이후로는 기업의 전문경영인으로 기업 컨설턴트로 활동하였다. 지금은 단체와 기업 등에서 경영 관련 강의와 경영지도, R&D 자금 컨설팅을 하며 은퇴 후 새로운 변신을 기획 중이다.

반세기 전이다. 1968년 우리나라 최초의 고속도로가 생겼다. 바로 경인고속도가 개통된 것이다. 경인고속도로와 함께 경부고속도로가 착공되었다. 그리고 전국은 '1일 생활권'이라는 현수막이 난무했다.

격동의 그해, 나는 대학교 1학년이었다. 누구나 다 그렇지만, 세상모르고 공부만 했던 고등학생이 자유라는 설렘으로 다가섰던 학교, 바로 동국대학교다. 남산자락에 위치한, 그래서 수업을 듣고자 오르던 길 만이 추억인지도 모른다. 그런 추억 가운데 20대의 열정이 있었다. 나를 내세우지 않고 세상의 모든 순수함을 더해 우리가 해야 할 일을 찾았던 기억이 있다. 그리고 그 기억이 담긴 공간 속에 누적된 시간이 있다. 그 기억 속에 동기와 선배 그리고 후배가 50여년의 세월을 놓지 않고 이어왔다. 왜일까?

에피소드 하나, 인연因緣 '먼저 벗어나야 한다'

열정 뒤에는 흔히 '쏟는다'라는 동사가 따른다. 우리도 아낌없이 아니 겁 없던 그 시절 속에 '오늘'이라는 시간에 쏟았던 경험 속에는 열정이 있다.

그 열정의 시작은 DUBS 동국대학교교육방송국에서 시작한다. 대학에 입학하고 학과를 살폈다. 경영학과에 온 친구들의 생각은 큰 차이가 없었다. 꿈과 희망을 만들어가는 젊은 시기였으니, 아마도 대학을 졸업하고 경영인이 되거나 보다 나은 직장을 구해 자신의 미래를 설계하는 정도였다. 입학동기들의 생각은 비슷비슷했다. 그리고 그 생각은 동일한 전공수업을 통해 하나된 방향으로 모아지기도 했다. 조금 남달랐다면 졸업한 선배들의 드러난 진로를 살피고 이를 따르려는 의욕이 있기도 했지만 '거기까지'라는 한계도 보였다. 보이는 만큼 생각이 담기듯이 돌이켜 보니 1학년, 나의 생각도 단순 그리고 무지했던 것으로 기억된다,

전공학과, 이곳은 비슷한 생각을 가진 친구들이 모이는 곳이다. 더구나 경영학과는 특정 목적을 달성하기 위해 구성된 조직을 관리하고 운영하는 것을 배우는 학과다. 달리 기업경영 및 운영에 관한 지식을 배우는 곳, 이것이 경영학과의 모든 것이라면 철학이나 역사학 등은 세상과 인간 그리고 그 이치에 대한 고찰 속에서 과거를 살피고 현재를 생각하게 한다. 나아가 미래를 내다보려하는 폭넓은 학문이라면 다양성이 결여되어서는 안 된

다. 하지만 학과는 그저 비슷한 하나 된 생각이 모인다. 또 그런 사람들이 모여 한 지향점을 향해가는 전공은 진정 그 폭과 깊이 속에서 교류의 한계를 가지고 있었다. 물론 사례연구Case study 등을 통해 미래에 발생할 수 있는 경영환경의 변화를 가정하고 브레인스토밍Brainstorming 등을 통해 최적의 해결 방안 등도 찾아보곤 하였다. 하지만 열정에 비해 충족되지 못함이 있었다, 다시 넓은 폭과 깊이가 필요했다. 나는 그저 답답했다.

지금껏 보지 못하고, 접하지 못한 것에 대해 나는 다가서야 했다. 하지만 의욕은 비워있는 현실을 채우지 못했다. 시간이 흘렀다. 서로 다른 전공을 지향하는 타 과 학생들이 모여서 각자의 전공과 그에 따른 생각을 이야기할 수 있어야 한다고 생각했다. 조그마한 기질, 재주, 재기才氣 등을 가진 사람들이 그저 저마다의 재기를 공부가 아닌 새로운 장場에서 발휘하고 싶었다. 결국 나는 배움의 즐거움을 낯선 교류 속에 찾고자 했다.

'제2의 전공처럼, 서로가 공유할 수 있는 곳은 어딜까?'

찾아다닐 수도 없고 묻고 다닐 수도 없었다. 지금처럼 SNS가 활성화 되지 못한 제한된 정보 속에서 커지기만 하는 상상은 자신을 가두는 한계가 되고는 했다. 결국 다각적으로 알려줄 수 있는 안내자 혹은 공간을 찾는 것 또한 한 가지 요령이었다. 답은 간단했다. '대학동아리가 그 답이 되지 않을까?' 라는 질문은 이내 답이 되었다. 선배, 후배가 서로 다른 학문을 배우지만, 서로 다른 시선으로 바라보고, 비교하며 공통의 방향과 목표를 지향하되 서로의 다름을 배울 수 있다면 좋겠다는 생각으로 나는 이곳저곳을 살폈다.

그 즈음에 동아리와는 성격이 비슷하지만 엄연한 대학기구로 존재감을 뽐내고 있는 특별한 곳이 눈에 들어왔다. 바로 DUBS였다. 그곳에는 부서가 있었다. 아나운서, 기술, 제작, 편성 등 서로 다른 방향에서 출발하여 한곳을 지향하는 방송을 만들 수 있다는 생각은 어린 나에게 재미와 신기神技를 가져다주었다. 그토록 원했던 서로 다른 학과의 선배와 동기들도 그곳에서 만날 수 있었다. 만남은 다양한 세상과 다양한 사람들과 다양한 재능을 보유한 공간 속에 내 존재도 있음을 확인하는 기쁨을 가져다주었다. 어쩌면 전공학과 친구들 보다 더 친하고 더 넓게, 방송은 또 다른 즐거움이자 배움의 장이었다. 우주의 모든 것이 존재하는 듯한 'University', 종합대학에서만 충족시켜줄 수 있는 최고의 경험을 가져다 준 기억이 나에게는 그 당시 그 어떤 것 보다 중요했다.

에피소드 둘, 열정熱情 '하고 싶었다.'

방송국은 학기 중에는 교내방송을 했다. 물론 나도 참여했다. 동국대학교 아나운서 10기 여덕중, 바로 나다. 제작편성 PD의 원고를 마이크의 전파로 전하고 음악을 들으며 저마다 다른 학과의 이야기를 듣고 '같음과 다름'을 찾아 배우는 일은 흥미로웠다. 최소한 경영학의 고전, 신이론 혹은 신학문이나 경영을 위한 지금까지의 이론 등 누군가의 흔적만을 따르는 학과의 배움과는 달랐다. 방학이면 저마다 자신의 생각을 드러내고자 녹음기를 들고 학교 밖으로 나섰다. 나는 그저 그들을 바라보며, 그 바라봄 속에 누군가의 부족함을 도왔다. 내가 가진 미성숙의 재기才器로 친구들과 함께 방송의 한 부분을 담당하면 되겠지 하는 생각이 나를 긍정으로 이끌었다.

당시 DUBS방송국에는 방송인을 꿈꾸는 선배와 동기들이 있었다. 그냥 취미활동으로 여기는 선배와 동기도 있었지만 격년으로 치러지는, '전국대학생방송콘테스트'에 작품을 출품하는 것은 DUBS의 큰 행사였다. 여기에 출품하는 것만으로도 DUBS국원들의 이력이 되어 경력과 실력으로 이어졌다. 그래서 방송작품을 위해 우리는 전력을 다하고 있었다.

어느 해인가. 지금은 없어진 TBC동양방송의 전국대학생콘테스트에 우리학교도 출품을 하고자 작품을 만들었다.

그 당시 인원 구성은, 방송국 간사로 학교직원이었던 심○○ 선생님…… 그 분 함자를 잊었다. 시간이 지난 탓이다. 그리고 8기 기술에 김항진 팽계성, 아나운서에는 신경규 오성근, 제작에 김홍렬 선배가 있었다. 9기 제작부에는 김기덕, 기술부에는 우태우, 아나운서부에는 조민현 지금순 김현숙 선배가, 그리고 나의 동기 10기에는 편성부에 황영균, 기술부에 함석홍, 제작부에 박찬 김옥동, 아나운서에는 오인순과 나 여덕중이 있었다.

우리는 계룡산의 신흥종교와 망우리에서 당시 비석 등을

가공하는 석공들의 이야기를 녹음하고, 그를 바탕으로 방송콘테스트 출품작을 만들었다. 녹음하고 편집을 하는 과정을 반복하여, 결국 출품작품을 완성했다. 그때는 학교지원이 없는 그야말로 개인부담이거나 우리가 함께 갹출한 돈으로 출품작품의 제작과 관련한 운영비를 쓰는 상황이었다. 그리고 그냥 출품하는 것이 아니라 경연대회 출품료를 작품과 함께 지불해야 한다. 방송작품을 제작하는 데 쓴 비용도 적지 않은데 출품료까지 마련하는 일은 큰일이었다. 결국 우리는 학교 이름을 걸고 작품을 출품하는 것이니 학교에서 출품비를 지원해 줄 것이라 생각하고 결론도 또한 쉽게 내렸다.

선배들은 학교 학생처를 찾아가 전국대학방송콘테스트의 출품은 학교의 명예를 위한 일이자 학생활동의 하나이니 학교에서 지원을 해야 한다는 의견과 함께 만약 방송출품작이 수상이라도 한다면 더없는 학교의 홍보가 될 것이니 출품료를 지원해 줄 것을 요구했다. 이에 대한 학생처의 답은 간단명료했다.

“학교는 계획된 예산만을 집행한다. 학교예산을 기업의 출품료로 지원할 명목도 없고, 예산도 없다.”

지극히 현실적인 답변이 우리의 꿈을 가로 막았다. 대학이 학생을 위해 존재한다면 우리의, 학생들의 필요와 요구를 수용할 만도 한데 현실은 그렇지 못했던 것이다.

시간은 흘러갔다. 방송국원들의 시간과 노력을 모아 제작한 출품작은 정해진 시간 내에 출품하지 못하면 모든 것이 헛일이 된다. 우리 모두는 하릴없이 흐르는 시간 속에서 속수무책이었다. 안타까운 마음으로 출품 걱정만 했다. 고통의 시간은 점점 더해갔다. 돈이 필요했다. 출품료를 마련해야 했다.

그 순간 누가 먼저랄 것도 없이 '시계, 반지, 학생증 등으로 해결하자. 잠시만 빌리자'는 생각으로 의견이 모아졌다.

"일단 전당포에 맡기자. 정확히 출품료만 빌리고, 우리 작품이 입상을 하면 그 상금으로 갚으면 되지."

그 당시에는 전당포가 서민의 긴급금융 해결처였다. 급히 맡기면 현금이 유통되는, 서민의 생활 속에 자리한 간이 신용금고 구실을 했던 곳이 바로 전당포였다. 여하튼 목적이 명료해지니 고민은 줄었다. 우리는 각자 전당포에 맡길 것을 찾고 있었다. 아깝다는 생각이나 전당포에 '잡혀야 할 물건'에 대한 별다른 아쉬움도 없었던 것 같다. 그만큼 방송제 출품이 최우선이었던 거다. 다시 모두의 생각에 변함이 없고, 굳건한 의지만이 있음을 확인한 우리는 '방송작품 출품'이라는 대의大義를 품고 전당포로 갔다. 하지만 또 다른 현실의 벽이 기다리고 있을 줄이야!

"학생, 공부나 하지. 이것으로는 학생들의 원하는 출품료를 다 빌려 줄 수가 없어. 부족해……."

대학생의 신분으로 학교와 이야기했거늘 부정의 답이 돌아왔다. 다시 학생의 신분으로 사회와 이야기 했더니 세상물정 모른다는 질타를 한 몸에 받아야 했다. 더 맡겨야 한다는 셈법은 간단했다. 전당포 주인아저씨의 일갈에 우리는 비로소 세상물정에 눈을 뜨게 된 것이다.

'근데……, 무엇을 맡겨야 하지?'

당연히 그 자리에 함께 있었던 방송국 친구들의 생각도 모두 같았다. 우리는 다시 방송국으로 향했다. 전철역에서 내려 학교로 올라가기까지, 다시 방송국이 있는 4층 계단을 오르는 동안 우리들의 머릿속은 오직 돈! 돈 생각만 가득했다. 여느 때 같았으면 힘들다, 숨차다, 죽겠다는 곡소리도 나왔을 법한데 그때는 숨소리조차 멎은 듯했다. 그렇게 방송국에 모인 우리는 돈이 될 만한 것에 시선을 모았다. 말이 필요 없었다. '모두의 동의'라는 합리화 과정 속에서 학교 친구로서의 '우정'과 방송쟁이로서의 '열정'을 찾을 수 있다는 위안만이 그 순간의 우리를 위로했다.

"자, 이거야. 이거 잠시 맡기고 출품해서 상 받자. 상만 받으면 다 해결되는 거야."

우리는 방송국 기기인 아카이AKAI 릴 녹음기와 마이크 등을 들고 전당포로 향했다. '이 정도면 되겠지'라는 자신감으로 다시 전당포를 찾았다. 그때 우리의 생각은 젊고도 짧았다. 우리가 하는 일 모두가 잠깐이고, 잠깐은 정당하다고 생각했으니 말이다. 하지만 이건 법적으로 많은 문제를 안고 있었다. 생각하지 않아도 아는 일이기에 아무도 말하지 않았다. 그리고 그 문제는 곧 드러났다.

에피소드 셋, 위기危機 '놓치기 싫은 기회만 보다'

우여곡절 끝에 '전국대학생방송콘테스트'에 출품을 하고 우리는 그 결과를 기다렸다. 최소한 입상을 해야 해결되는 기다림은 마치 법정의 판결을 기다리는 죄수의 마음과 다르지 않았다. 무엇보다도 고가의 기기를 전당포에 맡긴 사실은 아무도 몰라야 했다. 감추어야만 했다, 반드시.

이런 불안하고 안 좋은 상황에선 언제나 그렇듯 인생은 그리 간단하지 않는 법이다. 감추려했던 사실은 곧 드러났다. 학교 학생처에서 녹음기 등 방송기기가 없어진 사실을 알고 우리에게 추궁했다. 물론 우리는 사실대로 이야기하고 용서를 구했다. 출품작이 입상만하면 다 해결된다는 다소 단순한 생각만으로 큰 문제가 아니라고 이야기했다. 사고 쳐놓고 스스로 변론까지 한 셈이다. 하지만 학교는 개인의 인정人情만으로 사실의 전후를 살피지 않았다. 방송국 기물을 오용誤用했다는 사실만으로도 학교는 심각했다. 우리의 징계는 물론이거니와 방송국 또한 잠정폐쇄할 수도 있다는 통보가 전해졌다.

한순간, 방송국출입도 금지되었다. 학교방송국 간사인 심○○ 선생님과 선배들이 학생처에 학생들의 열정과 전후 관계를 살펴주십사며 선처를 호소했다. 학생들의 뜻과 열정을 감안해 달라는 이야기와 함께 한편으론, 개인이 아닌 학교 방송국 이름으로 한 출품이니 학교에서도 지원이 필요했던 부분이라는 논리를 펼치며 학교도 그 책임에서 벗어날 수 없다는 항변을 이어갔다. 하지만 잘한 일은 아니라는 겸손을 두 손에 담아 학생처장님을 찾아야 했다. 학교 담당교직원에게 이해와 도움을 수차례에 걸쳐 요청했으나 거부당했다. 하지만 우리는 우리의 절실했던 처지와 입장을 절절하게 이야기했다.

'우리의 뜻을 펼치고자 시계도 반지도 학생증도 만년필도 모았지만 턱없이 부족했습니다. 그래서 부득이하게 녹음기와 마이크 등을 잠시 맡겼습니다. 그 열정을 죄라고 하신다면 죗값을 달게 받겠습니다…….'

그 과정이 옳지 않았음은 불문가지不問可知였으니 우리의 말과 행동은 거기까지였다. 생각하면 할수록 그때는 젊고 어렸다. 그리고 무모했다. 학교 담당자는 이와 관련한 조사를 위해 우리를 앞세워 전당포로 향했다. 자초지종을 묻는 자리에서 전당포 주인은 있는 그대로를 말했다.

"이 학생들이 학생증이며 반지며 시계, 만년필 등을 가지고

와서는 딱 출품료만 빌려달라고 했으나 가져 온 물건이 담보로는 부족했어요. 그랬더니 이 녹음장비를 갖고 다시 와서는 정확히 출품료만을 빌려달라고요. 더는 필요 없다고 하면서…… 출품작이 상을 받으면 그 상금으로 바로 빌린 돈을 갚겠다고 했어요. 돈 빌려 술 먹고 놀음하는 어른보다 너무나 순수하고 진실해 학생들의 요구를 들어줄 수밖에 없었어요. 이 학생들이 잘못이라면 나 또한 잘못이니……. 학생들이 얼마나 하고 싶었던 일이면 이렇게까지 했을까 싶어요. 방송장비를 잡힌 건 잘했다고 할 수 없지만, 저도 도와주고 싶은 마음에……."

우리는 출품작의 입상보다 방송기기 반출에 대한 책임에서 벗어날 수 없었다. TBC동양방송의 결과보다 학교 징계 범위에 더 촉각을 세워야 했다. 하루 이틀이 지나고 TBC동양방송 전국대학생방송콘테스트의 결과가 나왔다.

동국대학교교육방송국(DUBS) 출품작 금상!

우리는 그 길로 학생처장실에 트로피를 들고 인사드렸다. 학생처장님은 "수고했다. 그러나 없던 일로 할 수는 없다."는 말과 함께 정상참작은 해보겠다는 여지를 남겨주었다. '그래도 학교구나'라는 감사한 생각이 들었다.

우리에게는 금상이라는 결과보다, 그 상금보다 중요한 것이 있었다. '우리 열정의 결과이고, 우리는 학교의 이름을 걸고 경쟁 했으며, 거기서 이긴 결과입니다!'라고 외쳐야 했다. 물론 내가 외치고 내가 듣는 위안만으로 젊은 날의 울분을 풀어야 했다.

우리는 전당포로 향했다. 학생증 반지, 시계 그리고 만년필 등 맡겨두었던 물건들이 제 주인을 찾았다. 방송장비도 제자리로 돌아갔다. 물건과 장비들이 잠깐 자리를 비우는 동안 그곳에는 우리들의 열정이 자리잡고 있었다. 그 자리의 주인들이 돌아온 것이다. 바라보기만 해도 뜨거워졌다. 이제 우리가 각자 있어야 할 곳을 찾아야 한다. 그보다 먼저…… 징계 문제부터 해결돼야 하는데…… 학교의 징계가 없기를 기다렸다. '정상참작'이라는 단어가 지닌 의미 그대로 '정상이 참작'되길, 그리고 '금상이 창작되길' 간절히 기도했다.

에피소드 넷, 도道 '길을 만들다'

시간이 지났다, 학교에서 방송국의 전후 사정을 살펴 출품작 출품료를 마련하기 위한 학교기물의 오용誤用은 있어서는 안 될 일로, 하지만 학생들의 열정을 고려하여 징계는 없는 것으로 했다 결국 정상참작이 이뤄진 거다!. 단, 그 전후 과정에 대한 경위는 남기는 것으로 영원히 기억될 우리들의 20대 에피소드 하나가 일단락 됐다. 우리에겐 외줄 하나만 바라보았던, 그래서 똥줄까지 타게 만들었던 이 에피소드는 사건의 전후사정을 담은 경위서뿐만 아니라 긍정적 피드백도 남겼다. 학교에서 학내 신문사와 방송국에 대한 운영평가와 함께 부족한 부분에 대한 지원의 계기가 되었던 것이다. 학생들의 활동을 지원하는 방향으로 예산을 책정하여 등록금에 방송기금을 책정하고, 그 예산이 바르게 집행되는 계기가 만들어졌다. 학교기관의 정상적 활동을 위한 지원의 길을 학교가 모색하기 시작한 것이다. 그로부터 장비 개선을 비롯해 장학금지급의 제도화, 각종 대회 출연기금에 대한 예산 책정으로 정상적인 학생활동의 보장과 대외활동의 적극적 홍보라는 새로운 길이 20대 열정의 혼돈 속에서 싹트고 있었다.

우리는 우리의 열정 에피소드 속에서 지난 시간의 과정을 살펴 부족함을 배울 수 있었다. 나아가 이를 바로 세우는 지혜도 체득했다. 젊다는 열정 하나만 믿고 목표와 과정, 방법을 혼돈한 행위가 얼마나 무서운 결과를 만들 수 있는지 성찰할 수 있었다. 성찰은 마음의 기준, 행동의 기준, 처리 방법의 기준을 명확히 하는 계기가 되었다. 일순간의 혼돈은 모든 행동에 있어 사안의 경중輕重과 그 과정 그리고 결과와 목표, 나아가 방법에 이르기까지 모든 것을 물거품으로 만들어버릴 수 있다는 인간사의 섭리를 깨치게 하는 큰 경험이 되었다.

목적은 누구나 자기 욕심 속에 드러나 쉽게 보인다.

하지만 그 목표를 향한 과정은 간과하여, 오류를 만들기도 한다.

이 두 문장 속에 함께 했던 방송국 동기와 선배의 20대 삶이 녹아있는 듯하다. 20대 대학생으로 하고 싶었던, 해야만 했던 목표. 이것은 싸워 이겨서 쟁취는 것이 아니라 '어떻게 다가설 것인가'라는 본질의 과정이었다는 사실을 우리는 함께 했던 20대의 경험으로 배웠다.

안분지족安分知足, 낭만으로 부족不足함을 즐기다

대학방송이라는 인연으로 방송작품을 만들었던 열정과 함께 우리시대의 낭만은 한 잔의 맥주였다. 명동을 찾아 당시 'OB캐빈'의 맥주를 즐기는 멋은 대학생의 향취로 남았던 기억이다. 대부분 없이 살던 시절이었기에 먹을 것을 찾아 으쓱하던, 그런 기분을 채울 수 있었던 것은 단연 맥주였다. 맥주하면 '마시기 시합'이다. 시합으로 그날의 술값을 나누던 기억이 있다. 누군가 용돈이 생겨 멋있게 한 턱을 내던 기억보다 함께 맥주 마시기 시합을 했던 기억이 진하다. 남자는 1000cc 맥주 한 잔을 몇 초에 마시는지 내기를 했다. 여자는 500cc 맥주 한 잔을 몇 초 에 마시는지, 그리고 그 결과를 두 배로 곱해 남녀가 평등하게 누가 빨리 마시는지 시합을 했다. 술을 즐기기보다 술값 내는 게임으로 마냥 즐거워했던 기억이다. 물론 1등은 술값을 내지 않아도 됐다. 2등에서부터 꼴등에 이르는 순서는 피라미드와 같이 지불해야야 할 술값이 커졌다. 그러니 얼마나 빨리들 먹으려 했을까. 사실 차갑게 쿨링된 생맥주는 한 번에 쭉~ 들이키기란 여간 어려운 일이 아니었다.

1970년의 추억이다. 1등은 항상 '황영균'이었다. 그는 긴 호흡을 참고 깔때기처럼 입을 벌려 한 번에 술을 담았다. 그저 땅콩 한 접시, 오징어 튀김에 맥주와 막걸리를 즐겼던 그 시절의 이야기다. 그랬던 친구가 타계해서 마음이 아프다. 함께 웃음을 안주삼아 술을 즐기던 친구였는데……. 아쉬움이 지워지지 않는다.

in English, '영어로'가 아닌 '영어 속으로'

1학년이었다. 그저 선배를 따라 세상을 보았던 기억이다. 기억을 헤집어보면 영어 때문에 생긴 일화도 나온다. 학원을 찾아 배울 생각도 했지만 그냥 영문과 친구를 통해 배우면 어떨까 하고 생각했다. 우리 방송국에도 영문과 선배들이 있었다. 8기 아나운서부 신경규 선배, 9기 조민현 선배, 이렇게 두 분이나 있었다. 두 분 모두 아나운서부 선배였기에 쉽게 따랐고 따르는 만큼 관계도 돈독해졌다.

어느 날 두 형이 나를 불렀다.

"덕중아, 우리 방학 동안 함께 영어 배우고 돈도 벌어볼래?"

"좋지요. 형들 따라 영어 배우면 저야 좋지요."

"그럼 영어, 아니 English Training, 우리 파주 미군부대촌으로 갈 거야. 같이 갈래?"

"YES죠!. 얼마나요?"

그렇게 시작됐다. 알고 보니 파주 용주골에서의 DJ 아르바이트였다. 바로 '문다방'의 DJ! 신청곡을 찾아 틀고 사연을 전하는 일은 두 선배와 내가 해야 했다. 물론 팝송을 신청하면 LP판을 찾아 턴테이블에 올려 내보냈다. 그 대가로 군표(軍票 : 외국에서 전쟁을 하는 경우 또는 군대가 점령지에 주둔한 경우 군대에 필요한 물품을 구입할 때 사용하기 위하여 정부 또는 교전단체가 발행하는 특수한 화폐. 군용수표라고도 한다.)를 받았다. 군표는 군인들이 군용품을 살 수 있는 교환권 같은 것이다. 이를 우리 돈으로 환전하는 곳은 따로 없었다. 이대를 졸업한 능력자 다방주인이 환전해 주었다. 그곳의 영업시간은 밤 9시까지였다. 파주 미군부대촌은 밤 9시면 통행금지가 실행되는 지역이었다. 시간을 맞추어 군, 경, 미군MP가 합동검문을 하기에 문다방은 문을 닫아야 했다. 미군들이 부대로 복귀하고, 내국인도 통행금지 지역이라 더 이상 손님이 없었기 때문이다.

한 동안 집을 떠나 선배들과 영어를 배우러 왔다가 '미국문화'가 아닌 '미군문화'를 배웠다. 양담배를 피면 경찰에게 잡힌다는 사실도 그곳에서 알았다. 전매법 위반이었다. 이를 찾아 잡는 경찰들의 능력은 귀신같다. 담배연기만 보면 양담배인지 안다는 말도 있었으니 말이다. 물론 나는 그곳에서 양담배, 외국의 담배를 보았다. 팝송을 실컷 들을 수 있다는 것도 즐거움이었다. 누구보다 앞서 미국 본토의 팝송을 감상할 수 있었기 때문이다. 미국 본토에서 지역배치를 받고 이 땅을 밟은 미군들이 녹음테이프이나 LP판을 들고 온 것으로, 그 당시 미국에서 유행한 팝송을 국내에서는 처음 접하는 행운을 우리는 두 귀로 즐겼다. 그 당시, 내가 좋아했던 팝송은 톰 존스Tom Jones의 '딜라일라Delilah'이다. 톰 존스의 '딜라일라'는 내가 파주에서 접한 후로 정확히 3개월 지나니, 조영남의 목소리로 라디오 방송에서 흘러나왔다. 신기했다. 이처럼 앞선 문화를 받아들이고 즐기던 그 시절의 하나하나는 추억이 되어 내 기억 속에 차곡차곡 쌓였다.

그 추억 속에 자리잡고 있는 20대의 청춘을 생각한다. 그리고 지금 다시, 대학과 동아리에 대해 내 나름의 정의를 내려본다.

정의 하나. 대학은 실력에 비례해서 선택하면 된다. 단, 그곳에는 서로 다른 생각이 아닌 '전공학과'라는 공통된 생각이 존재한다. 다양한 경험과 교류정보, 가치, 취미 등는 힘들다.

정의 둘. 동아리는 신중함과 비례해서 선택하면 된다. 그곳은 서로 다른 인식과 함께 목표, 그리고 취미와 가치가 제각각인 서로 다른 친구와 선배, 후배들이 모이는 곳이다. 서로 다른 만큼 다양한 지식과 경험으로 나 자신을 키울 수 있는 장을 만들 수 있다는 생각으로 다가서면 '다름'을 교감으로 나누고 키울 수 있는 작은 사회를 경험할 수 있다.

결론. 학과는 실력으로 선택하고, 동아리는 고민으로 선택한다. 쉽게 선택하지 말라는 이야기다.

나는 DUBS에서 보다 다양하고 넓은 세상을 접했다. 그리고 많은 선후배와 동기들 사이에서 공감의 즐거움을 만끽하는 시간 또한 50년간 이어왔다. 행복하다. 실력도 좋지만 무엇보다 진지한 고민으로 나의 세상을 열수 있었다. 그리고 그게 삶이라는 사실을 긴 시간 증명하듯 살았다.

〈지호락知好樂〉 구절에 '아는 자는 좋아하는 자에게, 좋아하는 자는, 즐기는 자에 미치지 못 한다' 하지 않았던가! DUBS는 '지知'이며, '호락好樂'이었다. 고맙다.

추론. 나는 방송국에서 음악을 좋아하게 되어 지금도 Luciano Pavarotti , Joan Baez. Nana Mauskouri를 즐긴다. 격동의 시기에 학교를 다녀 1일 생활권을 주창하던 고속도로의 개막의 시대와 위수령이 뭔지도 안다. 그저 억압이라는 환경 속에 스스로 타협해야 했다. 개인적으로는 8·3조치와 토지 수용령 등으로 집안은 재산상의 불이익을 감수해야 했다. 시대가 그러니 그에 따르는 이해도, 받아들이기도 어려웠다. 그저 순응이 답이었다. 그 결과 애국자가 되기 어려운 삶을 일찍이 알아야 했다. 한때 경영대학 생활을 하며 행정고시 공부를 했었다. 성취하고자 법과대학 강의실을 기웃거렸으니 말이다. 방황과 혼돈에 적응하고자 노력한 나의 과거기록이다. 방황과 혼돈은 가계家計의 불안정성으로 이어지기도 했다. 고시에 도전하던 학업이 지속되기 어려웠다. 어려움은 이내 고민이 되고, 그 고민은 아픈 기억과 함께 삶속에서 짊어져야 할 짐이었다. 하지만 그 시절 그 추억은 하나도 버리고 싶지 않아 지금도 간직하고 있다. 혹여 잃어버릴까, 잊어버릴까 소중히 지키고 있다. 그렇게 지키고 간직했더니 생각날 때마다 꺼내보는 추억은 새로운 행복으로 쌓인다. 여덕중, 나의 인생이다.

나의 역사 속 조율, DUBS

박중봉 12기 기술

동국대학교 전자과 70학번.
대학 졸업 후, 40여 년간의 직장생활은 해외 15개국 건설 현장에서, 두 발은 뜨거운 모래를 밟고 두 눈은 밤하늘의 빛나는 별을 소주 한 잔으로 즐겼던 인생락도人生樂道. 하지만 인생의 원천은 동국대학교방송국이라는 생각으로 지금도 호주머니를 털어 후배들에게 술 한 잔을 건네는 삶의 낙樂을 즐기고 있다.

졸업식에서.
사진 뒷줄 중앙이 필자이다.

아주 오래전 우리집은 궁정동에 있었다. 동네이름인 '궁정동'보다 그때 그 사건을 연상시키는 '궁정동 안가'로 더 유명한 동네다. 이곳은 대통령이 사는 곳과 가깝다. 하지만 대통령은 한 번도 보지 못했다. 다만 현대역사의 한순간을 어린 시선으로 보았다. 그 기억은 지워지지 않는다.

초등학교, 아니 국민학교 3학년의 기억이다. 1960년 언제부터인가 어머니는 나의 하굣길을 함께 했다. 나를 걱정하셨던 것이다. 아니 세상을 먼저 걱정하고 항상 그 길을 걸어야 했던 나를 진정 걱정하셨던 것이다. 어느 날 학교를 마치고 집으로 오는 길은 소방차가 길을 청소했다. 도로 위 붉은 흔적을 지우고 있었다. 피다. 무슨 일이 있었는지는 시간이 꽤 지나서야 알았다. 4·19 혁명의 흔적이었던 모양이다. 지금은 그곳에 없다. 그래서인지 자주 갈 일도 없다.

그리고 시간이 흘렀다.

나의 대학은 필동에 있다. 동국대학교다. 지금도 그곳에 있다. 그래서인지 자주 간다. 아니 필동에는 동국대학교 보다 동국대학교교육방송국 선배가 있고 후배가 있기에 잦은 만남이 있다. 1970년 시작된 동국대학교의 인연은 50년, 반세기가 지나도 발길이 이어진다. 누군가는 이런 것을 '전부'라고 말하기도 한다. 하지만 나에게 전부는 아닐지언정 빼고는 설명할 수 없는 많은 일들이 대학교방송국에서 시작되었다.

친구는 빠지고, 그 자리에 내가

1970년, 대학교 1학년 1학기 그냥 나는 신입생이었다. 새롭게 모든 것을 만나고 친구를 사귀고 공부는 모르겠지만 술과 함께 이어지는 자리는 출석을 했던 기억이다. 전자과는 그저 수컷들의 공간이었다. 공부도 큰 재미가 없었는데 남자뿐이니 학과활동의 재미도 기대할 수 없었다. 그렇게 시간이 갔다. 여름이 지나고 새 학기가 시작된 것이다. 달리 지난 한 학기를 돌아보아도 해 놓은 것도 없다. 유일하게 남은 것은 친구였다. 그리고 그 친구는 나에게 의미 있는 권유도 남겼다.

"중봉아, 학교방송국 활동 안 할래?"

"응, 방송국"

"친구 따라 강남도 간다는데……. 같이 가자"

"나도 갈 수는 있을까?"

"중봉아, 내가 방송국 기술부인데 너도 같이 하자."

친구 따라 나섰다. 그렇게 동국대학교교육방송국 기술부 12기 박중봉의 새로운 하루가 시작한다. 그 친구는 전자과 동기인 조은준이었다.

방송국 기술부는 장비를 다뤄야 했다. 하지만 생소했다. 올림과 내림 그리고 돌림으로 조작하는 콘솔이 있다. 큰 원반 테이프를 걸고 녹음과 재생을 반복할 수 있는 아카이AKAI 릴데크 2대, 산스이SANSUI 앰프 그리고 큰 고깔 모양의 혼 스피커가 있었다, 스피커는 아마 소노라마라는 브랜드였을 것이다. 이름 모를 영사기도 있었다. 마이크 그리고 넘쳐나는 전선이 가득했다. 이들을 모이 조합히면 방송이 된다, 물론 기계적인 방송의 조건이 되는 것이다.

방송은 그렇게 시작됐다. 방송장비의 조작을 배우고 바로 방송을 시작했다. 마이크 올리고 내리고 음악 올리고 내리고 마이크 올리고 음악 갈고, 제작부서의 원고에 따라 기계적인 손놀림으로 방송은 재미를 더했다. 그리고 재미는 실력을 키웠던 모양이다. 각자 대학생방송콘테스트에 자신의 작품을 만들고 학교의 이름을 걸고 출품하는 일상이 이어졌다. 기술적인 녹음연출이 필요했다. 나야 뭐 친구들의 열정을 도와 기술적인 재미를 더하고 다시 함께 키웠다.

아마도 누군가를 위해 무엇인가 할 수 있는 바탕이 방송국에서 시작된 것이다. 특히 다소 내성적이었던 내가 기계를 다루며 나를 찾아 드러내고, 그 드러냄은 누군가와 이야기로 키우는 일이 되었다. 그 일이 반복되어 내성적인 성향이 점점 활동적인 공간으로 드러난 듯하다. 그렇게 나를 바꾼 순간에 방송국이라는 공간과 친구들이 있었다.

방송국은 문화공급소

1970년대, 지금과는 달리 대학교는 암울했다. 시위가 이어지고 그 시위 속에 낭만은 드러내지 못하는 양심이었다. 그 시기 방송국도 옮겼다. 본관 4층 구석에서 학생회관 4층 반쪽 공간으로 방송국이 옮겨지기 시작했다. 단순한 이사인 줄 알았으나 옮기고 나니 방송국을 새로이 설치하는 일이 이어졌다. Setting이다. 시작은 방송국 4층의 스튜디오였으나 그 끝은 교내 곳곳에 설치된 혼 스피커의 울림이 되어야 한다. 그런데 이 일을 학생 스스로 해야 했다. 학생회관 4층 공간은 방송국을 위한 설계는 아니었다. 스튜디오 녹음실의 방음, 그리고 마이크를 설치하고 마이크 선을 빼야 했다. 방법은 달리 없었다. 콘크리트 벽을 뚫었다.

방송국 이사를 하면서 필름영사기의 존재를 알았다. 그 용도는 영화를 상영하기 위한 학교의 기기였다. 하지만 학교에는 영화를 담은 필름이 존재하지 않았다. 그런데 매주 한번 학생회관 4층 방송국 맞은 편 공간에서 영화를 상영했다. 나중에 그 일을 내가 할 수 있었다. 하면서 알게 됐다. 영화상영용 원통필름은 프랑스 문화원이나 독일문화원에서 빌려와야 했다. 물론 소중히 빌려와 다시 소중히 반납해야 했다. 먼저 우리는 상영영화의 제목을 알리고 상영공간에 영사기와 음향을 설치하기 시작한다. 그러면 이를 보기 위한 학생들이 자리에 앉기 시작한다. 발자국 소리가 모인다. 발자국 소리가 거칠어지면 저마다의 이야기가 시작된다.

하지만 순간 불이 꺼지면 100여 명이 모인 공간은 조용해진다. 저마다의 이야기가 멈춘 것이다. 그 순간이 좋았다. 모두가 어둠 속에서 빛을 기다리는 모습은 기억에 선하다. 이윽고 빛이 공간을 채운다. 모두가 한 곳을 바라본다, 그리고 숨죽인 공간을 깨우는 영사기의 모터소리가 시작된다. 모두가 조용했던 공간은 녹음된 기계음이 다시 채운다. 이 공간은 눈과 귀만으로 소통을 시작한다. 그저 감동만을 남기듯 영화는 각자의 마음을 열기 시작한다. 1970년대 초, 우리들의 낭만은 이랬다.

한 편의 영화 상영이 끝나면 다시 어둠 뒤로 밝음이 다가온다. 허름한 공간의 불이 다시 켜진다. 그 순간 저마다의 얼굴에는 남모를 표정이 가득하다. 감동인지 아닌지도 모른다. 그저 기다림이 시간을 더해 한편의 영화가 지나가면 서로 다른 감동의 느낌을 나누는 이야기는 소박했다. 낭만이다.

그들이 찾아왔던 자리는 이내 빈 공간으로 남았다. 영화 〈시네마 천국〉의 시공간을 그대로 옮겨온 듯한 시절이었다. 순수했다.

밴드, 공연무대를 열다

우리는 누군가를 찾아 나섰다. 후배 안만수가 락밴드를 만들어 공연을 시작한 것이다. 공연장 섭외는 방송국 동기인 성혜자가 재능을 발휘했다. 방송국 기술부는 섭외된 공간에 음향을 지원하기 시작했다. 물론 서울시내 대학에서 시작한 우리의 공연은 일선 상업공간으로 이어졌다. 그 공연 수입은 적지 않았다. 그 가운데 자주 공연을 했던 곳은 무교동의 '오두막 술집'이다. 그냥 선술집의 무대다. 그곳은 막걸리에 파전이 전부였다. 맥주와 동동주가 있었으나 그 공간의 주인은 막걸리다. 그 공간에 락밴드의 공연이 시작된다. 음향기기를 다루어 보다 선명한 소리를 만들겠다고 방송국 기술부는 항상 함께 갔다. 취객들이 손가락으로 휘젓는 걸쭉한 막걸리 한 잔 속에서 락 뮤직이 원을 그린다. 스피커의 울림이 파형을 그리듯이 말이다. 그때는 그랬다. 막걸리뿐이었던 한 시절 속에 음악은 무엇이나 어울려야 했다.

레드 제플린Led Zeppelin, 딥 퍼플Deep Purple, 블랙 사바스Black Sabbath, 핑크 플로이드Pink Floyd, 에머슨 레이크 & 파머ELP, 예스Yes…… 이들이 부른 곡을 다시 선술집의 낭만으로 무르익게 해야 했다. 음악이 흐르면 귀가 먼저 젖어갔다. 그 젖음은 이내 몸을 흔들어 하룻밤의 흥분으로 드러내기도 했다. 그들이 그랬다는 이야기다. 그리고 그 밴드의 이름은 '마블스'다.

서로 다른 자리, 함께 했던 순간

1972년 10월 17일. '우리 민족의 지상과제인 조국의 평화적 통일'을 뒷받침하기 위하여 '우리의 정치체제를 개혁한다'고 누군가 선언했다. 그리고 또 다시 누군가 초헌법적인 국가긴급권을 발동하여 국회를 해산하고 정치활동을 금지했다. 동시에 전국적인 비상계엄령을 선포됐다. 학교는 휴교령이 내려졌다. 그냥 한 순간이 서 버린 느낌이다. 나는 움직이고 있으나 세상은 정지되어야 하는 순간이었다. 10월 유신헌법이다. 갑자기 '툭' 튀어 나왔다.

'학교를 올라가면 안 된다'는 휴교령은 수업이 없는 견디기 힘든 시간으로 다가왔다. '어울리면 안 된다'는 사회의 억압과도 같았다. 학교기관인 방송국은 학교가 쉬면 함께 쉬어야 했다. 하지만 방송국을 찾아 오르는 일은 유신維新도 우리를 막지 못했다.

학교에는 학생을 대신해 군인들이 거닐었다. 그들에게는 총이 있었다. 칼빈 소총이다. 나는 그지 빈손일 뿐이었다. 호주머니를 뒤지면 성냥과 담배 그리고 약간의 돈이 다였다. 그냥 두 손 호주머니에 찌르고 신발 끝을 바라보며 앞을 향해 걸었다.

"중봉아"

누군가 나를 부른다. 군인이다. 나는 그냥 걸음을 재촉했다. 고개 들어 앞을 보고 말이다.

"중봉아, 나야 기철이"

맞다. 군복을 입었는데 그는 고등학교 친구 신기철이다.

"야, 너 어떻게 된 일이야?"

"어. 난 통신병인데 갑자기 명령 떨어졌다고 군장하고 트럭 타라고 해서 탔는데…… 이 학교로 왔다."

"어, 거참 신기하다, 신기철!"

방송국 친구 외에 달리 친구를 가까이 하지 않았던 나에게 고등학교 친구를 대학캠퍼스에서 만난 것이다. 물론 서로의 처지가 달라 누군가 눈에 띄지 않는지를 먼저 살펴야 했다. 우리는 공대 원흥관 뒤편으로 함께 가는 일이 잦아졌다. 서로 담배를 나누며 잠시나마 긴장을 놓고 이야기를 주고받았다.

"중봉아, 너 학교 이렇게 와도 되냐? 휴교령에 군인들이 가득한데."

"기철아, 너 만나러 학교 올라오는데 몰랐어?"

"진짜?!"

"흐흐, 아니. 학교방송국 기술국원이라 학교에 올 수 있어."

그렇게 서로를 걱정했다. 대학 한켠, 빛이 아닌 그늘진 곳에서 담배를 나누던 일은 소중한 우정이 되었다. 서로 다르지만 20대였던 그 시절의 젊음은 둘이 아닌 하나였듯이 우린 그저 하얀 연기를 피우며 세상을 이야기했다. 휴교령이 떨어진 대학교정에서 군의 명령에 따라 학교를 점령했던 어느 군인과 대학방송국 기술국원이 함께 했던 순간은 역사가 만든 한순간이었는지도 모른다. 마치 영화 〈JSA 공동경비구역〉과 같이 서로 다른 군복을 입었지만 송강호와 이병헌, 그들은 한민족이었다. 그리고 그들은 젊음라는 문화를 담배로 나누고 다시 하나 된 담배연기로 소통했다. 우리의 젊음이었다.

나에게 대학에서의 시간은 방송으로 채워졌다. 그 사이 빈 공간은 휴교령이 대신 채웠다. 방학이라 생각하며 대학등록금을 낼 뿐, 나는 그저 방송국에서 배웠다. 교내 방송, 교내 공연 지원, 문화영화 상영, 마블스 락 밴드 공연은 나와 함께 대학의 시간을 채웠다. 그리고 농촌 봉사활동과 방송국 MT가 인간다운 내면의 활동으로 남았다. 내성적인 나에게 진실함의 힘으로 다가왔던 선배들과 동기들이 있다.

어느 해 MT였다. 한 선배는 저녁을 먹고 난후 과일을 곱게 깎아 접시에 담았다. 그 손끝은 고왔다. 그리고 그 손끝이 나를 향했다.

"중봉 씨, 여기"

선배의 말과 행동은 편했다. 그 편안함은 있는 그대로의 습관이 드러났을 뿐이다. 그 습관의 편안함을 나 또한 느낀 만큼 드러내고자 했다. 누군가를 향해 다가서지 못했던 내성적인 나에게 다가섬의 설렘을 전해준 그 선배 또한 방송국에서 만난 인연이다.

나는 젊다. 그 후, 나의 젊음 속에 편안히 다가서는 진솔한 삶의 습관이 싹 트기 시작했다.

자강自强, 사회로 들어가다

대학에서 시작된 습관이 하나 있다. 현실을 즐기듯 최선을 다하는 것이다. 바로 내 앞에 놓이거나 다가온 현실에 충실한 삶만이 중요했다. 함경도 출신인 내 아버지는 스스로 강해지는 삶을 기대하셨던 모양이다. '따스함'보다는 '엄함'을 실천으로 드러내셨다. 그저 남보다 다소 풍족했기에 이를 경계하는 습관을 갖추어야 한다고 늘 강조하셨다. 그렇게 나는 현실을 즐기듯 내 앞에 놓인 현실에 최선을 다해야 했다.

그러나 대학 졸업이라는 현실은 막막했다. 걱정하지 않았던 막연한 미래가 현실로 다가온 것이다. 기다림이 나에게 '길'이 될 모양이었다. 주변의 권유로 ○○계열사 ○○전자에서 전자 부품인 웨이퍼를 설계하고 만드는 일이 나의 첫 직장이 되었다. 전기과 출신이니 사실 전공이긴 했다. 하지만 다시 배워야 했다. 시간은 흘렀다. ○○전자에서 △△레이온으로 기업의 흥망성쇠를 따라 나의 명함 속 회사는 바뀌기 시작했다. 현장에서 눈으로 배우고 귀로 담아 손과 입으로 다시 드러내었다. 하지만 기초가 없는 드러냄은 곧 고갈된다. 아니 회사가 고갈되기 시작했다. 입사 5년, 회사는 법정관리에 들어가기 시작했다. 현실이 변하기 시작하면 나의 생각도 안주하면 안 되었다. 새로운 변화에 다가서는 갈등과 익힌 경험으로 답을 해야 했다. 다시 입사원서를 써야 했다.

경력을 담아 □□엔지니어링에 입사했다. 이곳은 전과 달랐다. 그동안 현실에 충실하는 재미를 키웠는데 새로운 현실이 다가왔다. 회사에서 세미나를 시작한 것이다. '모스IC' 일종의 초기 반도체에 대해 직원들이 함께 원서 한 권을 서로 나누어 발표하고 새로운 산업에 진입해야 했다. 하지만 나는 모르는 분야다. 그저 듣고 있었다. 알고 모르는 것 보다 듣고 있다는 사실만으로 답답한 시간이 더해졌다. 시간은 나에게 다가오고 그 조이는 순간을 극복하고자 책을 펼치고 책장을 넘기기 시작했다. 뒤로 갔다가 다시 앞으로 왔다를 반복했다. 그리고 알았다. '이건 아니다'라는 사실이다. 잘 아는 사람을 찾아 새로이 배워야겠다는 생각으로 전기과 김주홍 교수님을 찾았다.

"교수님, 잘 계셨어요?"
"중봉군, 졸업한지 꽤 됐지?"
"예"

서로의 안부를 묻고 답하는 긴 시간이 이어졌다. 지난 시간을 더듬어 서로 확인하고 다시 스승과 제자의 자리를 찾았다.

"그래, 어쩐 일인가?"
"사실……."

회사의 일을 가지고 학교에 왔다는 부끄러움보다 모르는 것을 알고자 하는 답답함만으로 찾아온 그 인연이 중요하다는 교수님의 위로가 나를 감쌌다. '이래서 모교母校라고 하는가 보다'라는 생각으로 동악의 길을 걸었다. 이어 학생회관 4층으로 발걸음을 옮겼다. 그곳은 나의 추억이 시작된 곳이자 내성적인 내 성격도 변화를 맞이한 곳이었다. DUBS 동국대학교교육방송국이다. 내가 스스로 강해져야 했던, 그리고 내성적인 나를 버리고 나를 드러내던 추억의 장소이다.

그 공간에서 옛 노래를 함께하는 상상을 한다. Beatles의 'Come together'를 턴테이블에 올린다.

start - up

He roller coaster
그는 감정 기복이 심하지
He got early warning
처음부터 그런 조짐이 보였어
He got muddy water
그는 흙탕물 같았어.
He one Mojo filter
그리고 그걸 걸러내려 하지
He say one and one and one is three
그는 하나더하기 하나를 셋이라고 하지
Got to be good looking
그는 잘났을 거야

'Cause he's so hard to see
그를 만나기는 너무 힘들거든
Come together right now Over me
지금 나와 같이 가자
Come together
같이 가자

지금도 한 공간에서 마주했던 그들과 함께 가고 싶다. 서로 다른, 그래서 그 기복이 심했던 20대의 감정과 느낌을 조율하며 방송을 만들고 공연을 드러내었던 그들과 함께 말이다. 흙탕물 같았던 혼돈 속에서 그 흙탕물을 걸러내듯 서로를 격려하고 서로를 위안하며 함께 하던 그 시간과 공간의 소중함을 담아 다시 함께 가고 싶다. 서로 마주하는 현실의 소중함을 기억으로 살려 지금 다시 드러내자. 그리고 함께 가자. 힘들면 그저 누군가의 어깨에 기대어서 말이다.

Come together!

DUBS의 추억

이준 14기 아나운서

동국대학교 철학과 72학번.
항상 청바지와 곤색 재킷으로 한껏 젊음을 드러내며 '음악을 즐기는 시간이 좋다'는 멋진 나날의 주인이다. 요즘은 팝송을 주로 듣는 편애偏愛에서 벗어나 지금은 고전의 음악을 들으며 오디오와 씨름하는 중이다. 대학 졸업 후, 국제무역운송업을 시작하여 현재에도 국제무역 관련 영어문서를 살피며 자신의 자리를 지키고 있다.

후배 종훈이가 동국대학교교육방송국 국원 시절의 추억과 이야기를 글로 정리하여 달라는 요청이 왔을 때 가장 먼저 생각난 일이 있다. 지금의 Jtbc 방송국의 모태인 TBC 동양방송은 1970년대 언론통폐합이라는 이름하에 KBS로 흡수 합병되면서 없어졌다. 그때의 영광을 재현하고자 한 중앙언론사가 지금의 종편으로 부활되어 'J+tbc'로 이름 지은 것으로 알고 있다. 지금부터 내가 풀어놓을 이야기는 바로 그 TBC-FM에 얽힌 일화이다.

나는 1972년 1학년 2학기부터 DUBS 아나운서부에 몸담고 가장 열정적인 시절을 맞이하고 있었다. FM 방송 DJ가 목표였던 나는 당시 유행하는 팝송은 물론이거니와 올드팝Old POP도 열심히 정리하며 당시 팝의 중심인 AFKN 미군 방송 또한 열심히 청취하고 있었다. 물론 나는 학교 방송에서도 이 기회를 이용하여 어떻게든 기술적인 숙련도와 경험을 쌓고 싶었다. 그저 제작부에서 건넨 멘트만 읽고 앉아 있기보다 주조정실 콘솔박스부터 방송기기의 이것저것 만져보고 심지어는 부스 밖 콘솔박스에 앉아서 직접 턴테이블도 돌리고 릴 테이프도 만지면서 방송을 하고는 했다. 아마 짐작하건대 이런 일로 그때 당시 기술부나 제작부 선후배들한테 미움 좀 받지 않았을까 싶다.

내가 2학년 때이다.

그 당시 공중파 방송국은 정부의 심한 검열과 언론에 대한 감시 때문에 제한된 여건에서 프로그램 제작은 많은 어려움이 있었다. 그러나 이 와중에 FM 방송이 막 태동을 하고 있었다. 그리고 신생 방송은 새로운 프로그램의 아이디어와 새로운 인물을 발굴하고자 앞 다투어 대학방송 초청 방송 경연대회와 학교방송 아마추어 DJ를 초청하는 프로그램 등을 제작하고 있었다. 이는 대학방송국 학생들에게 방송에 출연할 수 있는 잦은 기회가 되었다.

그때 우리 DUBS 동국대학교교육방송국도 TBC 동양방송 FM라디오로부터 초청받아 어찌어찌해서 김상규 형과 최경옥 누나 그리고 나 이렇게 셋이서 참가 할 수 있게 되었다. 지금은 '형'이라는 이름으로 통일되었지만 그때는 선배 호칭이 형, 누나였다.

당시에는 MBC의 이종환, DBS의 최동욱, 또 TBC의 피세영

같은 분들이 DJ로 한참 인기를 얻고 있을 때였다. 그 후에 우리의 자랑스러운 기덕이 형이 MBC 〈두 시의 데이트〉를 통해서 명성을 날리게 되었지만 그 당시, 동아방송의 〈세시의 다이알〉 DJ였던 최동욱 씨가 나중에는 동양라디오로 스카우트되면서 〈최동욱 쇼〉라는 이름으로 방송을 하고 있었다. 우리는 바로 그 "최동욱 쇼"에 초대되었다.

주어진 시간은 각 15분!

그때는 부스 안에 DJ 전용 콘솔박스와 LP 턴테이블, 테이프데크 등이 설치되어 있어 DJ 마음대로 음악을 들려주던 시기라 지금과는 다른 방송 환경이었다. 정확하진 않지만 매주 화요일 오후 3시에 15분 동안 아마추어 DJ 시간이 주어졌고 우리 DUBS 차례에 최경옥 누나가 방송을 하는 순서가 되었다. DJ 프로그램은 생방송이지만 아마추어는 15분용 녹음을 미리 해 놓고 그 녹음 된 릴 테이프를 담당 PD가 걸어 놓고 방송시간이 되면 DJ가 릴 테이프만 작동시키면 되는 것이었다. 릴 테이프는 돌아갔다.

"아마추어 DJ, 오늘은 동국대학교 DUBS 방송국 편으로, 최경옥 양의 방송차례입니다."

우리를 소개하는 최동욱 DJ의 멘트가 끝나고 경옥이 누나의 꾀꼬리 같은 목소리가 녹음된 릴 테이프가 돌기 시작했다. 당시에는 게스트를 부스 안에 모셔놓고 방송을 하고 있어서 최경옥 누나가 초대손님 DJ로 자리하고 있었고, 나도 같은 부스 안에 있었다. 그때 내 차례가 아니었음에도 그 시간에 어떻게 같이 앉아 있게 되었는지는 기억이 잘 나질 않는다.

한 프로그램에서 서너 곡 정도를 들려주는데 두어 곡이 끝났을 때로 기억한다. 방송은 순조롭게 진행되고 있었다. 그런데 갑자기 모니터 스피커에서 "안녕하십니까, 최경옥입니다." 하고 다시 프로그램 오프닝 멘트가 흘러나오는 게 아닌가. 이게 무슨 일인가! 방송사고였다.

담당PD가 녹음을 하면서 NG났던 부분을 지우고 처음부터 걸어 놨어야 할 테이프를 모니터링을 하지 않았거나 중간 부분을 지우지 않고 첫 시작부분을 맞춰 놓았던 모양이다. 편집 실수였다. 그러자 최동욱 씨는 후다닥 콘솔박스에서 테이프 스위치를 바꾸고 턴테이블의 LP를 틀었다. 전광석화 같았다. 음악이 흐른다. 그리고 경옥이 누나에게 말하였다.

"자! 원고 갖고 있을 테니 이 음악이 끝나면 바로 곡 소개를 해라."

그러고선 최동욱 씨는 경옥이 누나에게 마이크를 들이댔다.

우리 경옥이 누나는 또, 누구인가! 그 당시 산전수전 공중전을 다 경험한 대학방송국에서는 이름깨나 날린 DUBS의 아나운서 부장 아닌가! 경옥이 누나는 어떠한 미동도 목소리의 떨림도 없이 차분하고 냉정하게, 지금 식으로 얘기하면 '공기반 소리반'의 영롱한 목소리로 대사를 이어 나갔다. 비록 사고는 났으나 저마다의 반복된 경험으로 방송은 무사히 끝났다. 방송이 끝나자 최동욱 씨가 경옥이 누나에게 잘했다고 칭찬을 했다.

최동욱 씨로 말하면, 아마도 대한민국에서 외국 팝송을 소개하기 시작한 개척자가 아닌가 한다. 그는 동아방송 〈세시의 다이알지금은 원어 발음에 최대한 충실하게 '다이얼'이라고 하지만, 그때는 분명 '다이알'이었다!〉로 유명한 DJ였다. 당시 하늘을 찌르는 인기를 등에 업고 청취자와 전화로 공공연히 설전을 벌일 정도였으며, 자기주장과 실력에 대한 자신감으로 오만한 방송을 진행하기로도 이름난 DJ였다. 그래서인지 난 평소 최동욱 씨를 좀 불편한 방송 진행자라고 생각해오던 참이었는데 그 일을 계기로 그 분을 다시 생각하게 되었다.

그 후, 상규형도 나도 주어진 프로그램에 한 번씩 출연하여 그날의 생방송을 무사히 잘 끝냈다.

나는 그 후에도 MBC - FM의 대학방송 아마추어 DJ 프로그램에도 출연했다. 역시 녹음방송으로 30분간 방송할 기회가 즐거운 경험으로 다가온 것이다. 그것으로 공중파 방송에서의 경험은 끝났다. 내게 그렇게 좋은 기회가 주어졌던 것은 다 DUBS에서 활동을 한 덕분이었다.

선진 방송기법을 배우러 간다며 미8군 AFKN 방송국을 견학 갔던 일도 생각난다.

지금은 AFN으로 이름이 바뀌었지만 당시 AFKN은 FM이 아닌 AM 방송만을 하고 있었다. 팝송을 유행시킨 중심에는 누가 뭐래도 미8군 방송 AFKN이 있었다.

그 중에서도 WOLFMAN JACK이라는 이름의 DJ가 진행하는 〈AMERICAN TOP 40〉라는 프로그램은 매주 토요일 오전 10시부터 4시간 동안 방송이 되었다. 이 방송을 통해 팝송의 유행을 접하고 그 흐름을 읽을 수 있었기에 우리는 그 프로그램을 거의 생방으로 사수했었다. 이 프로그램은 미국에서 직접 녹음하여 각국의 미군 주둔지에 있는 로컬방송을 통해 미군들에게 방송되고 있었다. 그 최신 유행의 팝송 진원지인 미8군 방송국을 방문하고 싶었던 것이다.

결국 나는 바로 아래 기수 후배들을 대동하고 미군부대 속으로 들어갔다. 신동빈 권순진 이수백 그리고 나, 이렇게 넷이서 어스름한 저녁에 용산 미8군 영내에 있는 AFKN 건물을 찾아갔을 때의 흥분이란!

허름한 건물에 들어앉은, 방송국이라고 하기엔 작아도 너무 작아 보이는 스튜디오에 우리가 흔히 보던 콘솔박스와는 조금 다르게 생긴 콘솔장비와 마이크, 그리고 테이프 데크. 그게 전부였다.

AFKN은 거의 하루 종일, 우리야 팝송이라고 하지만 자기네 나라 가요를 방송하는 것 아닌가? 그리고 그때 당시 사용하고 있는 테이프가 우리가 쓰고 있던 릴 테이프가 아니라 나중에 우리나라에도 유행하기 시작한 8TRACK CASSETE TAPE로 기다랗게 생긴 테이프를 테이프덱에 꽂아 놓고 있다가 곡목 소개하고 손으로 '탁' 쳐서 집어넣으면 바로 노래가 튀어 나오는 것이었다.

그때는 신기했다. 그렇게 테이프를 '탁' 쳐서 넣으면 소리가 나오는 것도 멋있어 보였다.

주조종실이 어딘가에 붙어 있겠지만 방에 혼자 앉아서 런닝셔츠만 입은 채 세상 프로그램을 다 하고 있는 것처럼 보였다. 그때 그 미군 DJ의 자유로움이란! 그리고 신청곡이 있으면 얘기하란다.

나는 학교를 다니면서 조그만 휴대용 SONY AM 라디오를 갖고 다녔는데 이어폰이 있었지만 지금의 이어폰과 달리 음질이 형편없어서 라디오를 직접 귀에다 대고 듣고 다녔었다. 주파수를 AFKN에 고정시켜 놓고 첨단 유행하는 팝송도 듣고 영어 청취력도 향상 시킨다며 즐겼다. 두 마리 토끼를 잡겠다고 하면서 말이다. 그 라디오를 통해서 자주 들었던 당시 유행곡 Honey Cone의 'One Monkey don't stop no show'라는 곡을 신청했던 기억이 난다. 올해가 마침 소니 워크맨 탄생 40주년이라고 하는데 워크맨의 조상 뻘 되는 그 조그만 라디오가 새삼 그리워진다.

젊음의 행진은 늘 도전이라는 이름으로 진행되고 있었던 게 아닐까?

그 후 졸업이 가까이 오면서 여러 방송국에 정말 여덟 번 지원해서 여덟 번 다 떨어졌다. 칠전팔기라고 말은 하지만 가난한 집안의 장남으로서 더 이상 부모님 고생시킬 일이 아니어서 실력이 되지 않는 방송국을 포기하고 말았다. 그래도 영어 좀 배우겠다고 휴대용 라디오를 들고 다녔던 노력이 가상해서였는지 하느님의 도움으로 취업이 되어 오늘날까지 살아 왔다.

배움도
실패도
경험도
우정도
지금 내겐 DUBS에 있었던 시간들이 고마움으로 남아있다.

심지어 내가 종교생활을 하면서 미사 시간에 복음 말씀을 전달하는 봉사를 할 수 있는 기회가 주어진 것 또한 DUBS에서 배웠던 경험과 배움에서 비롯된 것이기에 감사히 생각한다. 당시 실무국장이었던 김완석 형의 주도아래 기존 방송국 선배 아나운서들을 초빙하여 발음교정과 발성법 등을 배울 수 있었던 나의 과거가 있었기 때문이다.

자랑스런 DUBS국원의 한 사람으로서 그 시대 함께 했던 모든 선후배 국원들께, 또 이런 추억을 되새기며 기록으로 남길 수 있는 기회를 만들어 준 후배 박건우 회장단에게 진심으로 감사를 드리고 이번 개국 60주년을 기념하기 위한 노력이 우리 후배들에게도 이어져 영원한 그리고 자랑스런 DUBS 방송국 국원으로 남게 되기를 진심으로 바라면서 이 글을 마친다.

다가서면 즐기는 거다

안만수 14기 제작

동국대학교 농업경제학과 72학번.
대학입학과 함께 동국대학교 교육방송국에서 방송 제작을 하며 방송국 소속이자 동국대학교 대표적인 보컬그룹인 마블스MARVEL'S를 창설하고 서울 시내 대학 축제 등에서 공연을 하며 젊음을 발산하였으며 대학 졸업과 함께 MJC커피회사에서 6년간 영업을 하였다. 1987년 주식회사 '제일골프'를 설립, 국내 레저문화의 길을 열었다. 특히 1991년부터 주식회사 'ETN 여행사', 주식회사 'PIG골프클럽'을 설립 운영하였으며, 필리핀 'MARALAYAT' 골프장을 인수하여 경영하였으며 THE 'K'호텔 골프연습장을 경영하였다. 현재 농업법인 (주)금토원 대표이사이자 (주)애드유라이프 회장으로 카라반 수입 사업 및 레저사업에 몸담고 있다.

1973년 5월, 동대 중강당에서 DUBS 방송제 할때 MARVEL'S 보컬그룹 공연 모습이다.

친구들보다 한해 늦게 동국대학교에 입학했다. 나는 농업경제학과 72학번 안만수다. 사실 재수를 하면서 대학 선택에 신중해야 했다. 경제 혹은 경영학과와 같은 상과商科대학 입학이 목적이었지만 현실은 쉽지 않았다. '가느냐, 못 가느냐'의 신덕에서 고민할 뿐 어디를 가야겠다고 생각할 겨를이 없었다. 무엇보다도 안전해야 했다. 그래서 입학한 동국대학교 농업경제학과. 농업은 모른다. 땅은 그저 밟고 다니는 것이지 그곳에서 먹고 살아야 한다는 생각은 해본 적도 없었다. 그냥 대학에 들어가면, 내가 대학생이 되면 내가 하고 싶은 일, 재미있는 일을 할 수 있겠다고만 생각했다

이제 시작이다

일단 대학생이 되었다. 내가 하고 싶은 일에 보다 쉽게 다가설

수 있는 변화가 다가왔다. 부모님의 시선을 피할 수 있다는 선택의 자유도 넓어졌다. 다름 아닌 음악이다. 재미있는 동아리도 있어야 했다. 사실 내가 꿈꾸던 그림을 위해 일단 즐겨야 했다. 그 꿈은 쇼 프로그램 진행이다. 바로 문화방송의 〈OB 그랜드 쇼〉와 같이 통기타와 그룹사운드라는 젊은 문화 속 주인이 되는 것이다. 바로 쇼프로그램 제작자다. 즐겨보던 TV가 내가 다가서야 할 미래가 된 것이다.

이를 위해 방송은 내가 가야할 첫 길이라 생각했다. 그 길의 첫 문은 동국대학교교육방송국이었다. 막연했지만 확실한 하나는 방송국은 서로 나누고 즐길 수 있는 공간이 될 것이라는 점이었다. 제작부였던 나는 점심시간 방송을 제작했다. 누군지 모르지만 내가 선곡한 음악, 내가 쓴 방송 원고를 듣는다는 생각은 교정의 울림이 되었다. 그런 동국대학교 교정에서의 울림과 이를 듣는 공감은 신기했다. 마이크에서 음성이 전파가 되고 턴테이블의 무한 회전을 따라 카트리지턴테이블 바늘의 미세한 움직임은 스피커를 울렸다. 누군가 나의 음악을 듣는다는 현장감 있는 공감을 생각했다. 방송국이라는 공간에서 어깨 넘어 배우고 익힌 눈썰미, 고등학교 때부터 익혀온 기타……. 이 둘을 조합하면 된다.

1970년대 학교공간은 지금처럼 '버스킹busking'을 손쉽게 할 수 있는 장소였다. 최소한 길거리 공연이 공식적으로 가능했던 자리다. 우선 음악을 즐기는 친구를 찾아 밴드를 만들어야 했다. 진정 대학 생활이 시작된다는 설렘도 가득했다. 당시 동국대학교에는 엘리펀트, 백상이라는 밴드가 이미 있었다. 하지만 대학방송국을 버리고 그곳을 찾을 수 없었다. 함께 인생을 키우던 동기들이 있는 방송국을 떠나면 안 된다. 그냥 의리다. 지금 이 자리에서 내가 하면 되는 것인데 굳이 딴 곳에 기웃거릴 필요는 없었다. 딴따라. 대학생인 나는 딴따라의 길을 만들고 있었다.

Marvels, 경이로운 세상의 시작! 그냥 때리다

학교는 수업으로 채워지는 공간이다. 하지만 비어있는 강의실과 공간이 있다. 빈 공간이다. 누군가 먼저 사용하면 된다. 잠시 눈을 붙이고 쉬면 여관이 되었다가 악기를 어루만지는 손놀림과 거친 목소리를 더하면 공연장으로도 변했다. 나에게 학교는 공연장이었다. 물론 책을 펼쳐야 했다. 악보다. 매주 금요일마다 학생회관 5층의 한쪽 공간은 보컬밴드 연습장이자 벗들과 함께 하는 공연장이 되었다. 연습을 하다보니 그룹의 이름이 필요했다. 먼저 엘리펀트, 코끼리는 이겨야 했다. 왜냐면 우리는 신제품이니까 말이다. 방송국 선배이자 우리 그룹의 매니저를 자처했던 화학과 성혜자 선배는 그룹 이름을 '마블스Marvels'라 지어왔다. 마블스Marvels! 1973년의 일이다. 우리는 지금의 슈퍼히어로는 아니지만 경이로운 세상의 주인이 되어야 한다는 다소 격한 의지를 다졌다. 공연의 시작은 5층이었지만 그 소리는 다시 땅을 밟아야 했다. 5층 공간은 실내이기에 제한적이었다.

다시 땅을 밟는다. 순간, 잊었던 내 전공학과 생각이 났다. '그래, 난 농업경제학과지. 땅은 그저 밟는 것이라고…… 그런데

그 땅위에 경이로움이라는 마블스Marvels의 이름으로 친구들과 만난다.'

생각만으로도 흥분되었다. 그리고 학교 광장에 섰다. 음향 설비는 걱정하지 않아도 됐다. 언제부터인가 방송국 기술부의 지원이 우리를 앞서 가고 있었다. 그리고 우리 그룹은 누구도 모르게 점차 'DUBS Marvels'라는 타이틀로 인식되기 시작했다. 그 인식은 학교라는 경계를 넘어서고 있었다.

어느날, 학교 운동장에서 기술부 최대의 음향 지원을 받아 기타를 조율했다. 그동안 북향 학생회관 음지에서 갈고 닦았던 실력을 드러내야 했다. 그 중심에 박중봉 선배가 있었다. 무거운 음향 장비에서부터 공간의 소리를 조율하며 마블스, 그 경이로움의 시작을 땅위에 수놓았던 박중봉 선배다.

스모크온더워터 smoke on the water~ 하이웨이 스타 highway star~

첫 무대는 딥퍼플 'Deep Purple'로 때렸다! 그리고 우리의 즐거움은 이웃 대학의 초청으로 빛을 나누어 키우듯 커져만 갔다. 연세대. 이화여대, 광운대, 상명대……. 마블스는 거친 소리를 담아 하이웨이 스타가 되고 있었다. 하지만 짧았다. 벌써 3학년 1학기가 되었다.

들통 그 후, 이끌려가다

어디를 가나 기타를 들고 다녀야 했다. 대학방송국 동기인 서혜

원, 한상천, 나성임, 이헌풍, 장준보, 이종택, 김희재, 박정순, 안창해, 이준, 장현석, 남창임, 한성철. 이들과 함께 했던 자리에는 기타와 노래가 있었다.

무지막지하게 무거운 군용 A텐트, 군용 워커와 야전삽 그리고 수통은 우리가 함께 했던 야외 캠핑의 추억을 더했다. 그 추억은 해지고 어두운 밤이면 서로의 귓가에 속삭이는 작은 기타소리가 되어 저마다의 눈앞에 아른 거리는 시간으로 저장되어 있다. 함께 했던 시간, 우리가 해가 지기를 기다렸다면 저마다의 추억과 노래가 이슬을 맞이하고자 기다리는 설레임이 있었기 때문일 것이다.

하지만 젊음 그리고 설렘만으로 채워지던 나의 시간은 오래가지 않았다. 기타를 즐기던 시간은 점점 나를 큰 무대로 이끌었다. 당시 보컬밴드인 '트리퍼스TRIPPERS'의 기타 연수를 하게 된 것이다. 물론 방송무대를 오르고, 대학생 신분으로 밤무대까지 오르는 경험이 늘어나기 시작했다.

그리고 어느날, 드디어 방송국 쇼 프로그램의 제작자를 꿈꾸던 내게 방송국 쇼 프로그램의 무대가 다가왔다. 하지만 '그리고'라는 병렬로 연결되는 나의 삶 속에서 '그러나'라는 내 인생의 상반되는 길이 내 의지와 관계없이 펼쳐지기 시작했다. TV 방송에서 〈OB그랜드 쇼〉를 본 아버지는 대학생인 나에 대해 몰랐던 사실을 알게 된 것이다. 군 장성이셨던 아버지는 내게 한마디를 던졌다.

"딴따라 하려고 대학 갔어?"

짧지만 강했다. '그리고'에서 '그러나'가 나의 인생에 들어오기 시작했다. 어느날 아버지는 함께 갈 곳이 있다며 군용 지프차에 나를 태웠다. 전과 같이 가족과 함께 나들이를 나서는 길이라 생각했다. 그러나 그 다음 이어지는 아버지의 육성에는 잔뜩 힘이 들어갔다.

"내려."

짧고 굵은 목소리는 이미 아버지의 것이 아니었다. 군인의 목소리였다. '그러나'의 삶이 시작된 것이다. 수색 30사단, 공병대. 36개월의 군 복무. 갑자기 내게 이런 일이……. 그나마 다행이던 일은 교련 훈련으로 2개월 감면, 결국 34개월 동안 군인으로 삶을 이어야 했다.

지루했다. 재미라고는 없는 그저 명령만이 '하이웨이'처럼 끝도 없이 이어졌다. 그리고 그 길은 벗어나면 안 되는 34개월이 되었다. 보급부대 업무를 맡아 군부대 이곳저곳을 기웃거릴 수 있는 일등병의 기회조차 나에게는 소중했던 기억이다. 그러던 어느날, 부대에서 음악소리가 들렸다. 무조건 달려갔다.

'아, 문선대다. 여기에도 음악은 있었네…….'

기웃거리던 걸음은 점점 악기 앞으로 옮겨갔다.

"일병 안/만/수/. 기타 한번 쳐보겠습니다!"

그렇게 군부대에서 다시 재미있는 시간을 만들기 시작했다. 부대를 옮기며 공연을 하고, 공연을 마치면 포상휴가가 다가왔다. 그리고 부대를 나오는 그 걸음으로 낙원상가 악기점을 찾아 다시 음악인생의 길을 살폈다. 몸 건강히 시간을 덧셈으로 채우다보니 어느덧 '제대'라는 두 글자가 다가왔다. 시간은 나를 대학생으로 돌려보냈다. 음악은 '그러나'의 삶을 다시 '그리고'의 삶으로 반전시키는 어쩔 수 없는 현실이었나 보다.

부자의 정은 OK, 아버지로서 경제적 정은 없다

대학을 복학하고 졸업을 앞둔 나에게 시간은 더욱 빨리 흘렀다. 준비된 것이 없다는 불안과 고민이 나를 에워싸기 시작했다. 내게 있는 것은 부딪혀보는 근성과 밀어붙이는 오기가 전부였다. 걱정은 현실이 됐다. 취직과 취업에 대한 고민은 나를 멈추게 한다. 현실에 타협하려는 생각조차 없었다. 그때 아버지가 안방으로 불렀다. 1979년 봄의 일이다.

"만수야, 고생했다. 자, 여기……."

아버지는 천만 원을 현금으로 던졌다.

"넌 내 아들이니 그 정情만은 끊을 수 없다. 하지만 그동안 나에게 의지했던 경제적 정은 여기서 끊어야 한다. 이건 이제 네 돈이다. 더 이상은 없다."

걱정이 앞섰다. 그저 돈이란 있으면 쓰고 없으면 안 쓰면 되는 것이었는데, 너무나 큰 금액을 아버지는 내게 주셨다. 당시 잠실 아파트 가격이 이천 만원 내외였으니 지금으로 환산하면 10억이 넘는 돈이다. 생각을 키워야 했다.

'집 한 채를 내게 주시다니. 너무 크다. 더 이상은 없다하시니 나에게 처음이자 끝인 것이다. 소중하다. 하지만 갖고만 있으

면…… 쓰는 게 돈이니 뭐라도 해야 한다.'

대학교에서 방송국이라는 만남의 즐거움과 음악이라는 공연만으로 세상을 배웠다. 누군가에게 들려주는 일이 돈이 되었던 그 기억이 모든 것이었는데. 이제 그 생각을 지워야 했다. 그리고 다시 세상에 다가서야 했다. 내가 할 수 있는 것을 찾아야 했다.

'나에게 기술이란 기타 연주하고 노래 부르는 것이 전부다. 하지만 음악은 직업이 아니어도 즐길 수 있다. 새로운 것, 내가 할 수 있는 것을 찾아야 한다.'

학교 주변을 살폈다. 시선이 머물면 그저 한동안 지켜보았다. 그들의 움직임을 살피고 내가 할 수 있는 일인가를 스스로 점검했다. 익히지 않고 따라 할 수 있는 일은 거의 없었다. 그러던 사이 중국집이 눈에 들어왔다. 요리는 요리사가 하고, 장사는 내가 할 수 있다는 희망찬 시선으로 지켜보았다. 매일 짜장면만 먹었던 기억이다. 중국집을 내가 인수하면 되겠다는 생각으로 다시 배회를 했다. 그리고 퇴계로와 을지로 사이 국도극장 앞에서 중국집을 차렸다. 대길大吉 반점이다. 기억으로 당시 짜장면 가격은 350원이다. 79년, 롯데리아 햄버거가 소공동 롯데백화점에 들어왔다. 햄버거의 가격은 450원. 짜장면이 조금 더 쌌던 셈이다.

내가 하는 일은 주문을 받고 요리와 음식이 나오면 테이블에 안전하게 놓는 일이다. 생각보다 쉽지 않았다. 물도 갖다주어야 했고, 숟가락과 젓가락도 테이블에 올려놓아야 했다. 먹고 나면 다시 걷어 와야 한다. 성질 급한 손님이라도 오면 그냥 나도 급해진다. 세상 참 신기했다. 손님 따라 나의 기분도 오르락 내리락을 반복한다. 음식이 잘못 나가기라도 하면 손님은 거칠어진다. 물론 나도 거칠어진다. 이른 아침이면 재료가 들어오고, 저녁까지 음식을 팔면 다시 아침이다. 그 시간이 힘들었다. 잠시나마 서로의 얼굴을 보며 웃을 수 있었던 것은 현금으로 들어오는 하루 수입을 헤아릴 때다. 2년 넘게 중국집 짜장면 장사를 했다. 천만 원을 들여 이천만 원을 벌었다. 그리고 권리금을 포함하여 가게를 인계하며 천오백만 원을 더할 수 있었다.

강남 찍고 부산으로……. 아차!

다시 큰 돈이 내 손에 쥐어졌다. 새로운 사업을 해야 했다. 80년대 모든 것이 거침없이 커지고 있었다. 띵에 아파트가 들어서면 사람들이 몰려들기 시작했다. 공급보다 수요가 넘치는 현장을 지켜보고 살폈다.

'일단 사고 다시 팔아 남기는 장사다. 그저 돈으로 시작해서 다시 돈으로 돌아오는 그 길에 이익이 붙어 다녔다. 나도 한번 하자.'

사고팔기를 반복하며 있는 돈을 키웠다. 경제성장의 잉여는 다시 부동산으로 흘렀다. 그리고 편리한 주거의 꿈이 대중의 삶 속으로 들어가 현실이 되었다.

돈이 모이니 주변에서 새로운 사업을 하자는 이야기가 들렸다. 그리고 투기에서 벗어나 제조업을 함께하자는 솔깃한 이야기도 있었다. 짜장면 장사, 식품 제조업을 했던 경험이 소중해졌다. 그리고 하면 할 수 있다는 의욕도 앞섰다. 결국 나는 '부산식품'이라는 3천 평 부지의 캔 공장을 인수하고 캔 음료와 식품을 만들기 시작했다. 매출은 움직이는 만큼 시장이 되는 운도 있었다. 중국집, 그리고 부동산, 그리고 다시 캔 제조업, 그리고 나의 애마 '마크Ⅳ'!

끝없이 '그리고'로 이어질 것만 같았던 내 삶 속에 다시 어두운 '그러나'가 들어오기 시작했다. 캔의 밀폐가 완벽하지 않아 공장에서 출하된 캔들이 반품으로 돌아오기 시작한 것이다. 모든 것을 책임져야 하는 순간이 왔다. 그 시작은 〈부산일보〉의 기사로 시작됐다. 일명 '불량 캔 사건'이다. 내 나이 서른한 살 때의 쓰라린 기억이다.

백만 원 벌어서 십만 원 월급으로

빚을 지고 부산을 나와야 했다. 다시 서울이다. 그리고 무엇이든 다시 시작해야 했다. '쓰라림'은 경험이라는 가치로 치환시켜야 했다. 하지만 자립하기도 어려운 현실이었다. 대학시절의 고민이 다시 현실로 다가왔다.

'취직해야지.'

지난 경험을 살려 ○○그룹에 지원했다. 그곳에서 영업직 경력 사원을 채용하고 있었다. 경력채용에 응시하여 면접 자리에서 박○○ 회장을 마주하였다.

"커피 팔 수 있나? 월급은 얼마나 주면 되는가?"

"백만 원 팔면 십만 원 주실 수 있나요?"

박○○ 회장은 다시 나를 바라보았다. 훗날 회장님은 내 이야기를 하고는 했다.

"내가 사람 채용하며 월급은 얼마면 되겠나라고 물으면 다들 어느 정도 대우해 달라는 입장으로 자신이 받을 월급을 이야기 하는데 안만수 이놈은 얼마 팔면 얼마 달라는 거야. 월급을 받겠다는 놈이 아니라 월급을 만들겠다고 하더라고. 먼저 팔겠다는 거지! 난 이런 놈은 처음이야. 이 친구 당연히 뽑아야지!"

나는 전국을 돌며 커피를 팔아야 했다. 80년대 초, M 원두커피를 처음 팔았다. 다방에서 고속도로, 그리고 백화점 선물로 커피를 깔아야 했다. 점유율을 높여야 매출도 오른다. 그때 매출의 맨 앞자리에 선 직원들과 함께 외치던 구호가 귓전에 선하다.

"매대를 지키자."

자리를 뜨지 말고 손님에게 커피 선물을 팔아야 한다는 구호는 서로에게 힘이 되었다. 물론 화장실도 빨리 다녀오고, 밥도 빨리 먹고 오고, 출근에서 퇴근까지 판매대를 지켜야 했다. 지금 돌아보면 노동 착취이자 인권 침해 정도는 될 것이다. 함께했던 시간이 서로에게 의지가 되고, 그 의지가 서로의 꿈으로 다가서게 했던 옛 추억이다. 하지만 그 추억에 머물러서는 안 되었다. 나는 다시 나의 시선으로 세상을 살펴 나의 사업을 찾아야 했다.

캐디들의 스승, 안만수

○○산업에서의 삶은 영업으로 눈에 보이는 성장을 만들었다. 그리고 그 성장은 나누는 기쁨이 되었다. 하지만 그 기쁨은 나를 키우지 못했다. 단지 나 자신을 만족하는 그 순간에 머물러야 했다. 그런 머무름이 싫어졌다. 나는 벗어나야 했다.

다시 살폈다. 영업을 하며 잠시나마 배웠던 골프 속에 일하는 여성들이 눈에 보이기 시작했다. 일단 미모가 뛰어나다. 그리고 신기했다. 캐디가 얼마를 버는지 모른다. 이 직장은 서울에서 벗어나야 한다. 골프장은 서울 밖이다. 무거운 가방을 매고 걸어야 하는 고통도 보였다. 여러 가지 어려움이 보였다. 어려움을 해결하면 돈이 되는 것이다. 나의 생각은 어려움을 해결하면 돈이 되어야 한다는 것이다. 중국집도 쉽지 않다. 사람 상대하는 영업도 어렵다. 하지만 돈은 된다!

이것저것 물어보았다.

"얼마나 버나요?"

생각보다 수입이 좋은 직업이었다.

"하고자 하는 사람은 많은 가요?"

아니다. 서울에서 출퇴근이 어려워 자기들끼리 아는 사람을 서로 추천하여 채용한단다.

"골프에 대해 얼마나 많이 알아야 하죠?"

제대로 배우지 못하고 그저 선배 언니 따라 배우고 익힌단다.

이야기를 나누며 나의 생각은 좀 더 깊어졌다.

5공화국은 스포츠를 좀 아는, 그래서 즐기는 문화의 시대가 시작될 것이다. 골프도 시작이다. 벌면 쓰고 싶고, 쓰다보면 보다 우아하게 쓰려고 할 것이다. 스포츠도 우아한 것이 될 것인데……. 그래, 골프다!'

서울로 올라가 학원을 세웠다. 1987년의 일이다. 골프 경기 보조원 학원인 '제일골프'다. 그냥 캐디 양성소다. 한달 배우면 취직이 되는 호황기가 열리고 있었다. 골프장의 수요가 커지기 시작한 것이다. 그 수요에 따라 캐디의 수요도 상승을 이었다. 전국의 골프장에서 캐디를 보내달라는 연락이 시작되더니 하루 4학급이 순환하는 학원 강습이 숨가쁘게 돌아가기 시작했다. 한 달 천여 명의 수강생이 찾았고, 이들이 전국 골프장의 잔디를 밟기 시삭했다.

'다시 땅을 밟는구나. 그래, 난 농업경제학과다!'

그 순환은 나에게 적지 않은 부를 가져다주었다. 그러나 포화의 시간도 빠르게 다가왔다. 10년을 넘겨 골프장은 포화 상태에 이르렀고, 그 수요도 예년의 성장을 잇지 못했다. 강산이 변하듯 나 자신 또한 변화의 시선을 돌려야 했다. 하지만 그 10년의 인연은 사람과 맺은 인연이기에 그 어떤 이익보다 크다. 지금도 골프장을 찾으면 누군가 나를 알아본다. 그리고 '선생님'이라 부른다.

돌이켜 생각한다, '머리=공장, 입=상품'!

나에게는 동국대학교교육방송국과의 소중한 시간이 있다. 음악을 즐기고 방송 PD라는 첫 꿈도 그곳에서 키웠다. 중국집을 통해 세상도 배웠다. 30대에 사업을 시작한 경험은 실패로 다가와 다시 영업이라는 세상의 거친 길을 의욕으로 다졌다. 그리고 레저 산업의 한 틈새를 찾아 골프를 가르쳐 취업시키는 보람도 키웠다. 그 보람으로 필리핀에 골프장을 지어 운영할 수 있게 되었다.

지난날들을 돌이켜보니 그 삶 속에서 하나를 남길 수 있었다. 바로 '머리가 공장이고, 입이 상품이다.'라는 문장이다. 세상을 살피는 안목을 키워 아이디어를 만들어야 한다, 머리는 공장이 되어야 한다. 그리고 이를 상품으로 만드는 것은 만나는 이와의 공감을 키우는 것이다. 나의 입으로부터 상품이 나오는 것이다. 단, 보다 진중한 생각 그리고 진실한 대화를 이끌어야 한다. 이는 누가 나에게 주는 월급이 되어서는 안 된다. 직장생활을 하더라도 내가 만드는 월급이 되어야 한다. 주는 대로 받는 직장인이 아닌 내가 버는 만큼 가져가는 직장의 세계를 그려본다.

이제 시작이다.

그리운 추억, 모두의 기억

1970년대부터 87년까지 이어진 문무대 학생군사훈련.
느낌은 거의 6.25 수준이다.
_방송국에 남겨진 옛 엘범속에서

언제 어디서나 터놓을 수 있는 자리

이재용 26기 아나운서

동국대학교 사범대학 수학교육과 84학번.
대학을 졸업하고 MBC에 입사, 〈찾아라 맛있는TV〉, 〈불만제로〉, 〈생방송 화제집중〉, 〈기분 좋은 날〉 등 다수의 MBC프로그램을 진행했다(1992년~2018년 10월). 또한 동국대학교 홍보대사(2005년 5월), 아동권리 홍보대사(2007년 8월), 한국장애인재단 홍보대사(2009년 4월) 등 웃음을 머금은 편안한 진행처럼 밝고 명랑한 세상을 위해 노력하고 있다. 현재 프리랜서 진행자로, 채널A 〈행복한 아침〉을 진행하고 있다.

1985년 동기들과 함께한 MT에서.
왼쪽에서 네 번째가 필자이다.

1983년 12월, 동국대학교를 올랐다.

"3시 20분 현재, 입시경쟁률을 알려드리겠습니다. 문과대학 철학과 3.2대 1, 국어국문과 4.3대 1, 영어영문학과 3.7대 1……."

학교 교정에는 입시경쟁률을 시간 단위로 인내하는 방송이 흘렀다. 믿을 수 있는 방송인지 모르겠지만 달리 입시정보가 없으니 두 귀를 열어야 했다. 물론 어디서 하는지도 궁금했다. 지금처럼 스마트폰으로 정보를 찾거나 볼 수 있는 시대가 아니었으니 두 귀를 활짝 열어야 했다. 달리 정보가 없었기 때문이다.

잠시 후 교정은 다시 울리기 시작했다.

"4시 20분 현재, 사범대학 입시경쟁률입니다. 국어교육학과 3.1대 1, 역사교육학과 2.3대 1, 지리교육학과 4.6대 1, 수학교육학과……."

나는 입학원서를 접수해야 한다. 가능하면 낮은 경쟁률의

학과를 지원하기 위해 귀를 세우고 방송을 들었다. 하지만 경쟁률과 함께 내 머릿속은 다른 계산을 하고 있었다.

'이 방송은 어디서 하는 거지?'

나는 대학입학보다 앞서 가야할 동아리를 생각하고 있었다. 그렇게 마이크 앞에 서서 누군가에게 필요한 정보와 음악을 전하는 방송국 아나운서가 되겠다는 계산이 앞섰다.

지난 시간, 그리움과 함께 이런 생각을 가졌던 나는 이재용이다.

대학교 방송국을 가려면 대학에 합격해야 한다. 어떤 학과가 되었든지, 일단 대학생이 되어야 내가 하고 싶은 일을 할 수 있다는 생각은 다시 귀를 열어 입시경쟁률을 들어야 했다. 그리고 그해 겨울, 나는 수학교육학과에 원서를 제출했다. 이제 합격만 하면 된다는 간절한 생각으로 해 떨어진 어두운 겨울밤, 남산타워를 등지고 동악을 길을 걸어 내려왔다. 물론 다시 올라갈 것이라는 생각만이 나를 지키는 힘이자 미래였다.

학생회관 4층

1984년 1월, 조심스럽게 동국대학교 입학처에 전화를 걸었다. 수험번호와 이름을 대고 합격여부를 확인하는 순간이다.

"수험번호 84○○○○ 이재용입니다."

"사범대학 수학교육과 합격입니다. 축하드립니다."

"네, 감사합니다!"

"1월 20일까지 입학 관련 등록을 하시면 됩니다,"

"네, 그런데 대학교 방송국은 어떻게 가나요?"

"네에~~"

의아한 대답뿐이었다. 그 이상의 안내는 없었다. 합격안내를 해준 그 여성분도 모르는 걸 내가 물었던 모양이다. '합격했는데 방송국을 간다고' 분명 의아해했을 것이다.

입학과 함께 나는 학교 방송국을 찾아 나섰다. 사실 수학교육, 입학만 했으면 됐지. 수학은 내가 놀 거리가 아니라는 생각은 입학 처음부터 졸업 끝까지 흔들림이 없었다. 아니 1도 없었다는 표현이 맞다.

동아리가 많은 학생회관을 찾았다. 동국대학교교육방송국, DUBS는 4층에 있었다. '찾아가면 신입회원이 되겠지'라는 생각으로 방송국이 있는 4층으로 올라갔다. 당당히, 내가 동국대에 재학하는 동안 내 사전에 있는 동아리는 이것밖에 없다는 생각으로 문을 열었다. 누군가는 두드리면 열릴 것이라고 말하지만, 세상 모든 문은 내가 열면 된다. 두드려서는 안 열린다. 그냥 열어봐야 한다. 열렸다.

"여기 방송국 신입생이 되고자 하는데요? 어떻게 하면……?"

"신입생이구나."

누군지 모르겠다. 그냥 아는 척을 한다. 분명 선배는 맞는데…….

"방송국은 곧 모집공고가 나갈 거예요. 그때 접수하고 시험 보면 됩니다."

"시험을 봐야 하나요?"

"그럼요. 필기시험하고 음성테스트 그리고 면접까지……."

아니 이런, 경쟁률까지 열심히 챙겨가며 눈치껏 대학을 입학했는데 다시 시험을 봐야 한단다. 혼자 생각했다.

'또 공부를 해야 하나?'

갑자기 싫었다.

"시험, 어떻게 하면 잘 볼 수 있나요?"

어라, 입에서는 마음과는 다른 소리가 막 나왔다. 그만큼 방송국을 들어가고 싶었던 거다.

"그건 3학년 선배한데 물어봐야 하는데……."

"예, 누구요?"

"3학년 학생방송장, 최창엽 선배를 찾아 물어봐요."

"어디서요?"

"지금 여기 없으니 5층 극예술연구회로 한번 찾아가 봐요."

대학 입학해서 과 동기들 이름을 물어본 적도 들어본 적도 없었다. 그랬던 내가 오직 방송국에 들어가겠다는 열정 하나로 처음 들어본 이름을 찾아나선 것이다. 나는 곧장 '최창엽'이라는 선배를 찾아 5층 극예술연구회로 올라갔다. 그렇게 만난 사람이 최창엽 선배다. 그 이름은 지금까지도 잦은 통화로 안부를 묻거나 소주 한 잔을 나누는 선배의 이름이 되었다.

이후 나는 학생회관 4층, 그곳에서 진짜 대학생의 삶을 시작했다.

아침부터 저녁까지 DUBS

이경원, 민성희. 3학년 형들이 새내기들의 아침을 열었다. 발성과 장음·단음을 문장 속에서 구분해야 한다. 발음도 보다 정확히 해야 한다. 물론 바르고 정확해야 한다. 조금이라도 어설프거나 장난기가 드러나면 "이재용, 그것밖에 안 돼?"라는 소리가 다시 내 귀를 울렸다.

입시지원 때와는 달리 난 두 귀를 열지 않았다. 그리고 그런 시간이 힘들다는 생각보다 재미있게 다가왔다. 일단 나를 바꾸고 있다는 생각에 흥미로움이 생겼다. 책을 펼쳐 나를 바꾸어야 하는데 나는 지금 '방송'이라는 꿈과 재미를 향해 나를 바꾸고 있는 것이다. 그렇게 시간을 더했다. 언젠가 방송을 시작할 수 있다는 기대만을 키우며 나는 시키는 대로 입모양을 만들기 시작했다. 보다 정확한 발음을 구사하기 위한 자음과 모음의 조합을 레고 조립하듯이 즐겨야 했다. 물론 나를 이끌어준 경원이 형과 성희 형에게 감사하며 1학년 한 학기의 시간을 보냈다. 그리고 여름 트레이닝이 시작됐다.

1학기 아침에는 1학년 모두가 모여 9시까지 〈동악의 새아침〉을 함께 듣고 모니터해야 했다. 그리고 저녁이면 3학년 형들의 교육이 시작되었다. 그 사이 시간은 공부하다가 다시 점심 먹고 방송국을 찾아오면 됐다. 그게 일과다. 하지만 나의 일과는 그냥 방송국에서 음악을 듣거나 선배를 따라 다니는 일이 전부였다. 학과는 가끔 들러 이런저런 소식을 듣는 자리였다. 시험 때면 누군가의 도움으로 빈 공간을 채우면 된다는 여유도 있었다. 내가 있어야 할 자리는 수학교육의 현장이 아니라는 생각에 학과 입학동기들도 하나 둘 동의하고 있었다. 그냥 나를 찾으러 방송국을 찾아왔을 정도니 말이다. 2학년 영곤이 형, 정우 형, 경석이 형, 승호 형은 나와 기순이 그리고 규민이를 가르치기 시작했다. 여름 트레이닝이 시작된 것이다. 더운 여름 아침 일찍 모여야 했다, 그리고 라면으로 끼니를 때우며 제작부와 기술부가 한 팀이 되어 실제 방송을 연습하기 시작했다. 그렇게 하루하루를 더해 2학기를 준비하고 있었다.

첫 방송, 떨림. 그리고 한 잔의 커피

2학기, 개강과 함께 1학년이 만드는 아침 방송 〈동악의 새아침〉이 시작된다. 이른 아침에 둘레길 오르듯이 학교를 올라가야 한다. 그리고 다시 계단으로 4층을 올라야 한다. 늦으면 안 된다.

8시 30분, "맑고 명랑한 2만 동국인의 소리……." 매일 읽어야 하는 콜사인이다. 내 첫 음성이 교내를 울렸다. 바로 콜사인이 마이크에 담겨 스피커로 울린 것이다. 이어 '반야심경' 그리고 '교가'가 이어진다. "거룩한 삼보의 언덕 위에……." 삼보가 무슨 뜻인지 그때는 몰랐다. 부처님과 부처님의 가르침 그리고 스님을 의미하는지를 말이다. 매일 듣는 교가였다. 물론, 반야심경은 더 몰랐다. 그저 목탁소리가 리듬을 타고 울려 퍼지면 우리학교가 불교학교라는 사실을 인지하고는 했다. 그 박자는 4년 내내 귀를 울렸다. 이제 제작부의 원고를 내가 읽어야 했다. 〈동악의 새아침〉 첫 방송이다, 떨렸다. 부족힘보다는 배운 내로 그리고 익혀온 대로 자신감을 드러내었다. 자심감이 떨림을 지우고 떨림이 점차 익숙함으로 다가서길 선배 또한 기다렸다. 물론 나는 간절했다.

아침 일찍 방송을 위해 집을 나섰기에 우리는 방송이 끝나면 아침을 챙겨 먹어야 했다. 세상 모든 일이 먹자고 하는 일이다. 아침에는 그저 라면이다. 선배들이 사주는 떡라면, 잡탕라면은 단무지를 곁들인 최고, 아니 가장 합리적인 맛과 양을 더해주었다. 그냥 가격이 저렴하다면 될까? 라면은 3백 원에서 시작한다. 특히 만두와 떡이 곁들어진 잡탕라면은 4백 원이었다. 물론

1984년도 가격이다. 더구나 지난밤 술을 깨우는 라면국물은 매운 듯 짭짤한 깊은 맛을 우리에게 전해준다. 가장 짧은 시간 우려 깊은 맛을 내는 일품 먹을거리는 역시 라면이다. 아마도 대체 불가능일 것이다.

동기들과 함께 모여 아침 라면으로 입맛을 내고 있자면 다시 올라가야할 학교는 쉽게 잊혀 진다. 그리고 우리의 발길은 약속이라도 한 듯이 다방으로 이어진다. 학교 후문 앞 제일병원을 따라 내려가면 언덕 아래 동국다방이 있다. 삼삼오오 모여 앉아 커피를 주문한다. 아메리카노, 이런 것은 없었다. 블랙도 듣기만 했었다. 그냥 '커피+프림+설탕'의 조합으로 커피 한 잔을 '다방'에서 즐겼다. 음악을 듣고 서로 방송 이야기를 하며 시간을 보낸 기억이다.

대학 생활을 하는 동안 학과 공부는 거의 안 했던 것 같다. 때가 되어 필요하면 필요한 만큼만 하면 되었으니까. 수업시작을 알리는 시계의 바쁜 움직임과는 달리 우리는 다방 의자의 나름 안락함 속에 머물며 젊은 날의 낭만을 즐겼다. 그리고 몇 백 원으로 시작한 우리의 하루 일과를 점검하고는 했다. 라면, 커피를 마시면 백 원정도가 남는다. 아니 항상 남겨야 했다. 우리의 운을 걸어야 했던 한순간이 남아있기 때문이다. 지금은 이해가 되지 않을, 아니 '그런 것도 있었어.'라고 반문을 하겠지만 그 당시에는 일명 '백 원 빠찡코'가 있었다. 백 원을 넣고 버튼을 돌리면 아니 백 원을 넣고 돌려 운이 좋으면 천 원이 돼서 나오는 기계다. 아주 저렴한 도박기기인데 이 기기는 우리에게 즐겁고 의

미 있는 순간을 만들어 주었다. 백 원이 천 원이 되는 날이면 고추장 돼지고기 한 접시에 소주로 이어지는 시간을 만들 수 있었기 때문이다. 부족함을 채우고자 하는 순간의 선택, 그 선택이 우리에겐 몹시 중요했다.

라면과 한 잔의 커피가 남겨 준 백 원이 만든 행운은 그렇게 우리에게 젊음의 낭만과 추억거리를 가져다주었다.

"야구가 시작이면, 그 끝은 방송제!"

대학방송국의 낭만 그리고 그 낭만적 열정은 축제 기간 열리는 방송제에서 시작한다. 2학년이 되면 자신의 생각을 자유롭게 드러내는 방송제의 한순간을 채워야 한다. 물론 학생회관 4층 스튜디오와는 달리 오픈된 강당에서 자신을 드러내어야 한다. 방송을 지위하듯 대중 앞에 나서야 한다. 멋이라면 멋이 되는 시간이다. 그 멋을 위해 저마다 대중에게 하고픈 이야기를 찾아 글로 드러내어 연습한다. 물론 순간순간의 부족함은 서로가 채워야 한다. 방송이 소통으로 커지고 동기와 후배가 서로 다른 의견 속에 갈등이 만들어지기도 한다. 하지만 다시 그 갈등을 풀어낸다. 방송제라는 낭만을 만들기 위해 저마다 열정을 더하고 그 열정은 다시 정상을 향해 다가서야 하는 길과 같다. 우리는 이 순간 공동체가 된다. 하지만 저마다의 생각으로 다가서고자 열정을 가지면 된다는 우리들의 생각에 복병이 등장했다. 하필이면 방송제 당일, 대학야구 결승전이 열린 것이다.

축제를 가득 채웠던 열기와 시선은 어느새 동대문운동장 야구장으로 쏠렸다. 야구 경기가 시작하는 시간이 다가오자 학교는 텅 비어가기 시작했다. 도서관에 몇몇 친구들만 있을 뿐, 교정은 인기척이 없다. 걱정이 앞섰다. 모두가 하나 되어 한 달을 준비한 방송제다. 이를 듣는 이 없는 황량함 속에 메아리 없는 반응으로 남겨서는 안 된다는 걱정은 우리 모두를 힘들게 했다. 시간이 흘러도 그 결과를 모르겠기에 더욱 힘들었다. 우리는 야구 경기가 시간 안에 끝나길 바라고 있었다. 그리고 끝나면 학교로 오기를 바라는 기원만이 남았다. 하지만 그 기원만을 믿을 수 없었다. 부장들과 함께 회의를 했다. 그리고 서로의 의견을 나누기 시작했다. 쉽게 결론이 나왔다.

"간절하게 알려서 방송제로 대중을 이끌어 오자."

중론衆論이 수렴됐다. '간절하게'알리는 방법은 알림지, 일명 '찌라시'를 만들어 시합이 끝나면 배포하는 것이다. A4용지에 간단히 글을 쓰고 이를 복사했다. 학교 복사기를 동원하여 각각 백여 장씩 손에 쥐었다. 방송제 후반부를 맡은 방송국원과 1학년은 모두 나서야 했다. 그리고 방송제 전반부 프로그램을 맡은 친구들은 방송제 준비를 하라고 전달했다. 그리고 하나 더 주문했다. 야구 경기에서 우리학교가 이기든 지든 중강당에 학우들이 들어오면 경쾌한 음악으로 먼저 흥을 돋워달라고 부탁했다.

우리는 곧장 동대문야구장으로 향했다. 야구를 보러가는 길이 아니라 방송제를 홍보하러 가는 길이었다. 그날 우리는 야구 결과는 모른다. 중요하지도 않았다. 단지 경기가 끝나기만을 기다렸다가 끝나면 학교 중강당으로 대중을 이끌어 가야 한다는 현실만이 중요했다. 야구가 끝났다. 우리는 3루수 쪽 내야에서 나오는 우리학교 학생들에게 전단지를 전달했다. 반응은 다양했다.

"이게 뭐야?" 이런 반응이 나오면
"오늘 방송제합니다. 중강당으로 오시죠."

혹은 "오늘 방송제였어?" 이런 반응이면
"그럼요, 어서 중강당으로 가시죠."

그때 누군가 외치기 시작했다.

"야구가 시작이면, 그 끝은 방송제!"
나도 함께 외쳐야 했다. '오늘의 끝은 방송제'라고 말이다.

학생들은 예년과 같이 동대문운동장에서 학교까지 스크럼을 짜고 걷기 시작했다. 합법적인 군중의 이동이 시작된 것이다. 반국가 시위에서 등장하는 구호도 없다. 그저 다하지 못한 응원을 온몸으로 발산하며 걷기 시작했다. 이제 그들로 중강당에 가득 채워지기만 하면 된다. 우리도 함께 스크럼을 하고 대중과 함께 걸었다. 그리고 그 걸음은 중강당으로 이어졌다.

음악이 흘렀다.

"나의 과거는 어두웠지만
나의 과거는 힘이 들었지만
— 중략 —
행진 행진 행진 하는거야
나의 미래는 항상 밝을 수는 없겠지
나의 미래는 때로는 힘이 들겠지
그러나 비가 내리면 그 비를 맞으며
눈이 내리면 두 팔을 벌릴 거야"

'들국화'의 '행진'이다. 긴 행진을 이끌어 중강당에 입장하는 우리 학우들에게 들려진 노래, 행진! 우리는 그 노래의 가사처럼 강당을 향한 그들에게 두 팔을 벌렸다. 그렇게 1986년 방송제는 막을 올렸다. 그리고 무사히 방송제를 마친 우리는 늦은 밤 신촌역에서 기차를 탔다. 백마역에서 내려 '화사랑'을 찾았다. 이곳에서 저마다의 얼굴을 술잔에 비추어 달을 맞이하고 다시 해를 맞이하는 긴 시간을 함께 했다. 우리들만의 행진은 계속된 것이다. 물론 술과 함께 다시 두 팔을 벌렸다.

낭만, 현실에 부딪히다

나는 방송국에서 선배 따라 낭만을 익혀 동기들이 하나 되는 방송현장을 즐겼다. 학과보다 더 많은 시간을 더했던 우리, 사실 전공서적을 가까이 하지 않고 오직 방송만 즐겼던 나에게 책임감이 다가왔다. 3학년이 되어 학생방송장의 자리가 나에게 다가온 것이다. 86학번 신입생을 대상으로 신입국원을 뽑고 방송시간을 조정하여 1986년 한해의 방송을 시작해야 했다. 한 학기 방송의 시작은 순조로웠다.

교내 방송이 시작되면 나는 거의 대부분을 불상 앞 벤치에서 방송을 들었다. 누군가 나의 방송을 들었듯이 나 또한 후배들의 방송을 듣겠노라고 스스로 생각했었기에 그것은 자연스럽고 당연한 일과 중 하나였다. 물론 학생방송장은 방송국을 지키는 일이 우선이었다. 하지만 실제 방송이 진행되는 시간이면 방송국을 비웠다. 그 자리는 후배들이 새워야 할 자리이기에 내가 먼저 비워야 조금이나마 부담 없이 방송을 진행할 것이라고 생각했다. 물론, 그 비움 속에는 후배들과 동기들에 대한 믿음이 앞섰다. 내 마음을 있는 그대로 받아들인 후배들도 내 바람대로 잘 해주었다. 드디어 한 학기 마지막 방송이다.

'이제 별 다른 탈이 없이 한 학기를 마무리하는 구나.'

생각을 따라 나 또한 편안한 마음으로 본관 앞 벤치에서 방송을 듣고 있었다.

"동지들 모여서 함께 나가자
무등산 정기가 우리에게 있다
무엇이 두려우랴 출정하여라."

'터졌구나!!!'

대학 교내 방송에서 틀지 말아야 할 '광주 출정가'가 교정을 울리기 시작했다. 1980년 시작된 군사정권은 언론통폐합을 이끌었다. 대학교에 휴교령을 내려 학생이 학교를 가지 못하는 서슬퍼런 군사문화가 대학을 지켜보고 있었다. 그런데 금지곡이 교정을 울린 것이다. 노래는 이어졌다.

"영원한 민주화 행진을 위해 나가 나가 도청을 향해
출정가를 힘차게 힘차게 부르세 투쟁의 깃발이 높이 솟았다
혁명의 정기가 우리에게 있다 무엇이 두려우랴 출정하여라
억눌린 민중의 해방을 위해 나가 나가 목숨을 걸고
출정가를 힘차게 힘차게 부르세"

일단 노래는 다 들었다. 그리고 나는 방송국으로 뛰었다. 학교 학생과에서 방송국으로 건 전화가 수없이 울렸던 모양이다. 방송국으로 들어가니 모두가 나만 바라본다. 스튜디오를 향했다. 그러다 전화기 소리에 걸음을 돌려 먼저 전화부터 받았다. 학생과로 학생방송장이 직접 올라오라는 거다. 방송을 막아야

한다는 생각보다 지금 이 순간을 모두가 원만하게 받아들이는 앞날의 결과만을 생각했다. 다시 본관으로 뛰었다. 학생처장인 서윤길 교수 주변으로 교직원이 모이고, 그 중앙에 내가 서야했다.

"당장 방송 끄지 못해!"

일단 그 앞에서는 알겠다고 답했다. 하지만 시간을 끌어야 했다. 학교 측의 지시에 따라 방송을 중단하는 수동적 입장이 아닌 학생방송장으로서 방송을 책임져야 하는 의무만을 생각했다. 방송을 책임진다는 것, 그것은 학생방송장의 권한이기도 하다. 이미 엎어졌다면 책임을 지면된다. 하지만 방송을 중단하게 하면 방송 자율성 침해라는 비난이 더 커질 것이었다. 이는 방송국 존립과 그 가치 또한 스스로 엎어버리는 꼴이 된다. 그러니 이 순간 해답은 시간 끌기였다. 시간을 끌면 끌수록 그만큼의 책임은 나에게 가중될 것이다. 그러나 이 또한 피할 수 없다는 것을 나는 분명히 알고 있었다.

일단 시간을 끌기 위해 나는 교수님들께 죄송하다며 일일이 허리 굽혀 두 손을 잡았다. 학생과 전화기가 울려댔다. 금지된, 그것도 광주출정가를 틀었다는 것만으로도 어디선가 전화가 오고 있었다. 나는 신경 쓰지 않았다, 방송이 끝날 때까지 시간만 끌면 되니까. 금요일 방송 마지막 프로그램이 거의 끝날 시간이 다가왔다. 그제야 나는 학생처 전화기를 들고 방송국 구내번호를 눌렀다.

"야, 방송 꺼! 끄고 다 모여!"

전화를 받은 후배가 뭐라고 했는지도 모른다. 나는 그냥 내가 학생과에서 할 수 있는 이야기만 했다.

"야, 빨리 오디오 내리고, 콜사인하고, 오늘 방송 끝내라고!"

교정 스피커로 오디오가 줄어들고, 콜사인이 나오기 시작했다. 편성표에 정해진 방송 시간을 따라 1986년 1학기 마지막 방송이 끝나고 있었다. 학생처장 서윤길 교수님께 인사를 드리고 나오려는데 학생과 과장님의 큰 소리가 들려왔다.

"제작, 아나운서, 기술 누구야?"
"네?"
"이재용, 너 가서 다 데리고 와."

본관을 나와 학생회관으로 '걸·었·다'. 뛰지 않았다. 이제 천천히 걸어도 된다. 방송의 시작이 아닌 끝이었으니 이제 정리만 하면 된다. 그러나 오늘 터진 일의 끝은 가늠이 안됐다.
'하아……, 이 일을 어떻게 하지…….'

머리는 복잡해졌다. 하지만 지금 이 순간을 직시해야 했다.

'있는 그대로 이유 없이 진실을' 그리고 '왜 이 음악은 안돼?'라는 생각이 교차했다. 생각의 밖에는 방송을 들었던 학생들이 있었다. 교정에서 방송을 들었던 학생들의 얼굴이 내 두 눈에 들어왔다. 모두들 상기된 얼굴로 저마다의 얼굴을 마주하고 있다. 이내 그 시선이 나를 향하는 듯 했다. 천천히 걸었다. 그리고 걸음을 더하며 나는 다시 고개를 떳떳하게 들어야 한다는 신념이 생겼다.

방송국 문을 열고 들어가니 '이제 어떡하지'라는 생각으로 다들 나를 바라보고 있었다.

"야이, 씨…… 잘했어! 이런 거 언제 해 보겠어?!"

2학년 제작부 이정우가 다가왔다. 종이 한 장을 내게 건넨다. 사직서다. 오늘 일에 대한 책임으로 방송국을 그만두겠다는 의사를 먼저 표시한 거였다.

"정우야, 알았어, 하지만 이건 안 돼. 함께 책임지고 함께 행동한다. 우리가 잘못한 게 뭐지? 우리가 잘못했다면 이런 학교, 이런 나라는 죄 없는 건가? 학교도 정상이고 사회도 정상이고 나라도 정상이면 오늘 우리 행동이 잘못이랄 수도 있겠지만 잘못된 것을 잘못했다고 말한 것이 죄라면 그 죗값 받자. 야아, 그냥 다 같이 받자."

나를 따라 방송 제작자 정우와 아나운서 순형이가 본관으로 올라갔다. 사전에 나는 두 후배들에게 '학생과 이야기 다 듣고 내가 딱 한마디만 할 것이다. 너희들은 죄송하다고 하고 내가 이야기할 테니 나를 믿고 따라줘'라고 말했다. 물론 두 친구는 자기의 책임이라며 방송국은 폐쇄되면 안 된다고 주장했다. 나는 이어 '너희 뜻을 알지만 학생과에서는 내가 이야기할 테니 참고 있으라'고 거듭 당부했다. 징계는 나로부터 시작되어야 한다는 생각을 하며 학생과 문을 열었다. 벌어진 일을 수습하려는 듯 교직원들은 외부로부터 온 전화를 주고받고 있었다.

일단 욕으로 시작되는 꾸중부터 들어야 했다. 우리 이야기는 들을 필요도 없었던 모양이었다. 답은 정해져 있으니 그 결정에 따르면 되는 분위기였다. 서윤길 학생처장님이 자신의 방으로 들어오라고 했다. 처장님은 '다 알겠다'는 표정으로 우리에게 물 한 잔을 건넸다.

"이제 어떡할 거니?"

"잘못이라면 어디서 잘못인지 모르겠습니다. 틀지 말아야 할 음악과 해선 안 될 말이 있다면 그것이 잘못 아닌가요? 그저 우리는 그렇게 길들여지는 것을 거부했을 뿐입니다. 이것이 죄가 되고, 책임져야 될 일이라고 한다면 책임을 지겠습니다."

서윤길 학생처장님의 답은 예상치 못했다.

"그래, 알았다. 이제 어서 집에 가라. 늦었다."

그렇게 학생과를 나왔다. 걱정하는 눈빛으로 우리는 서로의 마음을 알고 있다는 듯이 오늘을 위안하는 소주를 찾아 무거운 걸음을 옮겼다.

며칠 뒤, 학생과에서 우리를 불렀다. 학교 밖의 곱지 않은 시선을 의식한 듯 우리에게 간단한 경위서를 써야 한다고 일러주고 형식적으로나마 다시는 그러지 않겠다는 의견을 모아달라고 했다. 돌이켜 기억하면 그 일은 커질 수 있었던 문제였다. 누군가는 책임을 져야 했기에 정우나 나나 그 책임을 서로 지겠다고 말했는지도 모른다. 그런데 그 책임은 누군가 우리를 이해하며 정리한 듯하다. 아마도 서윤길 교수님일 것이다. 누군가의 이해가 없었더라면 우리도 어떻게 되었을지 모른다. 그 이해의 힘을 때로는 나의 가슴 속에 담는다. 옳고 그름이라는 분별을 넘어 이해하는 혹은 누군가를 이해하는 힘은 나에게 소중했다. 그리고 우리에게 책임감은 현실의 벽을 깨는 힘이 되어야 했다.

학교를 떠나야 한다, 그리고 다가온 간절했던 현실

입시경쟁률 안내 방송을 듣고 만난 학교방송국과의 인연과 야구경기 관중과 벌여야 했던 한판승의 기억인 방송제, 그리고 틀지 말아야 했던 음악을 틀고 바른 말을 했던 방송사고 등 그 시간은 나의 20대를 전반부를 채웠다. 그냥 모든 것이라는 표현이 맞다. 내가 가진 모든 열정과 정성을 쏟아 방송 활동으로 대학 생활을 알차게 채워 나갔지만, 미래에 대한 걱정은 여느 친구들과 별반 다르지 않았다.

4학년이 되니 취업을 걱정해야 했다. DUBS를 통해 꿈과 열정을 채워나갔다면, 취업에 대한 걱정과 불안은 현실이었다. 그토록 즐겨 찾던 방송국이 있는 학생회관 4층도 자주 올라가지 못했다. 방송하는 후배들에게 자주 얼굴을 비추는 건 그들에게 부담이 될 것 같았다. 시간을 어떻게 보내야 할지도 몰랐다. 물론 공부를 열심히 하겠다는 생각은 생각이었을 뿐, 나의 몸은 생각과 달리 습관적으로 움직였다.

시간을 보내기 제일 좋은 곳으로 향했다. 그 가운데 자주 가던 곳은 극장이다. 충무로 대한극장은 한 번에 한 편만을 볼 수 있지만, 길만 건너면 한 번에 두 편을 그것도 여러 번 볼 수 있다. 바로 극동극장이다. 학과 공부 또한 크게 관심이 없었으니 그만큼 자주 극장을 찾았다. 아마도 지금의 '멍 때리기'를 극장에서 했던 셈이다. 그곳에는 성찰을 위한 나만의 여유가 있었다. 엄밀히 말하면, '성찰적 회피'가 맞다. 다시 1학년이 되고 싶은 생각이 피어오르기도 했다. 방송과 함께 공부를 열심히 했어야 한다는 아쉬움이 있다. 부족함이다. 반면 현실은 결심을 해야 했다. 내가 가야할 길, 내가 먹고 살아야 할 길을 찾아야 했다.

그 고민은 길지 않았다. 내가 할 수 있는 일은 방송이다. 내가 좋아하는 일도 방송이다. 하지만 시험이라는 관문이 있다. 입시와는 다른, 그래서 경쟁률로 선택할 수 없는 하나만의 길이 있었다. 필기시험, 테스트, 면접으로 이어지는 하나만의 길을 나아가야 했다. 다른 선택이 없는 길이다. 누군가는 여러 가지 갈래길에 서서 자신에게 어울리고 즐길 수 있는, 아니면 급여가 많은 직장을 선택하지만 나에게는 선택이 없었다. '이것마저 안 되면 안 된다'는 간절함으로 방송국에 입사원서를 냈다. 뒤돌아보지 않았다. 다시 한 번 생각해도 충분히 준비하지 못한 아쉬움이 크다. 영어도 아쉬움이다. 그런 간절함이 작은 빛이 되었나 보다. 그 빛은 필기시험을 넘어 스튜디오 테스트 그리고 면접에 이르는 길을 밝혀 주었다. 그리고 그 빛은 내가 다시 드러내야 할 방송의 빛이 되어야 했다. 그리고 감사해야 했다.

이 모든 시작에 DUBS 동국대학교교육방송국이 있다. 그 누군가를 만나도 어느 약속시간 보다 중요했던 만남이 학생회관 4층 DUBS에서 시작되었다. 4층 공간 속에 20대를 시작했던 선배들과 후배들에게 다시 감사드린다. 그리고 함께 기차를 타고 다시 한 번 백마역 '화사랑'을 찾고 싶다. 들국화의 노래를 들으며 이른 아침 새벽을 열고 싶다.

들국화의 새벽기차다.

해지고 어둔 거리를 나 홀로 걸어가면은
눈물처럼 젖어드는 슬픈 이별이
떠나간 그대 모습은 빛바랜 사진 속에서
애처롭게 웃음 짓는데
그 지나치는 시간 속에 우연히 스쳐가듯 만났던 그대

……

낯설은 거리에 내려 또 다시 외로워지는
알 수 없는 내 마음이여

낯선 곳에서 선배와 후배로 만났던 시간이 있었기에 지금 그리고 젊음이 더욱 의미 있다. 우리의 젊음 속에 함께 했던 추억을 살리고자 다시 한 번 기차타고 막걸리 잔을 나누는 자리를 만들고 싶다. 한번이 아닌 영원히 부를 '동우'를 오늘 다시 생각한다.

1989년 중강당에서 열린 방송제
_방송국에 남겨진 옛 엘범속에서

1987

박재영 29기 보도

동국대학교 불교학과 87학번.
대학입학과 함께 대한불교진각종 종비생으로 2년간 절에서 생활하다가 뛰쳐나옴. 대학 졸업 후, 대구에서 편의점 관련 냉장냉동식품 물류사업체를 장장 18년간 운영하였다. 그 후, 3년간 사주공부를 하였으며 이를 바탕으로 지금은 사주를 테마로 하는 부동산 중개사무소를 운영하고 있다.

1989년 방송국 보도부실에서 후배들과 함께. 왼쪽부터 김준나, 필자, 윤태은이다.

"독재타도! 호헌철폐!"
중앙 도서관 앞에서 집회가 열렸다. 잠시 뒤, 방송국 전화기에 전화가 울렸다. 보도부장 동민이 형의 긴박한 호출이다.

1987년이다. 뛰었다. 나는 DUBS 동국대학교교육방속국 보도부 29기 박재영이다. 나와 함께 도서관으로 뛴 친구는 1학년 기자인 광우, 준배 그리고 계숙이다. 현장의 상황을 파악하는 것이 첫 임무다. 현장이 파악되면 방송국으로 전화해야 했다. 휴대전화가 없던 시절이니 학교에서는 수위실 전화를 사용했다. 학교 밖이면 공중전화에 동전을 넣어야 했다. 그리고 우리는 취재계획을 잡고 각자 움직이는 집회 장소로 달려갔다. 물론 공중전화 박스에서 취재내용을 보고하고 스튜디오에서는 전화로 접수되는 상황을 재빨리 기사로 작성해야 했다. 기술부는 방송장비에 전원을 넣고 기다린다, 첫 기사가 작성되면 바로 스튜디오로 들어가 실시간 교내방송을 해야 했다. 현장에서 중요한 것은 호주머니의 동전이었다. 작은 소니 녹음기와 테이프는 잃어버리지 말아야 할 무기였다.

1987년 4월 13일, '호헌 선언'이 발표되었다. 호헌護憲, 법을 지킨다는 정의로운 명제는 사실, 자신의 이익을 위해 누군가 악법을 유지해야하는 정권연장의 수단이 된 것이다. 그들만을 위해 그들만이 그 법을 지키겠다는 불의不義가 되고 있었던 것이다. 속뜻은 옛 헌법대로 대통령을 간접 선거로 뽑겠다는 선언이었다. 대통령을 시민의 손으로 직접 선출하자는 민의의 요구가 정치인의 이해관계로 무시되는 선언이 그해 시작된 것이다. 그리고 집권당인 민주정의당은 대통령 후보로 노태우를 뽑았다. 이에 대항한 대학생들의 구호가 바로 '호헌 철폐'와 '독재 타도'였다. 하지만 민주화 시위는 무력적인 공권력 진압의 위험 속에 노출되었다. 눈과 코로부터 시작되는 최루탄의 고통은 결국 한 생명을 앗아가기에 이르렀다. 그해 초에 고문을 받다 숨진 박종철 사건과 함께 시위 도중에 최루탄을 맞아 숨진 이한열 사건으로 인해 시민들의 분노는 더욱 커져가고 있었다. '이건 아니다'라는 분노는 정의로 향하고 있었다.

다시 시민들이 결집하기 시작했다. 1987년 6월 10일 전국 곳곳에서 거의 동시에 시작된 시위는 사람이 모이는 곳에서부터 시작하더니 20일간 매일 계속되었다. 그 시작은 대학이었다. 우리학교는 도서관 앞 광장에서 시작하여 만해광장으로 이어져 그 시위의 몸집을 불렸다. 시간은 민주화의 편에 서기 시작했다. 일반 시민들의 수가 늘어나 6·10민주화운동은 국민운동으로 발전해 갔다. 회사원들도 점심시간이면 거리로 나왔다. 업무를 마친 뒤 넥타이를 맨 채 시위에 참여했다.

이렇게 1987년의 하루는 세상을 빠르게 그리고 다르게 움직였다. 그 움직임을 담아 전하는 일은 가슴을 뛰게 했다. 급하면 방법을 찾는 능력은 누구에게나 있었던 모양이다. 우리도 급했다. 때로는 공중전화를 이용하여 직접 방송 전파를 내보내기도 했다. 사실과 현장을 빠르게 전하고자 스튜디오와 서울 시내 전화기 부스를 연결하는 방송을 시작했다. 물론 현장의 소리가 그대로 전달되다 보니 생동감이 넘쳤다. 아니 보다 사실적이었다. 당시로서는 나름 획기적인 방법을 이용한 셈이다.

1987년 6월, 학교는 시끄러웠다. 하지만 시간을 더하며 학교는 조용해지기 시작했다. 학생 모두가 교내에서 명동으로, 충무로 그리고 서울역으로 나아갔다. 출정식이다. 서울 시내 대학교는 모두가 나섰다. 물론 학생 시민 할 것 없이 모두가 거리로 쏟아져 나왔다. 그 속에 작은 녹음기와 동전을 가진 우리는 대학방송국 기자로서 시위대중과 함께 했다. 그리고 열정은 내가 아니라 모든 사람의 기운이 더해지는 힘이 되고 있었다. 돌이켜 우리는 그런 현장마다 뛰어 다니며 그 열기를 전달하는데 여념이 없었다. 왜 하는지가 중요하지 않았다, 그냥 눈앞에 벌어진 현장을 담아 전하는 시간 속에 듣는 이의 생각이 바뀌고 그 생각이 다시 하나 된 힘으로 드러나는 현장이 소중해졌다.

때로는 기자 신분을 망각하고 손에 들여 있어야할 녹음기는 뒤로 한 채 화염병에 각목을 손에 들기도 하였다. 때로는 날아오르는 최루탄이 하얀 안개가 되어 나를 짓누른다. 하지만 분하고 억울하고 아무리 생각해도 이건 아니라는 이성적 판단이 나를 이끌었다. 내게 취재보다는 민주화의 열망이 훨씬 컸던 모양이다. 대학생이라는 신분의 옷을 입고 세상의 옳고 그른 판단을 해야 한다는 의무감도 커졌다. 고등학교 교복을 벗은 나에게 시위는 또 다른 나를 키우고 있었던 모양이다.

그해 봄, 민주의 힘으로 움직이던 시위는 민중의 이름으로 모든 이에게 다가섰다. 도심을 가득 메우는 시민의 발걸음은 새로운 역사를 열었다. 대통령 직선제라는 6.29선언을 만든 1987년의 6월 항쟁은 무더위를 앞서 직접 민주주의의 길을 열었던 것이다. 그 새로운 길속에 역사의 기록으로 남은 이들이 있다. 연세대학교 이한열의 죽음은 대학생이었던 나의 두 귀와 두 눈에 새겨져있다.

통일을 외치다. 평양축전

그 뜨겁던 여름이 지나고 나는 3학년이 되었다. 보도부장이 된 나에게 1989년은 전국의 대학방송 기자들과 함께 '전국대학방송기자연합회달리 전방기련이라 부르기도 했다'를 조직한 한 해다. 그리고 나는 전방기련의 1대 의장으로서의 역할을 수행하게 되었다.

먼저 전국의 대학을 찾아야 했다. 서로의 취재 내용을 공유하고 하나된 의식으로 세상을 비추는 바른 길을 열고자 우리는 대학생 기자라는 이름만으로 이야기를 나누었다. 전국의 대학을 찾아 나선 나와 전방기련 집행부, 우리의 열의는 넘쳐났었다. 그리고 우리의 문제를 극복하고자 노력해야 한다고 다시금 열정을 깨워야 한다고 역설했다. 사실 언론의 기능적 측면에서 다소 우세였던 당시 대학신문사를 이겨보겠다는 열망 또한 컸었다.

마침 임수경 방북 소식이 대학가의 새로운 분위기로 다가왔다, 다시 젊은 열기로 열정을 깨우는 계기가 될 것이라 여겼다. 그리고 전방기련 기사들은 신속한 방송으로 대학언론의 앞선 길을 나아가고자 저마다의 생각을 모았다. 전방기련은 대학연합을 기준으로 평양축전 공동기자단을 만들어 방북계획까지 세웠다. 그리고 통일부에 방북 승인을 요청했다. 그러나 우리의 열정은 순수하기만 했다. 평양축전을 취재하기 위해 백방으로 노력했으나 정부 당국은 물론 그 어디에서도 답을 들을 수 없었다. 무산된 것이다.

우리는 한양대학교에서 전국 대학생 방송인이 기획하고 제작하는 평양축전방송제를 개최하였다. 물론 정부는 이를 불법으로 여겼다. 결국 한양대가 봉쇄되었다. 지하철 2호선 한양대학교 역은 열차가 서지 않고 통과했다. 한양대학교로 모여야 했던 대학생들은 뚝섬역과 왕십리역에 모이기 시작했다. 평양축제는 못가더라도 한양대학교는 가야 했다. 그러나 봉쇄다. 가야할 길은 막혔지만 끝까지 가야만 했다. 결국 우리는 지하철 선로를 뛰어 한양대에 들어갈 수 있었다. 뚝섬역에서 한양대학교 공대 앞까지 지하철 철로를 뛰었다. 봇물이 터진 것이다, 수많은 학생들이 선로를 뛰었다. 선로와 공대 건물을 이용하여 한양대 운동장에 모이기 시작했다. 수천 명이 운동장에 모였다. 그리고 그 자리에서 '전방기련'의 이름으로 첫 방송제를 하게 되었다.

"안녕하십니까. 전국대학방송기자연합회 1대 의장
동국대학교교육방송국 기자 박재영입니다……."

나름 가열찬 목소리로 인사를 했지만 나는 떨고 있었다, 그 기억은 시간을 더해도 생생하다.

우리의 생각과 다르게 누군가의 시선은 우리와 달랐다. 당시 시대상이기 때문이겠지만 무사히 방송제를 마치는 마지막에 방송제 클로징 멘트가 문제가 되었다.

"해방의 함성, 구국의 방송,
여기는 전국대학방송기자연합회입니다."

우리의 콜사인이 문제가 된 것이다. 전투경찰이 운동장을 향해 돌진했다. 우리는 최루탄 연기의 고통을 눈과 코로 맞으며 다시 뛰었다. 나는 한양대병원 서류보관실에 숨었다 그리고 하루 지나 간호사분의 도움으로 한양대를 빠져나왔다. 왜 피했을까? 그 이유는 모른다. 그저 전투경찰이 마구잡이로 잡아갔기 때문에 그들을 피한 것이다. 그냥 고초를 겪었다. 그리고 며칠 뒤, 내 주변의 몇몇 친구들이 바로 수배명단에 오르내리고 있었다.

광우, 준배, 계숙이…… 우리가 DUBS 보도부 기자로 활동했던 그 시기는 암울했다. 하지만 바쁜 시간을 함께 했다. 취재할 내용도 또 보도할 뉴스도 넘쳐났었다. 그로 인해 엄청난 양의 기사를 쏟아내다 보니 어느덧 수십 권의 뉴스자료로 남았다. 결국 나는 4학년이 되어 방송국을 떠날 즈음에 파일을 만들어 영구히 보관하고자 책을 만들었다. 언제가 학교 방송국을 찾으니 그 자료가 그대로 있다. 30년이 지났는데 그 속에 광우, 준배, 계숙이 그리고 찬규와 선희, 준나, 배은이, 건우, 종훈이도 아직 그 안에 기자의 이름으로 남아있다. 1987년에서 1990년에 이르기까지 우리의 역사는 그 안에 있다. 〈캠퍼스 뉴스〉, 〈동악의 현장〉, 〈목멱칼럼〉, 〈알쏭달쏭〉, 〈자유소리통〉. 우리가 함께 했던 이름이다. 동악의 공간을 울렸던 시대의 소리다.

지금은 모두가 중년이 되었다, 자주 만나지는 못했다. 하지만 방송국에 방송원고로 남아있는 그 시간만큼 이제 다시 보고 만나 이야기하자. 시간이 남아있으니 말이다. 다시 우리의 역사를 시작하자.

4층 지워지지 않는 흔적

DUBS가 맺어준 인연

안창해 14기 아나운서

동국대학교 철학과 72학번. 미 LA 〈the Town News〉 대표.
대학을 졸업하고 대원외국어고등학교에서 17년간, 윤리를 가르치다 1993년 미국으로 이주, 가드닝 비즈니스, 비디오 가게, 학원 등을 동시에 운영하였으며 1999년 라디오코리아에서 아나운서 모집광고를 보고 실기테스트와 최종 면접을 보았으나 당시 이장희 사장이 광고영업을 권유하여 이에 광고영업을 시작, 1년 만에 광고영업국장이 되었다. 그 후 라디오 서울로 회사를 옮겼다가 2004년 6월 퇴직하였다. 그리고 2004년 10월 미국 LA 'the Town News, Inc.'을 인수하여 지금까지 운영하고 있다. 〈the Town News〉는 오렌지카운티를 중심으로 배포하던 신문으로 지금은 LA카운티까지 배포지역을 늘려 운영 중인 남가주 최대의 주간신문이다.

한국을 찾은 어느 토요일 오전이었다. 완석이 형이 창덕궁 구경시켜주겠다고 했다. 안국역 3번 출구에서 만나기로 했다. 1년 후배 안영선 씨도 함께 하기로 했다. 작년에는 셋이 만나 올림픽 공원을 걷고 추어탕을 먹었었다.

토요일 오후 창덕궁은 사람들로 붐비고 있었다. 한복을 빌려 입은 외국인 관광객들이 삼삼오오 짝을 지어 다녔고, 젊은 남녀의 무리들이 봄을 즐기고 있었다. 우리도 상춘객이 되어 봄날의 고궁을 거닐었다. 무언가 하나라도 더 보여주고 싶어 하는 완석이 형은 우리를 이리저리 데리고 다녔다. 그러나 창덕궁은 그리 넓지 않았다. 창덕궁에서는 비원이나 창경궁으로 건너갈 수 있는데 두 곳 모두 입장료를 따로 더 내야 했다. 우리는 비원으로 가고 싶었다. 그런데 비원은 입장시간이 정해져 있었고, 한

번 입장할 때마다 100명으로 인원을 제한했다. 우리도 입장권을 구입하기 위해 줄을 섰다. 그러나 곧 입장권이 매진되었다며 다음 입장은 2시간 뒤에나 가능하다고 했다. 더 기다려서라도 비원을 구경하고 싶었다. 그러나 2시간씩 기다리며 입장할 필요가 있는가라는 물음 앞에 우리들은 고개를 저었다.

대신 완석이 형은 종로 뒷골목, 동태찌개를 맛있게 하는 집으로 안내했다. 크고 누런 양푼에 동태와 각종 채소가 가득하게 들어있는 찌개가 끓는 동안 우리는 밀린 얘기를 나눴다. 언제나 이야기의 시작은 오늘이지만 중간과 끝은 옛날 DUBS, 그 시절로 돌아간다. 막걸리가 몇 순배 돌아가고 DUBS 이야기가 시들해질 즈음에 수십 번도 더 안주거리로 삼았던 대학 졸업 후의 이야기를 누군가가 또 꺼냈다.

1978년 6월 17일 오후, 당시 내가 근무하던 학교 교무실로 전화가 왔다. 완석이 형이었다.

"안 선생, 서울에 자리가 있는데 서울로 오시오."

"형, 나 여기 조금만 있으면 교감하는데거기 뭣 하러 가요?"

"아, 의정부 뽐푸물 먹지 말고 수돗물 먹어야지."

"아…… 형, 나 아주 좋아요. 그냥 여기 있을래요."

"그럼, 오늘 저녁에 우리학교로 놀러오시오. 내가 숙직인데 같이 저녁 먹으며 얘기나 합시다."

물어물어 154번 버스종점 앞의 산비탈에 세워진 학교를 찾아갔다. 완석이 형은 숙직실에서 기다리고 있었다. 짜장면을 먹으며 형이 말했다. 사람을 낳으면 서울로 보내고 말은 제주도로 보내라고 한 옛말이 왜 있겠느냐? 사람은 서울에서 살아야 한다며 왜 서울로 와야 하는가를 수십 번도 더 반복해서 강조했다.

교사생활 1년 만에 학생부장이 된 스물다섯 살의 젊은이는 삼십 대 초에 교감이 될 거라고 야심에 가득 차 있었다. 거기다가 아내는 담배도 팔고 콩나물, 두부 등도 파는 동네 사람들이 이용하는 가게를 운영하고 있었다. 그런데 서울에 와서 다시 평교사로 시작하라니 답답하기 짝이 없는 노릇이었다. 형의 충고와 조언이 장시간 계속되었다. 설득의 달인을 어찌 이기랴. 다음날 인터뷰하고 7월부터 근무하기로 했다.

수돗물을 먹어야 한다고 우배를 불러다 놓고, 1년도 지나기 전에 완석이 형은 춘천 MBC로 자리를 옮겼다. 춘천에 근무할 당시 방송국으로 한번 찾아간 적이 있다. 당직을 일주일에 서너 번씩 하면서 고생하고 있었다. 힘이 많이 든다고 했다. 몇 년 뒤 완석이 형은 방송국을 그만 두고 마포여중에서 근무하다가 한전에서 운영하는 수도공고로 자리를 옮겼다. 그저 간간히 흘러오는 소식을 들을 뿐 서로 잦은 왕래를 하지는 못하고 살았다.

필자가 삼십대 초반에 43평 아파트를 갖게 되었을 때 방송국 선후배들을 초대한 적이 있다. 완석이 형은 기뻐하면서도 교사가 이렇게 큰 집에 살아서는 안 된다며 무조건 팔고 작은 집으로 이사가라고 했다. 열심히 일했고, 유명 출판사의 참고서와 문제집을 집필했다. 학원에 모의고사 문제도 팔았다. 또 좋은 부동산 업자를 만나 분양가에 갖게 된 아파트였으며, 집값의 1/4정도는 은행 융자도 받았다. 자세한 내용을 잘 모르는 형은 후배가 부정을 저질러 부를 축적했다고 나름대로 생각하고 걱정했었던 것 같다.

완석이 형 특유의 어투를 흉내내며 한바탕 웃었고, 안영선 씨가 복학 후에 후배들과 대학 다니며 있었던 일을 이야기 했다. 거의 세기의 반을 거슬러 오르내리며 지난 일들을 회상했다. 동태찌개에 막걸리를 한 잔씩 하고 나와 청계천을 걸었다. 광장시장에 도착했으니 그냥 지나칠 수 있겠는가. 빈대떡에 또, 막걸리를 마셨다. 이야기는 계속 이어졌다.

1993년, 나는 교직을 떠나 미국으로 이주했다. 1999년에 영주권을 받은 이후로도 거의 해마다 고국을 찾았다. 그때마다 완석이 형은 식사를 대접해주었고 여기저기 구경도 시켜주었다. DUBS 모임이 있을 때마다 참석하도록 종용했다. 아울러 필자 큰 아들의 주례를 서기도 했으며, 우리 집안의 대소사가 있을 때마다 만사를 젖혀두고 달려와 주었다. 늘 후배를 챙겨주는 완석이 형을 생각하면 그저 감사할 뿐이다. DUBS에서 시작한 만남이 평생 이어졌으니 DUBS가 소중한 인연을 선사한 셈이다.

법정 스님은 "함부로 인연을 맺지 말라."고 했다. '진정한 인연과, 스쳐가는 인연은 구분해서 인연을 맺어야 한다. 진정한 인연이라면, 최선을 다해서, 좋은 인연을 맺도록 노력하고 스쳐가는 인연이라면, 무심코 지나쳐 버려야한다. 그것을 구분하지 못하고, 만나는 모든 사람들과, 헤프게 인연을 맺어놓으면 쓸 만한 인연을 만나지 못하는 대신에 어설픈 인연만 만나게 되어, 그들에 의해 삶이 침해되는 고통을 받아야한다'는 것이다.

스님의 이런 '인연론'을 감히 틀렸다고 할 수는 없지만 나름 세상의 이치를 공부하고 있는 범부의 입장에서 보면 '이 세상에 좋지 않은 인연이란 없다. 쓸 만한 인연, 어설픈 인연이 따로 있지도 않다. 서로가 노력하며 맞춰가며 살다보면 다 좋은 인연이 되는 법'이다. 모든 인연은 소중하다. 잘 보듬고 가꾸어 가야 한다.

지금도 DUBS와의 소중한 인연에 늘 감사하며 살고 있다.

뒤늦은 지천명知天命

고성분 15기 아나운서

동국대학교 사범대학 가정교육과 73학번.
대학 졸업 후 결혼과 함께 한 가정의 주부로 20년을 지내다가 자녀를 모두 음대에 진학시킨 후 자신의 시간을 만들 듯 40대 중반 각종 요리 자격증을 취득하여 강남 신세계백화점, 용산 아이파크백화점 문화센터 등에서 이탈리아 요리강좌를 진행하고 있다.

어느 산 정상에서. 왼쪽 아래부터 시계방향으로 신영진, 유홍성, 정우섭, 홍금옥 그리고 중앙이 필자이다.

1973년. 내가 동국대학교 사범대학 가정교육과 1학년 신입생이 된 뜻깊은 해다.

사실 동국대 입학은 내게 있어 아쉬운 나날이었다. '조금만 더 욕심을 내었어도' 하는 나만의 아쉬움과, '좀 더 나은'이라는 주변의 기대를 접어야 했기 때문이다. 그래서인지 학교도, 친구도, 학과도 가까이 하고픈 마음이 일어나지 않았다. 그렇게 한 학기를 보냈다. 싫든좋든 내 기분이나 감정과는 무관하게 시간은 앞뒤를 가리지 않고 흘렀다. 대학 신입생이 되어 느끼고 누려야 했던 설렘이나 기대는 내 것이 아닌 듯 했다. 무색무취, 무미건조한 일상 속에서 한 선배를 만나기 전까지는 그랬다.

4학년 최경옥 선배가 말을 건넸다. 내가 졸업한 수도여고 선배이기도 한 경옥 언니는 나를 유심히 지켜본 듯했다.

"성분아, 넌 뭐 해보고 싶니?"

"잘 모르겠어요, 언니."

"모르다니 이제 대학생이고 숙녀인데……. 미팅?"

"에이, 아니에요"

경옥 언니와는 많은 이야기를 나누지 않았다. 하지만 대학에서 만나 이야기를 나눈 몇 안 되는 선배였다. 그러던 어느 날이었다.

"고성분, 너 방송국 와라."

"예, 언니……."

"응, 방송국 아나운서 지원해 봐. 넌 하면 될 것 같아."

그렇게 시작됐다. 지루한 일상 속에 학생회관 4층에서 '방송국 아나운서 고성분'의 일이 하나 추가된 것이다. 그곳에는 가정교육과와는 달리 남자도 있었다. 하지만 그냥 남자였다. 방송국이 신기하고 재미있었으나 방송만 했다. 많은 이야기를 나누기보다 방송 마치면 바로 4층에서 내려왔다. '내가 할 일만 한다'는 새침한 태도로 이어나갔다.

그 당시 남자 대학생이란 장발에 다소 어른스러운 듯 보이는 양복, 담배를 멋으로 삼았다. 어린데 나이 들어 보이는 복장을 선호한다는 느낌이었다. 그래서 선뜻 다가서기 머뭇거려졌던 것은 나 혼자 뿐이이었을까? 더군다나 매일같이 술을 즐기던 아니 마셔야 되었던 방송국 선배와 동기는 가까이 하기에 왠지 거리가 느껴졌다. 그때는 그랬다는 것이다. 물론 매일 아침 방송을 함께 하고 서로 웃는 얼굴로 마주하던 나날은 부족함이 없었다.

저마다의 삶 속에서 부족함 보다는 넘치는 나날을 서로의 웃음 속에 담았던 모양이다. 하지만 현실은 그렇지 않았다.

제작부는 방송 원고를 써야 했으나 시간이 없다는 이유로 아나운서인 나에게 방송 원고를 부탁하기도 했다. 방송은 시간이 정해져 있고 그 약속의 시간은 미루면 안 되는 일이었다. 결국 누군가는 해야 했다. 방송시간이 다가오고 있어 시간 내에 해야 하는 일은 '나'라도 해야 하는 일이 되었다. 아니 누구라도 해야 했다.

원고지 위에 볼펜으로 아나운서가 써 내려가는 원고가 시작된다. 인사말, 하루의 짧은 생각, 그리고 공감을 담아야 했던 음악의 선곡까지 잠시나마 나를 드러내는 글과 소리는 즐거움이 되고 있었다. 그런 나날 속에 최경옥 선배는 분명했다. 여성 리더와 같았다. 곧고 선명한 판단이 돋보였나. 국어교육과 4학년인 언니는 어른 같았다. 반면 나는 걱정이 없는 대학생이었던 모양이다. 부모님의 용돈으로부터 벗어나지 못한 그래서 경제적 개념조차 부족했던 대학생이었다. 물론 달리 나만의 꿈을 드러내거나 이를 성취하고자 열정을 더하지도 못했다. 단지 여대생이었을 뿐이었다.

사회 입문

대학생이었던 나는 별다른 고민과 생각을 가져보지 못했다. 그저 집에서 모든 것들이 해결되니 내가 할 수 있는 것, 내가 하고 싶은 것에 대한 막연한 생각이 전부였던 청춘 그 자체였다. 그렇게 사범대학 졸업반이 되어 교생실습이라는, 진정 내가 누군가의 앞에 서야 하는 시간이 다가왔다. 마이크를 잡고 홀로 갇혀진 스튜디오 공간에서 많은 시간을 보냈지만 직접 사람을 마주하고 수업을 해야 하는 교생의 나날은 남달랐다. 1976년 4월 1일, 나는 강남여중 교생이 되어 고운 구두를 신고 학교를 올랐다. 아이들의 두 눈망울이 가득했다. 새롭고 낯선 자리에 선다는 어려움 보다 '내가 해야 한다'는 중압감이 나를 무장시키고 있었다. 그렇게 학생들과 함께 즐거운 4주 교생실습을 마친 나는 교직이 아닌 다른 곳으로 눈을 돌려야 했다. 물론 간절히 무엇을 이루고자 다가서지 않았던 나의 일상은 나의 밖으로 나도 모르게 드러난 모양이다.

먼저 친구이자 동기 안영선을 따라 방송국 원서를 내고는 했다. 아나운서의 시험을 치루고 서류, 필기시험을 거쳐 면접에 이르러 그 벽을 넘지 못했다. 지난 시간 속에 나는 경험이 부족했던 취업응시생이었다. 준비되지 않은 자세로 세상에 다가섰던 것이다. 보다 못해 주변에서 지방방송국 아나운서로 시작해 보라는 추천에 잠시 머뭇거리기도 했다. 저 멀리 부산 OO방송 아나운서다. 더 머뭇거리게 되었다. 결정이 쉽지 않았다. 가족의 반대도 시작되었다. 다 큰 딸을 홀로 보낼 수 없다는 가족은 내 편이었다. 아니 내편이 아니었는지도 모른다. 혼란스러웠다. 나는 결정을 못하고 시간만 더하며 피해갈 길을 찾았는지도 모른다. 결국 나는 서울 밖을 나서지 못했다. 주저함이 나에게 벽이 되었던 모양이다. 내가 나서서 내가 만들었던 나의 20대 경험은 백화점 아르바이트가 전부다. 부족하지만 내가 벌어서 내가 나를 이끌었던 소중한 순간이자 돌이켜 부족함을 아쉬워해야 했던 지난 순간이다.

나의 젊은 시절은 이렇게 아쉬운 공허함으로 충만한 시간이었다. 그 시간을 다시 채울 수만 있다면 나는 유학을 갔을 것이다. 한국이라는 시간과 공간을 벗어나 안주했던 지난 세월을 비우고 다른 경험을 채우고 싶다. 아마도 나는 지금 이곳과는 다른 그래서 다가설 기회가 많은 공간 속에서 시간을 보내는 일과를 즐겼을 것이다. 그렇게 '나'라는 존재를 위해 생각을 키우고 그 생각으로 삶을 키워야 했을 지난 시간이 아쉽다. 나를 무력하게 했던 아쉬운 공허함을 채워준 것은 '가정가족+집'이었다.

가족, 집 그리고 요리

결혼과 함께 집은 나에게 존재감을 가져다주었다. 나는 엄마다! 두 딸을 위해 부족함을 모르고 최선을 다했던 시간이었다. 두 딸이 자기 스스로 설 때까지 뒷바라지를 해야 했다. 요즘은 이를 '앞바라지'라고 한다. 자녀가 하고 싶은 미래를 밀어주는 뒷바라지가 아니라 요즘은 부모가 원하는 직업과 미래를 위해 자녀들을 이끌어 나아가는 '앞바라지'를 하기 때문이다. 두 딸을 다 키운 엄마의 조바심이랄까.

두 딸을 지켜보고 그들이 노력하는 삶을 위해 그저 다가서서 크고 작은 실패를 함께 아쉬워하며 응원했던 시간 속에 '나,

고성분'은 없었다. 그냥 '엄마'만 있었다. 그렇게 20년을 보냈다. 작은 딸이 대학을 입학한 후로 아이 뒷바라지 일과는 크게 줄었다. 드디어 내게도 '시간'이 생겼다. 그 시간은 고스란히 고민으로 다가왔다. 그저 혼자만의 생각으로 내가 나를 지켜보게 되었다.

'나는 누구인가?'

엄마라고 답하면 딸에게 의지한 관계를 벗어나지 못하는 제한된 설명이었다. 그리고 질문을 더했다.

'내가 할 줄 아는 것은 무엇인가?'

'살림 그리고 뒷바라지'……. 더는 답이 나오지 않았다.

마음의 깊은 속을 비춰 작은 꿈을 키우자고 생각했다. 그래서 혼자만의 생각으로 세상을 바라보기 시작했다. 마음 속으로부터 '무엇을 해야 한다'는 나만의 변화가 꿈틀거리고 있음을 깨달았다. 이제 행동으로 옮길 때다! 그것도 잠깐, 이내 풀이 죽었다. 내 나이 오십, 지천명知天命이다. 이제와서 오십이라는 숫자에 발목을 잡히게 될 것인가. 사십이 될 때까지 의심 없이不惑 살았다. 오직 두 딸을 위해 그리고 남편을 위해 살아가는 나의 삶에는 미혹함이 없었다. 분명했다. 남편과 두 딸을 위한 삶이었으니 말이다. 이제 오십에 접어드니 하늘의 뜻을 알아야知天命 하는데 아쉽게도 나 자신도 모르는 고민에 빠져 있었다. 고민과 생각으로 얽힌 머릿속을 풀기 위해 집을 나서 걷기 시작했다. 그렇게 걷는 동안 주변 풍경들을 살펴보았다. 평소같았으면 눈에 들어오지도 않았을 것들이다. 그 풍경 속에는 타인의 일상이 들어 있었다. 나와 비슷한 연배의 여성들이 분주하게 살아가는 모습이 눈에 들어왔다.

한참을 걷다가 한 건물 앞에서 걸음을 멈췄다. '서초여성회관'이었다. 들어가서 살펴보니 배움을 시작할 수 있는 여러 가지 강좌가 있었다. 영어 강좌부터 신청했다. 영어 수업을 들으며 여성회관에서 열리는 다양한 강좌들을 어깨 넘어 살펴보았다.

그렇게 2년을 보내고나니 요리강습이 눈에 들어 왔다. 대학교 가정교육과를 나와 가정과 교생이 되어 가정교과의 요리실습을 했던 기억이 살아났다. 20년이 더 된 기억이지만 나를 깨우는 신호였다. 요리 강습을 신청하고, 낯익은 배움의 세계로 나를 이끌었다. 첫 강좌는 한식요리사 자격반이었다. 대학시절 책으로 보았던 50여 가지의 한식을 다시 실습하며 익혀 나갔다. 모든 일에는 때가 있다고, 특히 배움에 있어 때를 놓치면 힘들다는 말을 실감할 수 있었다. 10대를 일러 지학志學이라고 한 것도, 한창 뇌가 말랑말랑할 때 학문에 뜻을 세워 배우고 익히라는 뜻이었음을 절절히 느낄 수 있었던 결코 녹록지 않은 시간들이었다. 하지만 대학 전공시간에 내 나름대로 배우고 익힌 기본기로 버티며 나도 국가 조리사 자격증을 따야겠다는 뜻을 세웠다. 이미 대학 때 배운 이론과 20년 주부생활로 익힌 실기로 무장한 내 몸과 마음은 이를 즐기는 경지에 이르렀으니 그 어떤 이유도 나를 주저앉힐 수 없었다.

그 즐거움은 자격 시험장으로 이어졌다. 실습에선 두 가지

메뉴를 만들어야 하는데, 내 시험 땐 더덕생채와 돌솥비빔밥이 출제됐다. 큰 어려움 없이 주어진 시간 내 두 가지 음식을 만들고, 그 결과를 기다렸다. 한참을 기다리다 어디선가 가라앉아 잊혀졌던 나를 깨우는 새벽의 종소리가 들렸다.

"고성분 합격!"

나, 고성분을 인정하는 소리였다. 나에게 지천명知天命을 알리는 시작이었다. 한식조리사 자격에 이어 양식과 중식, 일식은 물론 복어조리 기능사 자격증까지 획득했다. 가정을 벗어나 모든 것을 맛으로 드러내는 요리는 나 자신에게 애정을 더하는 시작이었다. 그러던 어느 날 누군가가 나의 지학志學을 알아보았던 모양이다. 그 사람은 내게 뜻밖의 제안을 했다.

"고성분 씨, 요리 강의를 한 번 해보면 어떨까요? 가정교육과 나왔잖아요."

얼떨떨함에 놀라움과 기쁨도 잠시, '내가?!' 하는 걱정이 훅 치고 들어왔다. 다시 선택의 순간이 온 것이다. 삼십대에 와야했을 이립而立의 순간이 20년이나 지나 내게로 다가왔다. 마음을 단단히 먹고 '뜻을 세워야立志' 하는 순간이다. 이제부턴 하나를 정하면 물러섬 없이 진정 앞으로만 나아가야 했기에 고민은 깊어졌다. 그리고 '내가 어떤 요리를'이라는 선택이 필요했다. 하지만 그 답은 내가 아닌 나를 바라보는 사람이 해야 할 답이라 생각했다. 내가 하는 일이지만 그 길에는 이해와 공감의 힘이 필요했던 것이다. 그리고 나의 주관적 판단이 아닌 나의 객관적 판단을 소중히 생각해야 했다.

"그런데 어떤 요리를 준비하고 가르쳐야 좋을까요?"

내가 한 질문이 조금은 어정쩡하다고 생각했지만 상대방은 이를 수락으로 받아들였는지 "이태리가 어울리지 않을까? 성분 씨는!"이라며 컨셉을 잡아주는 것이었다.

동국대학교 사범대학 가정교육학과를 졸업한지 30년이 지난 그 순간, 나는 새로운 출발선 위로 발을 디뎠다. 그리고 그 순간의 선택은 지금의 내 시간을 채우는 일과가 됐다. 누군가 '뭐하세요?'라고 물으면 내가 하는 일을 말할 수 있는 나의 존재감이 되었다. 예순을 넘긴 나이에 진정 이순耳順이 다가왔다. 내 삶 속에서 내가 가진 재능을 나누고, 그 실천이 누군가를 행복하게 해 줄 수 있다는 것은 커다란 복이다. 그렇게 마음 먹고 살아가다보니 생각하는 것이 원만하여 어떤 일이든지 들으면 곧 이해하는 원만한 날들이 지속되고 있다. 선택을 해야하는 그 순간에는 갈등과 고민들 때문에 힘들었지만, 나는 결국 옳은 결정을 했고 그 결과가 지금의 나를 만든 것이다.

나의 첫 직장은 지천명에 그렇게 시작되었다. 비정규직, 하지만 내가 좋아하는 요리를 나누고 내가 나눈 조리법이 누군가에게 다가가 미소가 되고, 저마다의 즐거움이 되는 길이 나의 손끝에서 시작된다. 그 의미를 스스로 더해가며 나를 키운다. 내가 내 삶의 주인이 된 것이다.

10년 넘게 진행한 나의 강좌의 수강생들은 여성에서 남성으로 그 대상이 넓어지고 있다. 요리는 일상의 '끼니'가 아닌 즐기는 문화로서 자리를 키우고 있다. 주 6회의 강좌 속에는 '남자의 품격'이라는 프로그램이 있다. 남성의 손으로부터 사랑이 전해지는 문화다. 파스타. 브런치 요리, 피자 등 남자의 손끝에서 가정의 문화가 시작된다는 나의 직업 세계관은 시간을 더하며 변치 않는 가치를 만들었다.

음식을 만든다는 것은 먹는 사람을 생각하는 작업이다. '대충 한끼 때우는' 것이 아닌 누군가를 향한 '전부'를 담는 일이다. 나아가 세상을 다시 바라보는 시선을 갖게 한다. 시장에서 사람들과 부대끼는 일에서부터 작은 바구니에 싱싱하게 담긴 채소를 바라보게 하고, 내가 오늘 사 온 식재료들이 한그릇의 음식이 되어 우리집 식탁에 오르기까지의 여정에 대해 돌아보게 한다.

이처럼 요리는 세상에 대한 사랑을 키우는 일이다. 물론 그 시작은 누군가를 상대로 하는 작품이기에 정성을 더하는 즐거운 일이 된다. 삶이 진지하지 못했던 자신의 부족함을 알아버렸다면 자신의 입맛에 맞는 레시피를 찾아 정성을 더하는 과정 속으로 들어가면 된다. 누구나 자신의 감추어진 미각을 찾듯이 세상 속에 감추어진 자신만의 길을 찾으면 된다. 그리고 누군가에게 다가서고 싶다면 아니 멀어졌던 누군가에게 '다시 한 번'이라는 삶의 기회를 만들고자 한다면 그를 혹은 그녀를 위한 요리를 꿈꾸고 이를 드러내어보면 어떨까?

나를 위한 삶의 시작, 산山

내가 키운 나의 삶, 그 나눔 속에 '먹물산악회'가 있다, 누군가를 향한 나의 삶이 요리였다면 나를 위한 삶은 산에서 시작된다. 먹물산악회다. 산은 대학시절의 옛 친구와 선배 그리고 후배를 잇는 공간이기도 하다. 사실 대학방송국에서의 나는 '방송만 한다.'는 제한된 일상을 스스로 만들었다. 방송이 끝나자마자 방송국을 나왔던 기억이 대부분이다. 동기를 만나도 방송국 밖에서 만나는 일이 잦았다. 방송국의 보이지 않는 문화를 피했다. 사실, 자세히 몰랐다. 모르니 다가서지 못했거니와 다가서야 할 의욕 또한 부족했다. 그 부족함을 대학 졸업 20년이 넘어서 이을 수 있는 곳이 다름 아닌 산이었다.

그 시작은 선배의 아내였다. 김완석 선배의 아내가 이끈 산악회 동참은 내가 산을 잘 오르는 사람이거니와 나의 작은 걸음으로 시간을 넓혀 키우는 일이 '좋다'라는 깨침을 가져왔다. 새로운 '나의 시간'이 시작된 것이다. 그리고 방송국의 보이지 않았던 그들만의 틈 속에 다가서는 기회도 되었다. 방송국 동기, 선배 그리고 후배와 함께 하는 산행이 시작된 것이다. 그 좋은 시간의 시작 속에는 동대산악회 출신으로 기억된 김항진 선배가 있다.

산은 아래서 바라본다. 하지만 오르면 산 아래를 살필 수 있다. 산은 하나지만 서로 다른 위치에서 우리는 세상의 다름을 이해할 수 있었다. 물론 나를 이해하는 시간이기도 하다. 그저 걷는 것이 아니라 걸음으로 자연 속 사랑스러운 느낌을 담는 시간이 되었다. 특히 대학을 졸업하고 잊었던 시간을 살리는 기회가 되었다. 나아가 산과 함께 하면 사람을 진실히 볼 수 있는 시간이 이어진다. 산을 오를 땐 서로가 서로를 걱정한다. 그리고 그 오름 속에 느리거나 지친 친구에게 맞추는 작은 관심을 갖게 된다. 그 관심 속에 내가 있었다. 항상 고맙다. 물론 누군가의 힘든 여정을 나와 맞추며 나 또한 배려를 키울 수 있었다.

그 안에 우리 DUBS 선배와 동기 그리고 후배가 있었다. 우태우, 이준, 김완석, 강민구, 김영국, 장승혜……. 함께 산을 오르고 내리며 지친 서로의 눈을 힘 있게 마주하던 DUBS 부원들이 있다. 언제 다시 한 번 신선한 오징어를 있는 그대로 쪄서 이들과 나누고 싶다. '먹물' 가득 머금은 오징어 요리 말이다. 먹물과 같이 지워지지 않는 삶 속에 내가 누군가를 생각하고 있다는 일상의 즐거움을 드러내어 함께 하고 싶다. 지워지지 않는 우리의 삶을 위해 곧고 바른 나날을 함께 하고 싶다.

2016년 1월 23일, DUBS 동우회와 함께 한 태백산 겨울 산행
_방송국에 남겨진 옛 엘범속에서

나의 '치매 간병기'

김혜선 36기 아나운서

동국대학교 사범대학 역사교육과 94학번.
대학 졸업과 함께 10여 년간 KBS 〈무엇이든 물어보세요〉, SBS 〈출발 모닝와이드〉 등 공중파 및 케이블 방송 리포터 활동을 하였으며 이후 Allianz에서 여성 최초 PA, 2006년 MDRT 등의 경력을 쌓아 사랑과 애교의 신공神功을 터득한 뒤, 결혼과 함께 대한민국 아줌마로서 인생의 장기프로젝트 '두 아들 사람 만들기'에 애정과 열정을 다하고 있다.

엄마와 함께 했던 순간

"엉엉…… 엄마! 엄마는 나 똥 닦으라고 이렇게 늦둥이로 낳았어? 어흐흑……!"

그만 난 오열하고 말았나. 내 새끼 황금똥만 닦을 줄 알았던 난 팔순이 넘은 노모의 쭈굴쭈굴 늘어진 항문을 만지며 질퍽하고 뭉클한 그것을 치우고 있던 것이다. 그랬다. 너무 힘들었다. 뭔지 모를 억울함과 이런 것까지 해야 하는 현실에 폭풍 같은 눈물이 흘렀지만 한 번 더 이렇게 지르고 나니, 한편으론 속이 후련해졌다. 그리고 금세 난 현실을 받아들일 수밖에 없었다. 팔순 노모는 어느새 내 막내딸로 완벽하게 자리를 차지하신 것이다.

늦둥이로 태어난 나는 어린 두 아들과 더불어 막내딸도 키우고 있었다. 나의 막내딸은 다름아닌 내 친정엄마이다. 엄마는 날 멀뚱멀뚱 쳐다보며 아기새 마냥 입을 쩍쩍 벌린다. 가끔씩 의미조차 모를 미소만 지은 채 말이다. 자신의 대소변은 아예 모른다. 24시간 누워 여든다섯 살에서 갓 첫돌이 된 아기로 변해 순식간에 자신의 시간을 거꾸로 돌리고 있었다. 막내딸은 우울과 기억력 저하라는 치매 초기부터 시작해 집을 나가 넘어지고 다쳐 경찰서에서 피 흘린 채로 날 불렀다. 극도의 흥분과 분노로 나에게 밥그릇을 던졌으며 대학병원 정신병동에 입원한 후 치매약으로 안정을 찾고서야 집으로 돌아올 수 있었다. 하지만 환청과 망상은 그녀를 괴롭혔고, '환자 케어'라는 그럴싸한 명분 아래 나의 24시간은 고스란히 그녀에게 바쳐졌다.

전/
쟁/
이/
었/
다/

이쪽 방을 가면 치매로 인한 어둠의 빛이 가득했고, 저쪽 방을 가면 재잘거리며 떠드는 다섯 살, 여덟 살 두 아들에게서 뿜어져 나오는 생명이 가득했다. 어둠 건너편에 눈부시게 환한 빛이 보였다. 그 명암 사이에서 퇴근 후 돌아온 남편의 분위기를 살피는 늦은 일과와 함께 장모와의 갈등을 만들지 않기 위해 종종거리는 내 모습은 나를 짓누르는 또 다른 짐이 되어가고 있었다. 그러던 사이 노모의 두 다리는 점점 힘을 잃어 서 있지 못해 앉게 되었고, 앉아 지내던 노모는 결국 자리에 눕게 되면서 내 딸이 되고 말았다. 그렇게 난 그녀의 엄마가 되었다. 사랑과 희생, 이 두 단어가 사람을 살릴 수도 죽일 수도 있다는 신념을 나는 몸소 체험할 수 있었다. 나의 40대는 상상도 못한, 내가 아닌 다른 누군가가 그리는 그림으로 그 형태가 조금씩 드러났다.

누군가가 물었다.

"너 같은 성격에 어떻게 이렇게 집에서 참고 간병하며 숨죽여 참고 사냐?"

맞다. 난 발바리였다. 집에 가만히 앉아 살림하며 가족을 위한 희생보다 나의 미래와 사회적 지위, 그리고 성취욕을 위해 밤낮으로 쏘다녔던 발바리 말이다. 대학을 졸업하고 공중파 아나운서에 지원했으나 낙방했다. 결국 리포터 생활로 접어들어 나름 공중파의 생활정보 프로그램과 케이블 방송을 섭렵하고, 누구보다도 화려한 인맥과 삶을 추구했던 나는 또 다른 직업으로 30대를 맞이했다. 자산관리 컨설팅이란 이름으로 보험영업에 뛰어들어 MDRT(백만달러 원탁회의)까지 올랐다. 나름 승승장구의 커리어 우먼을 추구했던 삶이었다. 그러던 내가 나를 버리고 사랑과 희생의 정신으로 장장 8년의 간병 생활에 후회 없이 집중할 수 있었던 것은 과연 어떤 힘이었을까?

바로 DUBS였다. 동국대학교교육방송국! 밝고 명랑한 2만 동국인의 소리!

DUBS는 학창시절 나에게 '동기사랑! 나라사랑!'이라는 우정과 책임감을 심어주었다. 그리고 교내방송을 통해 보다 적극적으로 사는 법을 알려 주었다. 수많은 트레이닝과 선배들의 혹독한 질타 속에서 많은 행사를 치루며 철저히 단련된 나는 예비사회인으로서 손색없는 사회생활을 미리 배울 수 있었다. 졸업 후 20대의 나에게 DUBS는 동우회라는 조직 속에서 사람과 사람이 만나는 법을 전수해주었다. 선배와 후배가 함께 부벼대던 생활은 특유의 붙임성으로 사회에서 인정받는 나의 대인 관계를 만들었고, 이 세상은 결코 혼자 살수 없으며 결국 사람이 서로 만들어낸 관계 속에서 일도 하고 사랑도 하며 살아간다는 사실을 일찌감치 깨우치게 했다.

30대에는 한번 DUBS인은 영원한 한가족이란 느낌으로 20대부터 60대에 이르기까지 여러 선후배들을 만났다. 그리고 답답했던 나에게 DUBS는 속을 터놓을 수 있었던 탈출구였다. DUBS 속에서는 누구의 엄마가 아닌 '김 · 혜 · 선' 이름 석 자로 웃고 떠들 수 있었다. 줄과 빽으로 인간관계를 영위하려는 이기적인 사람들 속에서 순수하게 누군가를 만날 수 있었다. 돈 한 푼 없어도 전국방방곡곡 어디를 가도 DUBS인이란 이름으로 자연스레 '소주 한 잔 사주세요~'라며 비벼댈 수 있는, 이 알 수 없는 사람에 대한 자신감은 24시간을 치매노인의 기저귀를 갈고

욕창연고를 바르는 나날의 힘이 되었다. 노모의 간병과 함께 초등학생의 학습지 채점을 하는 나의 일상은 '반복'이라는 이름으로 나도 모르는 사이 자존감으로 승화되어 다시 나를 어루만져 주었다. 나는 헌신으로 자애를 배웠던 모양이다.

40대의 반을 넘어서는 지금, 나에게 또 어떤 의미로 채워질 지

이렇게 DUBS는 나에게 삶을 더 멀찌감치 의연하게 바라볼 수 있는 힘과 에너지를 주었다. 어디에서도 가르쳐주지 않았던 사람과 사람이 인연 맺는 법을 알려주었으며, 혼자가 아닌 DUBS인으로 항상 응원 받고 있다는 자존감을 북돋워주었다. 사랑을 받아본 사람이 누구를 잘 사랑할 수 있듯이, 어느 자리에 가도 "오~, 우리 혜선이 왔어?"하며 반겨주는 선배들의 아낌없는 사랑이 평범한 아줌마로 살아가고 있는 지금 이 순간에도 날 일으켜 세워주고 있다. 가족의 사랑뿐만 아니라 DUBS에서의 사랑은 나를 배부르게 한다. 그렇게 자존은 자애自愛의 힘이 되었다.

대학에서의 삶과 애정을 가정생활에도 이어졌다. 남편과의 관계도 자식과의 관계도 또한 인간관계이기 때문에 여러 가지 색깔로 살아가는 사람들의 모습에 익숙한 난 그 누구보다 넓은 넉살과 마음을 갖게 된 것 같다. 다양한 직업군의 선배와 후배들, 이혼과 삼혼을 오가는 이부터 고독을 즐기며 혼자 사는 이들, 이런 성격 저런 성격, 이런 저런 스타일을 가진 수많은 선후배들의 모습은 삶에 대해 좀 더 관대한 방향으로 나를 안내해 주었다. 뭔가가 잘 안 맞을 때, 내가 하나를 원하면 둘을 주면 되는 것이고 내가 양보하면 상대방이 더 큰 것을 나에게 준다는 어쩌면 당연한 이 논리는, 가족 간의 큰 갈등 없이 치매노모를 모시며 아이들을 키울 수 있었던 비법이 아니었을까?

졸업 후에도 DUBS 동우회의 만남과 사회 속에서 선후배들을 만나며 얻은 나의 수많은 경험은 날 더 이상 채워지지 않는 욕망으로 목마르게 하지 않았다. 겸허히 현실을 받아들여 그 힘든 간병생활들을 견뎌내게 한 힘이 되지 않았나 싶다.

위와 아래를 가르쳐준 DUBS

그 어느 조직에서 '형!'이란 이름으로 60대와 20대가 소주를 나눌 수 있을까? 12기 선배와 두 손 꼭 잡고 마누라, 자식에 대한 서운함도 한 잔의 맥주에 날려 보내고, 18기 선배와 보라매공원을 거닐며 평생 장가 못간 선배의 애인이 되어 담소를 나누기도 했다. 자칭 '여우회'라 하여 여자선배들과의 문화모임도 삶을 풍성하게 만들었고, 가끔 만나도 눈빛으로 통하는 동기들과의 끈끈함은 말할 것도 없거니와 후배들과 '이 자식, 저 자식'하며 하하호호 할 수 있었던 건 너무나 소중한 경험들이다.

학창시절과 이어진 동우회의 모임 속에서 나이 차이를 넘어서는 이런 만남들은 내게 사람을 보는 눈을 보다 유연하게 만들었다. 그래서인지 늦둥이인 내가 나이 차이 많은 팔순 넘은 막내딸의 맘을 읽고 늙음을 이해하며 치매란 병을 넘어, 한 번 더

참고 그 마음을 어루만질 수 있지 않았을까? 방송국 인연과 함께 한 경험으로 배운 모든 것을 담아낸 힘은 엄마를 딸처럼 살피는 시간을 극복하게 했다.

청춘의 희노애락을 알려준 DUBS

TV드라마 〈응답하라 1994!〉는 딱 나의 이야기이다. 그때 그 시절, 트레이닝TR, 신고식, 교내방송, 모의방송제, 방송제 등은 드라마보다 더 눈부신 나의 청춘을 만들어주었다. 그때부터 시작된 TV제작부의 출현으로 나는 장충단공원에서 뮤직비디오의 가련한 여주인공이 되어 눈물도 흘렸다. 외국인 교수를 섭외해 처음으로 영어회화 방송도 기획하여 제작했으며 아나운서 부장이 되어선 직업인양 어깨에 잔뜩 힘을 싣고 뽐내며 다니기도 했다. 책 한 권으로도 모자랄 일련의 사건 사고들은 고스란히 나의 청춘 속 '희로애락'이 되어 후회 없는 대학시설을 만들어주었다.

또한 그 시절은 사회의 OB형들도 자주 찾아와서 후배들에게 술 사주고 밥 사주고 놀아주고 이끌어주는 문화가 자연스러운 때라 여학생 신분으로 감히 경험하기 쉽지 않은 사회의 면면들을 경험할 수 있었다. 그런 인연의 자연스러움이 나의 졸업 후에도 녹아들어 방송국 프리랜서 리포터 생활을 하면서도, 영업을 하면서도 어느 곳에 가서도 기죽지 않고 적응하며 활발히 활동할 수 있게 한 원동력이 된 것 같다. 이렇게 원願 없이 충분한 열정을 쏟아 부어서일까? 나를 누르며 지내야했던 간병생활은 꿈틀대는 개인의 성취 욕망으로부터 날 힘들게 하지 않았다. 오히려 '열심히 놀고 원 없이 사회생활 해봤으니까~'라는 위안의 힘이 되었고 현재의 삶에 순응하며 또 다른 만족감을 갖게 만들었다. 사랑과 희생을 배우면서 말이다.

사실 난 딸만 둘인 집에서 자라 여중과 여고를 나온 그야말로 여자 속 집단의 삶과 습관에 익숙해 있었다. 그런 내가 대학 방송국 생활로 남자 동기들과 생활하며 남자들의 습성을 알게 되었으며 술과 연결된 많은 사건과 사고들을 겪었다. 그 시간들로 인해 '허허~, 뭐 남자가 그런 거지'라고 할 수 있는 넓은 아량과 배포를 갖게 되었는데 이는 그야말로 천운天運인 것 같다. 반면, 여대를 나온 우리 언니는 남편의 술버릇이나 뭔가 소통이 잘 안 될 때마다 나를 찾았다. 나의 탁월한 해석과 이해에 감탄해하며 '역시 다르구나~'라고 나를 인정했다.

경험해 보니, 간병생활에서 가장 중요한 것은 가족 간의 관계다. 특히 아들 둘과 남편, 이렇게 남자 셋과 사는 나로서는 다른 성에 대한 철저한 고찰이 필요할 때가 한 두 번이 아니다. 힘들 때, 좋을 때 그들이 표출해내는 행동들, 표현들, 말투들, 술 취했을 때의 양상들, 그리고 그들을 이해하고 포용하며 적절히 타협하는 방법들에 이르기까지 이 모두를 DUBS에서 배운 게 아닌가 싶다. 남자 형들과 동기들, 후배들에게 감사해야 하나?

세상을 알게 된 수많은 사건이 방송국에 숨어 있었다. 시간이 지날수록 그 숨겨진 모습 속에 '힘'이 있다는 사실을 깨닫게 되었다. 신고식이 있던 그날 밤, 학교 앞 여관인 '동산장'은 그야말로 아수라다. 조선시대 양반 어르신들이 보면 '놀랄 노'자를 그리실 터, 너도 나도 정신은 이미 안드로메다로 보낸 상태다. 전우의 시체를 넘고 넘어 심지어 동산장 이불장을 열어 쉬~를 하는 이, 옥상에 올라가 눌렀던 울분을 토하며 빨랫줄에 목 감는 이, 달리는 차가 날 들이박는다며 도로로 뛰쳐 가는 이 등……. 술을 많이 먹고 노래방을 가면 창문은 왜 또 그렇게 깨버리는지, 남자들은 부어라마셔라 좋다하다가 왜 XX 해대며 멱살 잡고 싸우는지, 늦는 놈은 왜 항상 늦고 우는 놈은 왜 또 늘 우는지, 성격은 과묵하다 싶다가 불같기도 하고 부드럽다 싶다가도 헐크가 되기도 하니……. 또 왜들 그렇게 마음과는 다른 행동이 툭 튀어나오는지 말이다. 동기들과 함께 밤새워 모방준비나 방송제 준비를 하며 남녀가 아닌 인간 대 인간이 되어 내 앞에서 훌러덩 훌러덩~ 너무 편한 자세로 생활하기도 했고, 그러다 치고 박고 싸우고, 볼꼴 못 볼꼴~ 뭐 인간사가 그런 거지! 타타타~

결혼생활은 또 어떤가. 신랑신부 둘만이 아닌 가족과 가족의 만남이거늘, 이런 남자들과의 생활과 상호소통 방법은 경험으로 키운 힘이 되었다. 아들은 아들로서, 남편은 남편으로서 넓게 바라봐줄 수 있는 아량을 방송국은 나에게 선사해줬다. 이 모두가 나의 간병생활의 힘이 되지 않았을까? 가족들이 서로를 이해 못하고 너무 힘들어했다면 나도 치매노모를 모실 수 없었을 것이기 때문이다.

DUBS와의 만남, 이해가 되다

학창시절은 '혼나는 나날'의 연속이었다. 1학년 때가 특히 그랬다. '이래서 혼나고 저래서 혼나고'의 연속이었다. 내가 아무리 잘 해도 늦게 온 동기 때문에 혼나고, 방송 잘 해도 펑크 내고 틀린 팀원 때문에 경위서를 써야 했다. 한여름에도 TR 한다고 모여 1분 1초라도 지각하면 '엎드려 뻗쳐'는 기본이었고, 운동장 몇 십 바퀴 돌기는 무슨 군대에서나 볼 법한 모습이었다. 그런 선배들이 밉고 싫어 동기끼리 뭉쳐 무단으로 뛰쳐나가 반항하기도 했다. '동기사랑, 나라사랑'이라는 미명하에 모든 것을 안고 참아야하는 연대의식은 오늘날 결코 보기 힘든 풍경일 것이다. 하지만 이런 일련의 문화가 참는 법을 제대로 가르쳐 준 것이 아닐까? 그때부터일까, 난 남의 탓을 잘하지 않는다. 동기도 내 사람이었고, 가족도 내 사람이다. '내 탓이로소이다!'이 정신은 날 피곤하게 해 결국 주저앉게 만들 수 있겠지만, 반대로 현실을 긍정적으로 끌어안아 앞으로 나아가게도 한다. '그 누구의 탓도 아니니 내가 바뀌야지. 안 되면 이렇게 해 봐야지……' 하고 말이다. 치매노인의 행동과 모습은 그 누구의 탓도 아니다. 참고, 참고 또 참아야하는 대상일 뿐…….

2019년 3월의 어느날

한 달 안 되게 곡기를 넘기지 못하고 바싹 야위어 얕은 숨만을 몰아쉬던 내 막내딸의 발끝과 손끝은 점점 차가워져갔다. 시큼한 냄새가 내 코를 찔러서 살펴보니 항문이 절반은 열려 변과 함께 검붉은 핏덩이를 토해낸다.

'내 딸이 가는구나. 내 엄마가 가는구나…….'

마음은 눈물로 채워졌다. 그래도 고이 모신 우리 막내딸의 몸에 주사바늘 하나도 꽂지 않은 채 깨끗한 육신으로 나의 따뜻한 품안에서 우린 끝까지 함께할 수 있었다. 마지막까지 집에서 함께할 수 있었음에 감사하며 그녀를 안아주었다. 그리고 귀에 대고 말했다.

'사랑해요, 엄마. 정말 사랑해요…….'

그렇게 나는 다시 돌아올 수 없는 이별을 맞이했다.

빈소가 차려지고 상주로서 쓰러지지 말고 잘 마무리해야 한다는 나의 일념에 밥숟가락을 들었다. 그 순간,

"김혜선 씨!! 조기弔旗요~~!! 여기 싸인해 주시구요."

어머나, 이게 무엇인가? 가족들과 관련된 많은 조화弔花 속에서 빛나는 나의 DUBS 조기를 보았다.

'그래, 네가 와주었구나. 고맙다, 나의 DUBS!'

정말 그 순간은 뜨거운 눈물과 함께 가슴속 저 깊은 곳에서 뭔가가 울컥하고 올라왔다.

이후 많은 선배님과 후배님, 동기들이 다녀갔다. 언니 하나뿐인 나에게 또 다른 친정 오빠와 언니, 동생들처럼 함께 슬퍼하며 큰 위로가 되어준 나의 DUBS 가족들! 그들은 그렇게 나에게 커다랗고 든든한 버팀목이 돼 주었다. 게다가 DUBS 깃발은 장례식을 치르는 내내 든든한 후광이 되어 빈소를 환한 빛으로 채워주었다. 엄마를 보내며 뻥 뚫린 내 마음을 DUBS가 더 큰 사랑으로 감싸주는 것 같았다. 사흘 동안 빈소를 든든히 지켜준 조기는 아직도 내 마음속에서 잊히지 않는 한 컷의 영상이다.

보라! 20대의 청춘을 함께했던 DUBS는 마흔다섯을 보내는 내 곁에서 아직도 살아 숨 쉬고 있다. 후배들의 열정적인 활동과 동우회라는 이름으로 만나고 헤어졌던 수많은 모임들은 자칫 지쳐 쓰러져있을 날 다시 일으켜 세웠고, 앞으로도 나의 희로애락과 함께할 것임을 믿어 의심하지 않는다. 난 항상 어디를 가도 소주 한잔 나눌 선배와 후배가 있고, 영원한 내 편이 있으며, 나의 환갑과 칠순을 함께할 동기들이 있고, 사회곳곳에 DUBS란 이름으로 하나가 될 수 있는 이들이 있다는 것은 나의 크나큰 복일 것이다.

DUBS야, 사랑한다! 그리고 고맙다.

그리운 추억, 모두의 기억

_방송국에 남겨진 옛 엘범속에서

함께 읽는 편지

장승철 18기 아나운서

동국대학교 물리학과 76학번.
1982년 CBS 아나운서로 입사해 2016년 정년퇴임하기까지 아나운서 부장과 울산CBS 본부장, 춘천CBS 본부장으로 일했다. 〈새롭게 하소서〉, 〈FM POPS〉 등 다양한 TV 및 라디오 프로그램을 맡아 재직하면서 각종 종합뉴스 캐스터와 프로야구, 서울올림픽, 국가 행사 등의 중계 캐스터로 마이크와 함께 살아왔다. 특히 CBS와 함께 우리나라 민주화와 언론기능 정상화 현장 경험 속에서 얻은 방송인으로서의 참정신과 자부심을 가장 값지게 여기고 있다. 현재 한국방송통신심의위원회의 방송언어심의특위 위원이며, 토탈 스피치와 커뮤니케이션, 낭독 등의 전문 강사로서 여전히 현역으로 살고 있다.

나는 입학 전부터 방송에 관심은 있었지만 대학에서 방송 활동을 하겠다거나 방송을 직업 삼겠다는 생각은 전혀 없었지. 어느 날 함께 공부하던 친구가 자신은 아나운서가 꼭 되어야 하겠으니 DUBS에서 수습요원을 모집하는데 같이 가자고 졸라대서 원서 접수하는 곳에 갔는데 17기 정규설 선배가 접수대에 앉아 있다가 나를 보더니 아나운서부에 응시하라고 강하게 권하다시피 해서 바로 그 자리에서 원서 접수를 하고 시험을 보게 되었어. 마흔네 명이 시험을 봤고, 그 중에서 네 명이 선발됐어. 그 친구가 아닌 내가 합격되어서 민망한 상황이 되었지. 그렇게 방송국 생활을 시작하기는 했는데, 그 때는 이미 물리학과 연구실에서 잔심부름도 하고 공부도 하던 때여서 방송국 생활에 전념할 수 없었어. 예나 지금이나 선배들이 그런 신입을 그냥 두고 보지는 않잖아? 한 동안 고민하다가 방송을 택했는데 내 인생의 방향을

바꾸던 날, 가방을 싸들고 학과연구실을 떠나던 그 밤을 지금도 생생하게 기억할 수 있어. 그렇게 시작된 거지. 대학방송 아나운서로 살기가 내 삶을 길들이기 시작한 거야.

70년대 중 후반 대학 방송은 나라의 정치적 상황과 떼어서 생각할 수 없지. 유신 말기의 암울하고 숨 막히던 공기 속에서 너나없이 방송에 더 몰입하려고 애쓰지 않았나 싶네.

장석이와 함께 했던 〈명곡의 샘터〉 첫 방송, 그 방송 직전에 미리 축하한다며 생애 첫 스파게티를 사준 아나운서부 3학년 여자 선배들의 시냇물 소리 같던 말씨들, 할 수 있던 모든 걸 다 했던 방송제, 방학 중 수련회에서 있었던 잔잔한 일탈들, 치기가 가득했던 선후배들과의 사귐과 투닥거림…… 기억할 수 있는 모든 것들이 다 소중하지.

아직까지 나는 DUBS에서 삼년 동안 방송했던 모든 원고를 한 장도 빠뜨리지 않고 다 가지고 있어. 가장 오래된 건 벌써 43년이나 되었네. 종이는 바삭거리고 그 위의 먹지 글씨는 옅어졌지만 기억은 여전히 또렷하게 남아 있어. 아마도 기억이 추억이 되어서 그렇지 않을까 싶어. 함께 살아 온 시간이어도 누군가에게 유난히 지워지지 않는 시간일 수 있겠지. 내게도 그런 시간이 있지

그 시간을 잊어버리거나 혹은 다시 돌아가 살고 싶어지기도 하겠지. 하지만 지금 다시 대학생이 된다면 취업할 자신이 영

없으니 돌아가기는 싫고……. 하지만 그 때로 다시 돌아간다면 조금 더 솔직하고, 조금 더 원만하고, 조금 더 다정하고, 조금 더 깊이 생각하고, 더 많이 웃고, 덜 마시고, 덜 말하고, 덜 뾰족하고, 덜 심각하게 살고 싶어. 조금만 더하고 조금만 덜하면 되는 그런 삶의 주인이 되었으면 해.

같은 시간과 공간에서 살갑게 살아온 사람을 우린 동우同友라고 부르지. 그 가운데 특별히 '기억에 남고 그리운 친구'라면 오래 못 본 친구가 아닐까? 여러 동기들을 자주 보지 못하고 지내지만 이젠 보고 싶어도 볼 수 없는 리석이를 첫 손에 꼽을 수 있겠네. DUBS에서 같이 아나운서로 방송생활을 시작했고 방송생활 마치고는 같은 입영열차를 타고 입대해 같은 내무반에서 훈련 받고 같은 날 제대하고 복학했지. 그리고는 졸업할 때까지 서로 도서관 자리를 잡아주며 취업준비를 했고, 직장 생활 중반쯤부터는 우리 동우회를 다시 세우고 이어가는 모든 과정을 함께 하면서 온갖 생각과 삶을 나눴던 사람이니 당연하지 않겠나?

개인적으로나 동우회 전체로나 그 친구에게 진 빚이 적지 않다고 생각해. 늘 같이 다니던 냉면집 작은 방에 마주 앉았던 모습이 눈에 선한데 벌써 기일을 세 번 보냈네. 살아있는 친구들 중에서는 졸업한 뒤 동우회 활동을 함께 하며 자주 만난 범용이, 창엽이 또 중봉이 형, 준이 형, 진우 형 맛집모임 회원 등등. 자주 보지만 늘 그리운 사람들이지. 원래 자주 보아야 더 그립고 만나도 할 말 많은 법 아닌가? 그 밖에도 페이지를 넘기며 열거할 수 있지만 이쯤 하지.

나에게도 방송의 추억은 많아. 앞에서 말했지만 방송제는 우리가 할 수 있는 모든 걸 쏟아 넣어 끓이는 가마솥 같은 것이었지. 3학년이 되던 1978년에 '제3회 DUBS방송제'를 열었는데 전례대로 첫 순서는 축시였어. 당시 제작부 2학년 박문원이 시를 쓰고 아나운서부 3학년 이순영이 낭송을 했지. 방송제를 마치고 리석이가 방송제 녹음 테이프에서 일부를 카세트테이프로 옮겨 보관했는데 그 중 축시의 가사를 발췌해서 곡을 붙였지. 그게 바로 'DUBS 방송국가'야. 축시에서 영감을 얻은 리석이가 자기 집에 있던 피아노를 가지고 음악적 소양을 다해 만들었는데 내 기억으로는 여름방학 중에 작곡해서 다듬고 2학기 중에 악보를 가지고 와 발표했던 것 같아. 리석이가 축시에서 발췌했으니까 작사자로도 알려진 것 같은데 정확히 하자면 〈DUBS 방송국가〉는 '작사: 제3회 DUBS방송제 축시 발췌박문원 詩. / 작곡: 원리석 / 제작년도: 1978년'이라고 하는 것이 옳겠지.

당시에는 정식 방송국가로 공인되어 부르거나 녹취하거나 하지는 않았다고 기억되는데, 나중에 복학하

고 리석이와 방송국에 가보니 널리 사용되고 있어서 놀랐던 기억이 있네. 그 때 리석이가 원곡과 연주가 일부 다르다며 타박하던 기억도 나고……, 불교합창단연주는 우리가 군복무 중에 녹음되지 않았나 생각되는데 아마……. 박문원의 축시가 원래 DUBS의 기상과 자부심 그리고 끝없는 비전을 담고 있으니 우리 방송국가의 의미도 그 것과 크게 다르지 않다고 생각되는데 모두가 동의하겠지?

긴 시간을 되돌아가 볼 때 내 20대에서 가장 중요한 일은 무엇이었을까? 질문의 스펙트럼이 넓기도 하고, 아무튼 그 질문에 어느 한순간 진실하게 다가서기란 쉽지 않을 것 같네. 당시 많은 학생들은 책 속의 논리와 이상이 현실과 부합되지 않는 괴리 속에서 고민하며 살았다고 할 수 있겠지. 그러다가 제법 흥미있으면서도 녹녹치 않은 방송이라는 신세계에 마음을 둔 사람들이 DUBS에 모여 살았고, 심지어 학문보다 방송에 더 열정을 쏟으며 지낸 사람들이 적지 않았어. 물론 나도 그 중 하나였고. 졸업 후 살아갈 방향을 끊임없이 고민하며 준비해야 했지만 당시 내게 있어서 가장 중요했던 것은 바로 눈앞에 있는 방송이었다고 할 수 있어. 좋았고 즐거웠고 도발적이어서 현실에 눈 감고 몰입하기엔 참 좋은 대상이었던 것 같아. 졸업 후에 동기들이 모여 앉으면 학과가 아닌 방송국에 수업료를 내며 학교 다녔다고 회고하곤 했는데 열정과 애정을 다했던 DUBS 선후배들이라면 많은 부분 동의할 수 있다고 봐.

모두 같지는 않겠지만 우리 동우들이라면 저마다 DUBS에서 살았던 삶의 의미를 여전히 간직하고 살지 않을까 싶네. 그때는 알 수 없었지만 돌아보니 당시 갓 스물이었던 나에게 DUBS는 어느 날 벼락같은 은총으로 찾아왔고 그 날 이후로 항상 내 삶 한복판에 자리 잡고 있었어. 물론 처음부터 의도한 건 아니었지만 대학방송은 나를 일생 사랑한 일로 이끌어 주었고, 거기서 배운 방송의 태도와 정신 그리고 실제는 비록 풋풋하긴 했어도 씨앗처럼 내 안에 심어져 자라 내내 내 삶과 함께 했지. 이루 다 적을 수 없지만 작고도 확실했던 배움과 경험들은 직업 방송인이 되어 사는 동안에도 점점 자라나서 기본에 충실한 원칙주의, 논리와 진리 아닌 것들을 경멸하는 태도, 일을 피하지 않는 무모함, 반드시 가져야만 하는 분명하고도 다양한 시각이 되었다고 고백할 수 있겠네. 그 덕분에 내가 하는 일들을 진심으로 즐기며 사랑할 수 있었다고 확신하지.

DUBS 안에서 선후배와 동료로부터 직접 배우고 때로는 반면교사 삼으며 가장 많게는 내 자신을 성찰하면서 갖게 된 배움을 밑천으로 35년 방송생활을 했고 지금도 그것으로 일을 이어가고 있어. 워낙 나는 장사나 경제활동에는 재주가 없지만 DUBS를 통해서는 참으로 큰 이문을 남겼다고 확신할 수 있어. 얼마나 깊이 DUBS에 빠져 살았는지 동우들끼리 후일담을 나눌 때면 '나는 입사하고 첫 월급으로 어머니 속옷보다 DUBS 후배들 자장면을 먼저 샀다'며 너스레를 떨기도 했지만 이 또한 사랑 많은 선배들의 베풂을 보고 배운 것이니 애정 과시처럼 자랑

삼을 것이 아니라 깊은 배움의 한 가지 예로 말했어야 옳을 것이야. 그러하기에 나는 '감사'를 빼고는 DUBS를 생각하지 못하고 DUBS 없이 살았을 삶이 어떠했을지는 가정조차 하지 못하겠어.

그리고 DUBS 안에는 늘 음악이 있었지. 이십대의 감성과 욕구와 불만과 갈등이 담긴 음악이 다양하게 존재했는데 지금 이십대 후배들과 스튜디오에 앉아 함께 음악을 듣는다면 어떤 곡이 좋을까? 우리 낮방송 사인뮤직인 'Mephistopheles′s serenade'의 연주버전이 그립기도 하고……. 하지만 아무래도 시류를 따라서 프레디 머큐리의 노래를 듣는 게 좋겠네. 영화에는 나오지 않지만 프레디 머큐리가 41살 되던 1987년에 취입한 'The Great Pretender'를 들어보면 어떨까? '난 위대한 위선자'라는 제목이나 가사에서 자신의 내면을 엿볼 수 있으며 다른 어떤 곡보다도 자신의 이미지를 적나라하게 보여준 곡이라고 고백했던 프레디 머큐리. 그래선지 1956년 원곡을 압도하는 절실한 울림이 특별히 요즘 20대에게 공감되지 않을까 싶네.

사랑이 힘들고 삶이 어려우신가?

이 노래 들으며 공감하고 그것을 넘어서서 자신의 사랑과 자신만의 삶을 당당하고 멋지게 펼쳐나가는 우리 후배들을 힘차게 응원하며 추천하네.

우리의 아픔, 그리고 남김과 나눔

박남주 22기 기술

동국대학교 이과대학 화학과 80학번.
화학회사에 잠시 머물다가 90년대 초, 컴퓨터에 관심을 키워 컴퓨터 부품 제조회사에 수년간 종사하였으나 법정관리로 부득이 퇴사한 후, 다양한 업종을 경험하였음. 아들과 딸 같은 후배들에게 술 아니면 차 한 잔을 건네는 따스함을 가지고 있으며 지금은 정년의 고민이 없이 오랫동안 할 수 있는 건물관리업을 하며 일하는 즐거움을 더하고 있다.

맨 왼쪽부터 시계 반대 방향으로 필자 박남주, 신영진, 문호석, 이승호 순이다.

1980년 봄은 어두웠다. '5·18광주민주화항쟁'이라는 가슴 시린 역사의 흔적이 있던 해다. 그해 나는 대학 1학년이 됐다. 역사의 아픔과 함께 나의 대학 생활이 시작된 것이다. 그 시작의 한편에는 대학방송국이라는 동아리가 있다. 사실 방송국은 아나운서가 소리를 선하고 그 소리를 누군가 듣는 것으로만 알았다. 방송국 안에 제작과 기술 등 서로 다른 영역이 있는지도 모르던 그 순수함이 발길로 이어져, 내가 방송국에 다가선 것이다.

첫 고민이 만든 길 '방송국'

고등학교 3학년, 어렵게 공부하고 입학한 대학이지만 대학은 나에게 선택이라는 첫 기회를 준 곳이다. 일단 수업을 위해 강의실을 찾아가야 한다. 하지만 매 시간마다 꼭 찾아가지 않아도 되는 여유가 생겼다. 물론 성적은 이와 반비례하지만 말이다. 여유의 크기만큼 성적은 줄어든다, 그러나 이 모든 것은 나의 선택으로부터 시작한다. 나의 선택에 책임을 다하면 된다. 고등학교와 달리 누군가 꼭 시키지 않는다. 내가 나에게 명령하는 순간의 크기가 점점 커지고 있다는 사실을 알았다. 물론 수업을 몽땅 빼 먹지는 않았다. 할 만큼 하고 그만큼 내가 만족하면 되는 경험을 스스로 시작한 것이다. 단순하게 그때는 그 뿐이었다. 그리고 공부라는 중압감 넘치는 일과를 줄이니 그 만큼의 여유가 생겼다. 하지만 그 여유는 다시 내가 선택하여야 할 책임이 되었다. 여유라는 자유와 시간이라는 책임을 만족시키는 나만의 고민이 시작되었다.

나의 고민은 이내 조건을 만들었다. 일단 멋있어야 한다. 너무 단순했지만 이왕이면 폼 나고 멋있어야 한다는 생각은 지금도 변함없다. 아마도 이는 우리의 변함없는 욕구 가운데 하나일 것이다. 멋과 함께 즐길 수 있는 일이면 된다. 그리고 누구나 동의할 수 있는 현실 속에 이상을 담으면 됐다.

내 눈에 들어온 폼 나고 멋있는 동아리는 학교방송국 'DUBS'와 사진동아리 '동그라미'였다. 마이크를 잡고 멋있는 방송인이 될 것인지 아니면 카메라 렌즈를 통해 세상의 모든 멋을 발굴할 것인지의 문제였다. 이때까지만 해도 멋있는 방송이라면 아나운서를 생각했다. 아나운서, 나는 좀 어려울 듯 했다. 하지만 방송국은 제작부도 있고, 기술부도 보도부도 있었다. 무엇인지 모르지만 순간 결정했던 기억이다. 아니 '나라면 이 정도는 되겠지'라고 생각했던 부서는 기술부였다.

먼저 필기시험이 있었다. 하지만 필기시험은 '이 정도면 되겠지'라는 나의 생각을 보기 좋게 뒤집었다. '이 정도는 되어야 한다'는 긴장감과 간절함이 더해졌다. 그해 DUBS 필기시험에 50여 명이 몰렸던 것이다. 지원자 모두가 기술부란다. 산술적으로 따지고 보니 각 과에서 한 명씩 온 셈이다. 그리고 3명, 많아야 5명을 뽑는다는 사실에 나는 '이 정도면 되겠지'라고 했던 과거의 오만은 오간데 없이 현실의 긴장을 더해야 했다.

돌이켜 보니 '이 정도는 되겠지'라는 생각은 순수한 자신만의 생각이었던 것 같다. 세상모르고 내가 주관적일 때 가능한 생각 말이다. 시간이 경험이 되고, 아픔으로 각성되면서 내 생각도 바뀌기 시작했다. 그리고 '되어야한다'는 간절함으로 진실한 마음을 더해야 하는 현실은 인생의 스승이 되었다. 그렇게 시작된 곳이 바로 DUBS 동국대학교교육방송국이다. 그렇게 나의 1980년은 시작되었다.

폐쇄

멋있는 방송을 위해 기술부는 방송의 송출과 기기점검, 학내 방송기기 지원 활동을 했다. 하지만 그 당시 대학에서의 '멋'은 통제의 대상이었다. 1967년, 미국에서 활동 중이던 가수 윤복희가 귀국하면서 큰 유행을 만들었다. 바로 '미니스커트'다. 하지만 그 길이는 다시 늘려야 했다. 풍기문란이란다. 여성의 치마에 자를 들이대고 무릎 위 몇 센티미터라는 기준으로 세상을 재단했다. 오늘날 같으면 성희롱감이다. 미니스커트 이후 1974년에는 긴 머리를 한 남자를 경찰이 잡았다. 이 또한 풍기문란이란다. 그해, 서울시경은 약 일주일 동안 1만 103명을 단속해 이들 가운데 9천 841명은 머리카락을 짧게 깎은 후 풀어주고, 이를 거부한 262명을 즉결심판에 넘겼단다. 지금이라면 인권위 권고사항이거나 행정소송으로 이어질 텐데 그 당시는 그냥 그러려니 했다. 그런 분위기는 박정희를 넘어 전두환에 이르러서도 유지됐다. 치마의 길이나 머리카락의 길이가 아니라 생각의 길이가 넘어서서는 안 되는 '기준'이 되었다. 다름 아닌 그 기준은 '국가안보'다. 이를 넘어서면 안 된다. 안보는 보이지 않는 기준이 되어 생각은 하되 드러내지 않아야 하는 일상을 요구했다. 1학년을 보내고 2학년이 되어서 그 기준은 내가 아닌 누군가의 생각이 나의 생각과 일상을 제한하기 시작한 것이다.

당시 대학교 방송과 신문은 보직교수의 지도를 받아야 했다. 물론 그 지도는 정부의 이념적 지향성을 기준으로 한 권위이기도 했다. 학내 방송으로 전해질 방송원고 또한 사전검열의 대상이었으니 말이다. 방송 원고는 빨간 색연필로 덧칠되기 시작했다. 방송 불가 판정을 내리는 것이다. 학생 데모를 다루거나 정부를 비판하는 성향의 글과 비유는 모두 금지되었다. 보도부 프로그램인 〈코끼리 전망대〉는 문장이 아닌 한 페이지가 붉은 펜으로 지워지더니 어느새 모든 원고지의 왼쪽 위에서 오른쪽 아래로, 오른쪽 위에서 왼쪽 아래로 붉은 칼자국이 선명해졌다. 그럴 때 마다 일어난 지도교수와의 언쟁은 방송을 앞둔 학생과 교수간의 잦은 일이 되었다. 그럴수록 피로감도 쌓였다. 그 피로감 속에 자유로움이라는 정의를 감추듯 우리들의 시간은 인내로 누적되었다. 방송원고의 검열로 방송을 하지 못하는 휴방休放의 날짜는 기록되고 있었다.

하고자 하는 말을 못하던 시대, 그 시대의 시간은 한계에 달해 스스로 참을 수 없는 순간을 만들고 말았다. 81년 겨울, 3학년 실무진이 모두 사퇴하는 일이 벌어졌다. 결국 방송 불가의 현실은 대학방송국의 존재를 의심하는 미래가 되었다. 그리고 그 미래가 현실이 된 것이다. 저마다의 책임을 다하지 못할 바에야 그만둔다는 생각을 행동으로 옮긴 것이다. 결국 대학방송국에는 1학년과 2학년만 남게 되었다. 방송에 대한 열정은 식지 않았으나 현실은 이미 추운 겨울 얼음이 되어 있었다. 그래도 시간은 흘렀다. 그런 시간의 흐름이 야속하기도 했다.

82년 1월, 학교 방송국에 방송국원 전원이 모이라는 소식이 전해졌다. 추운 겨울을 녹이듯 하나 둘 서로의 어깨를 가까이 하고 대학방송국에 모였다. 그리고 학교방송국 간사가 우리 앞에 섰다.

1월에 방송국 겨울수련회를 갑니다. 준비하세요. 학교에서 차량과 숙소 모두 준비했으니 새로운 마음으로 함께 갑시다."

'아니, 생뚱맞게 웬 수련회?' 의아해하면서도 우리는 서로 전후 사정을 묻지도 않았다. 그냥 '그렇게 하자'라는 무기력한 동의는 지친 피로감을 날린 청량감이 될지도 모른다는 긍정적 생각으로 모아졌다. 모두의 생각을 버스에 싣고 수안보로 향했다. 그렇게 시작한 수련회는 선배와 후배가 어울리며 새로운 한 해 방송에 대한 고민과 우리가 해야 할 방송의 자유를 이야기하며 서로의 뜻과 의지를 모았다. 하지만 학생들의 불만과 요구는 학교 입장에서 쉽사리 수용하기 어려운 모양이었다. 그 당시 언론은 하나의 방향으로 나아가야 하는 독단을 스스로 거부할 수 없었다. 당초 2박 3일로 계획된 수련회는 1박 2일로 서둘러 마무리됐다. 새롭게 출발할 수 있는 계기가 될 것으로 기대하며 출발했던 수련회는 이도저도 아닌 게 돼버렸다. 우리는 무거운 마음으로 다시 버스에 몸을 실어야 했다. 상경이다. 버스는 용산에 다가왔다. 수련회 해산을 알리는 자리에서 조병찬 지도교수의 이해하기 어려운 발언이 모든 것을 정리했다.

"오늘 이 시간부로 동대방송국은 해체합니다."

'해산'이 아니고 '해체'를 한다는 말에 다시 '생뚱맞음'을 생각했다. 어쩌자는 건지, 모두가 한심해졌다. 논의와 타협 없이 너무나 일방적인 학교 측의 거친 입장표명에 모두의 얼굴엔 지친 기색이 역력했다. 우리는 '그러던지……'라는 생각에 저마다 진심어린 마지막 항의를 던졌다.

"학교 방송국은 없어도 된다는 겁니까?"

"아니 과정도 절차도 없이 그냥 끝이라고 할 거면 뭣 하러 우리를 뽑았습니까?"

"수련회는 왜 간 겁니까?"

질문에 대한 대답은 없었다. 학교의 대안은 너무나 간단했다. 학교는 그냥 '여기까지' 그리고 '새롭게'라는 의미로 모든 것을 마무리를 지었다.

그리고 시간은 흘렀다. 방송국의 문은 닫혀 있었고 봄기운은 개학을 아는지 모르는지, 지난겨울을 버텨낸 차디찬 나무는 제 몸속의 싹을 틔우기 시작했다. 그 시간 학교는 대체 인력 투입과 기존 방송국원을 선별하는 작업을 진행했던 모양이다. 일부 국원에게 방송할 의사를 선별적으로 묻고 그 답에 따라 1차로 방송국원을 뽑았다. 그 첫 명단에 나는 없었다. 기존 방송국원은 선별적으로 다시 선발되거나, 자의반 타의반으로 그만두거나, 미련은 있었으나 선별적인 선택을 기다리며 다가서지 못하는 어설픈 그래서 서글픈 자리가 되었다. 그냥 공부나 해야겠다는 생각으로 스스로를 위안해야 했다. 그러던 어느날 방송국 2차 섭외의 통보를 받았다. 내 의사보다 앞선 누군가의 의사에 따라 내가 움직여야 하는가 하는 작은 자괴감도 있었다. 그러나 하고 싶은 일을 해야 한다는 인간으로서의 본능과 현실적 당위도 무시할 수 없었다. 나는 그렇게 선배들의 사직서 제출을 지켜보고 지도교수의 해체 선언을 들으며, 해체로 상처받은 마음을 이끌고 다시 방송국원이 됐다. 그 누구도 남은 시간의 의미를 생각하지 않았다. 지난 긴 시간, 선배와 함께 했던 경험은 아쉬움이 되고 하루 지나면 다가오는 미래 또한 걱정이었다. 아쉬움 속, 그 중심에는 선배가 있었다. 군제 형, 영수 형, 찬호 형, 윤이 형, 덕원이 형, 그리고 현경이형, 영진이 형에 이르기까지 다 담지 못하는 아쉬움이 남았다,

아쉬움이 책임감이 되다

다시 찾은 방송국의 비어있는 공간은 컸다. 3월 개학과 함께 시작하는 방송은 하루하루 부족함으로 채우면 될 것이라 생각했다. 먼저 방송 제작 인력의 부족은 어렵사리 운용하면 될 것 같았다. 하지만 방송국원 모두가 무대에 올라야 할 방송제는 어려움이 컸다. 그보다 할 수 없다는 판단이 앞섰다. 전체적으로 작품을 이끌 제작부가 부족했다. 도움이 필요했다. 함께 방송국에 들어왔던 동기, 그러나 지금은 옆에 없는 동기의 도움이 필요했다. 아쉬웠다. 그리고 그 도움은 학교 방송국 지도교수의 허락이라는 전제가 앞서야 했다. 이게 현실이다. 아쉬움 속에 현실을 극복해야 한다는 책임감도 뒤따랐다. 나를 지켜보는 선배님, 나를 바라보는 동기와 후배 속에서 책임감은 어떻게든 해야 한다는 생각과 행동을 만들었다.

먼저 나의 동기 진용주를 찾았다.

"용주야. 어쩌다 보니 이렇게 됐다. 우린 그냥 꼭두각시인 모양이야, 방송을 좋아하던 꼭두각시 말이다. 하지만 지금 네 도움이 필요해. 방송제는 우리 함께 하자. 우리에게 지금이라는 책임은 있잖아……."

"남주야, 나 또한 방송에 대한 아쉬움은 크지. 하지만 학교에서 허락할까?"

"그 허락, 함께 만들어 보자. 교수님 찾아가 이야기하자. 우리 함께 하자고……. 나도 너 아니면 안 된다고 ……. 안 된다면 그냥 드러눕지, 뭐……."

늦은 시간, 많은 이야기를 했다. 대학 방송국은 시대의 흐름 속에서 분해되었다가 다시 누군가가 줄을 세워 조립을 하던 그 시절의 한심한 분위기도 이야기 속에 녹아 있었다. 언론 통폐합으로 권력이 언론을 주무르던 시절이니 우리는 그저 미약한 존재라는 한숨도 거칠게 나왔다. 물론 그런 자리에 우리를 위로하는 것은 소주였다. 신기한 것이, 소주는 어느날은 쓰다가 어느날은 달다. 우리의 마음을 알았던 것일까? 아마도 인내의 그 깊은 곳에 우리는 알코올이라는 한恨을 축적했는지 모른다.

다음날 우리는 학교를 마치고 수유리로 향했다. 지도교수인 조병찬 교수님 집으로 찾아가는 길이었다. 혹시 들어가지도 못할 수 있는 불안감도 있었다. 우리가 알고 있는 사자성어, 문전박대門前薄待를 조린 가슴에 담고 문을 두드렸다.

"어서 와라, 밥은 먹었니?"

기대에 없었던 교수님의 문전후대門前厚待다. 일단 주시는 밥도 맛있게 먹었다. 후대厚待에 감사함을 표했다. 그리고 우리의 뜻을 담아 전했다.

"용주는 안 된다."

교수님의 단호한 한마디가 싸늘했다.

"왜요? 용주가 없으면 방송제도 힘듭니다. 꼭 용주와 함께 방송제만이라도 하게 해주십시오."

"용주는 안 된다고."

이유도 없었다. '왜?'라는 답을 찾고자 질문을 이었지만 지금도 알 수 없다. 순간 용주도 아쉬움을 접으려 했다. 물러서면 더 큰 문제가 될 것 같았다. 어렵게 용주와 이 자리까지 왔는데 이게 안 되면 용주 그리고 방송국도 서로 어려워진다. 여기서 물러서면 더 이상의 대안도 없다는 생각에 학교방송국의 모든 어려움을 이야기했다. 그리고 용주 또한 어렵게 이 자리에 왔다고 말이다.

"교수님, 용주가 ROTC 합격했어요. 그래서 긴 시간 함께하지도 못해요. 그러니……."

"응? 학생군사교육단, ROTC?"

"예, 어렵게……. 그래도 서로 함께 해 보자고……."

"어, 그럼 됐다. 해 봐. 한번 해 봐."

"예? 그냥 하면 돼요?"

"응, 그래. 그리고 이리 와. 한 잔하자."

한순간 분위가 확 바뀌었다. 문전박대門前薄待를 염려했었는데 문전후대門前厚待가 이어지더니 다시 학교 방송국 이야기로 서슬퍼런 교수님의 박대薄待가 이어졌다. 그리고 갑자기 후대厚待로 분위기가 반전된 것이었다.

그날 저녁, 우리는 교수님과의 술자리에서 교수님의 ROTC 경험을 들어야 했다. 돌이켜 생각하니 그 당시 또한 군사정권의 연장선이었다. 군대, 군인이면 해결되는. 지금으로서는 이해가 쉽지 않은 일들이 흔했던 시절이었다.

이후 분위기가 조금씩 바뀌면서 방송국에도 영어영문학과 허천택 지도교수에 이어 역사교육과 임영정 지도교수가 오면서 다소 사이좋은 문민정부가 이어지기도 했다. 물론 김영삼 대통령 전에 시작된 방송국만의 '문민'이다.

어쨌든 1982년, 그렇게 축제와 함께 DUBS 동국대학교교육방송국의 방송제도 한 살을 더하는 생명을 이었다.

원리석 선배의 노래

그해 5월의 녹음은 더욱 짙었다. 나무 그늘은 세상을 피하는 여유를 만들었다. 하지만 그 자리에는 막걸리로 세상의 울분을 이야기하던 삼삼오오의 벗들이 있었다.

그러던 어느날, 그 자리에는 기타를 치고 있던 복학 4학년 선배가 있었다. 원리석 형이다. 그저 오며 가며 인사드리고 방송국을 찾으면 이런 저런 이야기를 주고받던 형이다. 그런 시간 속에서 기타를 치며 노래를 읊조리던 형의 여유를 나도 잠시 나눌 기회가 있었다.

"남주야, 기타 좋아하니?"

"예, 하지만 쳐본 적이 없어요."

"그럼 듣기만 하면 된다. 자, 들어봐."

"가슴을 열어라 창을 열어라, 동악에 퍼진다. 원색의 함성. 밝고 명랑한……."

"형, 이게 뭔가요?"

"응, 문원이가 지은 축시를 추려 방송국가를 만들어 봤어. 괜찮아?"

음악에 대해 잘은 몰랐지만 나쁘지는 않았다. 익숙하지 않아서 오히려 좋았다.

"형, 그럼 악보를 만들어 주세요. 그럼 우리도 방송국가가 생기는 거잖아요."

"그럴래?"

며칠 뒤, 리석이 형은 나에게 악보를 건넸다. 제목은 'DUBS 방송국가'다. 악보를 복사하고 함께 불러 보자고 방송국원을 모았다. 모이고 보니 아뿔싸! 음악은 아니었다, 완전 꽝이었다. 우리는 방송만 된다는 사실을 깨달았다. 대안을 찾아야 했다. 그 순간, 한 동기가 한숨 섞인 한마디를 더했다.

"야, 노래를 듣고 배웠지! 언제 악보 보고 배웠냐?"

그랬다. 녹음과 편집은 잘하지만 작사 작곡은커녕 악보 이해도 서툴다는 사실을 인정해야 했다. 대안을 찾아야 했다. '그럼 이 악보는 어떻게 하지?'라는 생각이 머리를 떠나지 않았다. 그러다 불교합창단 동아리를 찾았다.

"혹시 이 악보대로 노래 부를 수 있나요?"

지금 생각하면 어리석은 질문이다. 불교합창단 단장의 답은 너무 쉬웠다.

"그럼요. 지금이라도……."

"아니요. 이게 동대방송국 방송국가입니다. 언제 노래 불러 주시면 녹음을 할 수 있을까 해서요. 협조를 부탁드리고자……."

"예!"

너무나 간단했다. 나에게 어려운 일이 누군가에게는 아주 쉬운 일이다. 물로 누군가에게 어려운 일이 나에게는 아주 쉬울 수도 있다. 누군가는 눈으로 읽고 익힌다. 또 다른 누군가는 귀로 듣고 익힌다. 서로의 경험이 다르기 때문일 것이다. 하지만 단지 익힘이라는 공통점에서 벗어나지 않으니 우리는 공감으로 사는 모양이다. 그게 세상이니까 말이다. 결국 우리는 불교합창단의 도움으로 리석이 형의 방송국가를 악보에서 끄집어내 소리로 담았다. 가이드가 생겼으니 우리는 그저 따라 부르면 되었다.

방송국가 하나를 만들다.

김문원 선배의 방송제 축시를 담은 원리석 선배의 방송국가는 다시 우리를 하나로 이었다. 지금도 DUBS 동국대학교교육방송국 방송국원이라면 함께 불러야하는 노래이자 동대방송국을 거친 이들의 자리에는 이 노래가 만남의 마지막을 만든다. 선배가 남긴 노래는 나누어 전해지는 기쁨이 되었다. 그 기쁨의 시작에 리석이 형이 있다. 몇 해 전, 영원한 이별의 길을 떠나 함께 하지 못하는 시간이 되었지만 노래 속에 형은 영원히 남아있다.

방송국에도 하나가 되는 자리가 있다. 해마다 중강당에서 개최되는 방송제와 매일 이어지는 방송은 소리로 담겨 시간을 더하고 있다. 이를 함께 나누는 일을 소중했기에 그 기억 또한 소중하다.

새 학기가 시작하니 이런 저런 환경도 바뀌기 시작했다. 경주캠퍼스가 생기고 그곳에도 방송국이 생겼다. 하지만 그곳은 방송이 처음인지라 서울캠퍼스에서 크고 작은 일을 도우며 교류가 시작되었다. 선배에게 배워 후배에게 나누고 이를 함께 작품으로 즐기던 우리에게 '경주와 함께'하는 시간이 생긴 것이다. 학교에서는 이와 관련한 기획을 요구했다. 우리는 경주캠퍼스에서 방송제를 한번 해보는 것이 어떨까 하는 생각으로 학교 담당자와 예산 등의 문제를 점검하기 시작했다. 5월 서울캠퍼스의 축제에 이어 겨울 경주캠퍼스 신입생 유치를 위한 홍보활동을 옛 방송제를 재구성하여 진행하는 방향으로 결정되었다. 우리는 방송제 프로그램을 바탕으로 전체적인 연출을 다시하고 방송국가의 인연을 만든 불교합창단 또한 함께 내려가 공연할 것을 제안했다. 불교합창단도 동의했다. MT를 가듯이 경주로 향한 첫 길이 열린 것이다. 우리는 방송을, 합창단은 노래를 그리고 무대의 조명과 연출은 서로 협의하기로 했다. 드디어 1982년 겨울, 경주 서라벌회관에서 신라의 겨울 기운을 담은 DUBS 동국대학교교육방송국과 불교합창단의 소리는 공연장을 채워 모두의 가슴에 '인연'이라는 두 글자를 남겼다. 그렇게 1박2일간의 경주 여행은 남다른 의미를 남겼다.

그해, 그 1박 2일의 방송여행은 서울에서의 13박 14일로 이어졌다. 늦은 겨울, 경주캠퍼스방송국 국원들이 서울로 올라와 함께 방송 트레이닝을 하기 시작한 것이다. 친척이 있는 친구는 친척의 집에서, 없는 친구는 방송국원의 집에서 2주간 머물며 함께 익히고 배우며 각자 부족함을 채우고자 노력했다. 특히 거친 사투리를 방송으로 전하는 아나운서 트레이닝은 힘들지만 웃음으로 서로를 격려했던 옛 추억이 되었다.

그 추억 속에 다름이라는 차이를 공감으로 키우는 과정이 있었다. 뒤돌아 살피면 이는 '성숙'이라는 저마다의 결과가 되었다. 긴 시간이 지나 다시 남김을 만들고 그 남김을 나누는 자리가 그립다. 다시 함께 하고 싶은 생각에 추억은 더욱 소중해진다. 시간이 소중해지듯 말이다.

DUBS 주방 어벤져스

최호영 27기 보도

동국대학교 농업생물과 85학번.
80년대 중반, 강릉에서 동국대학교에 올라 학업보다 정과 이해를 나누어 키워 왔다. 학창 시절 잘하지 못했던 영어를 뒤로하고 영어전문회사에 입사, 긴 시간 나누어 성장하는 삶을 몸소 실천하고 있다. 지금은 매달 한 번 '남사랑의 집'에서 한 끼를 나누는 밥봉사를 실천하며 선배와 후배가 함께하는 자리를 만들고 있다. 하지만 그의 열정은 축구를 향한 구애로 주말이면 바쁘다. 매주 축구와 봉사, 만남과 이야기로 한 주를 즐긴다. 자신의 체력을 극복하는 즐거움 속에 '전생 축구선수 후보'라는 아내의 애칭을 가지고 있다.

밥나눔 봉사 활동 자원봉사자들. 맨 왼쪽이 필자, 그 옆은 후배 김종훈, 그 옆은 후배의 아들 김원, 그 옆은 동기 우섭이다.

주변에 드러내지 않는 작은 실천을 이끄는 사람들이 있다. 그들의 삶을 보고 있자면 '나는 언제 한 번……?'이라는 상상만 했다. 그런 상상을 실천하는 사람들이 내 주변에도 있었다. 강민구 선배, 장승혜 선배, 박남주 선배 그리고 동기인 우섭이다. 나는 그들을 따라 포천에 있는 한 시설을 매달 찾아간다. 따듯한 밥 한 끼를 손수 준비하고 나누기 위해서다. 그곳에는 자신의 삶을 스스로 세우고자 노력하는 어렵고 힘든 사람들이 있다. 그들을 바라보며 작은 일을 시작한 지도 오래되었다. 그리고 그 오랜 시간을 이어올 수 있었던 힘은 우리 모두가 DUBS 동국대학교교육방송국 출신이라는 인연 속에 숨어있었다. 그리고 우리들의 소중한 만남을 정리하듯 가끔 SNS에 사진과 짧은 글을 올리던 어느 날 후배 종훈이에게 전화가 왔다.

"형 봉사하는 모습 사진으로만 봤었는데. 존경스러워요."

"종훈아! 한 번 같이 가야지?"

후배에게 작은 실천을 이끌어내는 신호를 던졌다.

"예, 시간을 내서 갈게요."

종훈이는 그저 한 번 가야 한다고 말하고는 했다. 하지만 그 시간은 쉽사리 내어놓지 못하는 모양이었다. '학교 선생이 저리도 바쁠 수 있을까?'라는 의문 속에 누구나 자신의 일상 속에 여유를 꺼내지 못하고 묻히는 일은 흔하다고 생각했다. 물론 종훈이도 그럴 것이다. 종훈이가 이야기한 '한번'이라는 실천의 인연은 어찌 된 일인지 시작이 어려웠다. 그러던 어느 날 DUBS 15기 선배인 강민구 형과 16기 선배인 장승혜 형을 만나기 위해 한 끼 식사를 준비하고 나누는 복지시설, '남사랑의 집'을 종훈이가 따라가기로 했다. 내가 권하던 '한 번 같이 가야지'라는 실천을 시작한 날이다. 나는 아내와 함께 종훈이네 집으로 향했다. 내가 운전하고 아내, 우섭이 그리고 종훈이 이렇게 우리 넷은 포천으로 향했다.

"내가 오늘 식사 준비가 끝나면 바로 가야 할 곳이 있어."

"형, 그럼 우린 집에 어떻게 가요?"

"종훈아 갈 방법은 많아."

"아니 출발할 때 이야기를 해 줘야지요? 차 출발하고 거의 다 와서 이야기하면 어떻게……."

"걱정 안 해도 된다니까!"

나는 걱정은 안 해도 된다고 했지만, 종훈이는 불안해했다.

"형, 무슨 새우잡이 배도 아니고 이런 게 어딨어요."

종훈이가 투정을 부린다.

"우리 집사람도 따로 갈 거야."

"예? 형수님도요?"

그제야 나의 아내 입에서 오늘의 전모가 드러나기 시작했다.

"그 형님은 오늘 봉사활동을 마치고 바로 축구하러 간대요."

종훈이는 어이가 없이 웃었다. 하지만 이내 체념할 듯 잔잔히 부당함을 이야기한다.

"형, 출발하기 전엔 없던 이야기잖아요. 포천에 내려놓고 차를 가지고 혼사 축구하러 가면 우린 어떻게 해요. 차를 놓고 가던가? 하세요. 형수님은 제가 차와 함께 모셔다드릴게요."

이야기 속에 답은 나오지 않았다. 차 안에서는 종훈이와 우섭이 그리고 나 사이에서 벌어지는 실랑이가 웃음과 함께 넘쳐났다.

"야, 저기 봐라. '책상이 없는 공부방'이란다. 세상 뭐 그냥 하면 되나보다."

나는 이야기의 시선을 돌리고 싶었다. 하지만 종훈이의 대답이 시크하다.

"책상이 없으면 밥상을 놓고 공부하나 보죠."

모두가 웃었다. 이렇게 실없는 '아재농담'으로 웃어가며 한 시간을 달려 우리는 포천에 들어섰다. 나는 마트로 차를 몰았다. 오늘의 찬거리를 조목조목 적은 종이를 들고 지휘하기 시작했다. 종훈이는 이를 바로 보고 말한다.

"형, 잘한 것도 없는데, 마치 마트를 점령하듯 이른 아침부터 병졸을 부리는 것 같아요. 시간이 없다는 이유로……."

귀에 들어오지 않는다. 조금이라도 빨리 가야 점심시간까지 밥 한 끼를 할 수 있다는 생각이 앞섰다.

"계란 두 판, 아니 세 판. 파 두 단, 마늘, 주물럭용 오리 오십인 분……."

"형, 오리고기 오십인 분은 어느 정도예요?"

"글쎄……, 대충 오십인 분 달라고 해봐."

하지만 마트 주인은 달랐다.

"생오리 고기요? 아님 훈제된 오리고기요?"

종훈이는 머뭇거리고 있다. 나는 '그냥'이라는 지략으로 마트 세상을 점령하려 했던 모양이다. 그래도 어리석은 백성을 이끄는 현명한 군주가 있는 법이다. 아내가 다가오더니 오리고기로 요리할 것을 정한다. '그냥…, 대충…'이라는 말을 무기로 오리고기 능선을 넘어가려 했던 나와 종훈이를 단숨에 제압하듯 아내는 오리고기 주문을 마무리 지었다.

차 트렁크 가득 요리재료를 싣고 '남사랑의 집'에 도착했다. 강민구 선배님과 선배님의 부인 장승혜 선배님, 그리고 박남주 선배님은 분당에서 출발해서 이미 도착해 있었다.

"종훈이도 왔구나."

민구형이 종훈이를 반긴다. 매달 보던 나도 있었다. 하지만 새것 위주인 세상에서 나는 헌것이 된 모양이다. 하지만 항상 그러했듯이 빨리 밥을 해야 한다. 빨리해야 빨리 갈 수 있기 때문이다.

나는 바로 식재료를 꺼내 부엌으로 향했다. 만나는 이 모두가 처음인 종훈이는 인사를 하는 둥 마는 둥 움직이더니 곧장 주방으로 다가온다.

종훈이는 파를 다듬고 감자를 깎으며 시키는 일을 했다. 이렇게 많은 양의 식재료를 보는 것도 처음이지만, 파를 다듬어 보기도 처음이라고 말한 종훈이의 손은 빨랐다. 사실 나도 그동안 다듬어신 파만을 사용해왔는데 식재료 손질에 이렇게 손이 많이 가는지 몰랐다. 그동안 우섭이는 쌀을 씻고 밥을 안쳤으며, 장승혜 선배는 반찬을 만들었다. 남주 형은 식재료를 다듬고, 어질러진 주방도 바로바로 정리해 주었다. 종훈이는 밥이 다 되면 유부초밥을 만들어야 했다. 처음 만들어본다고 했던 종훈이는 어렵지 않게 주먹 안에 밥을 넣고 지그시 누르더니 유부를 벌리고 쏘옥 집어넣는다. 의외로 잘한다. 버리고 갈 것이지만 잠시나마 믿음이 갔다. 그사이 나는 잠시 자리를 비웠다.

종훈이는 '호영이 형은 벌써 축구장으로 갔나?'라는 의문과 함께 내가 보이지 않으니 슬픈, 아니 슬프다 못해 '집에는 어떻게 가지?'라는 아픈 생각이 교차했단다. 그 사이 강민구 선배가 종훈이를 부른다. 그리고 시설의 한 형님께 소개한다.

"이 친구가 진짜 선생이야, 학교 선생님. 앞으로 모르는 거 있으면 이 친구에게 물어봐."

종훈이는 어른께 인사를 했다. 그분 나이가 예순 남짓이다. 그분은 강민구 선배를 '선생님'이라 부른다. 그리고 이것저것을 물으며 선배의 대답을 모두 받아 적는다. 이를 본 종훈이는 깜짝 놀랐다고. 사실 그 분의 손에는 항상 종이 한 장과 볼펜이 있다. 흰 종이는 이미 검은 볼펜으로 덧칠되어 검은 색지가 되어 있었다. 그냥 보면 먹지다. 그렇지만 그곳에 계속 적는다. 자신의 임무를 피하듯 선배는 농담과 진담을 섞어 종훈에게 소개해 준 것이다.

"종훈아, 네가 학교 선생이니 이 어른께 잘 가르쳐 드려야 해."

그 말이 끝나자 이곳 어른은 종훈이를 살펴본다. 그리고 다시 강민구 선배님을 찾아가 선배님 옆에 작은 책상을 펴고 앉는다. 공부가 시작된 것이다. 그날, 그 어른은 종훈이를 거들떠보지도 않았다. 그분에게 종훈이는 그저 한 번 본 신뢰감 없는 젊은 놈으로 비쳤나 보다. 반면 강민구 선배는 긴 시간을 더하고 나눈 시간 속에 보이지 않는 신뢰가 있었다. 믿음이라는 신뢰의 중요성을 이곳에서 다시 한번 확인했다.

불안한 듯 종훈이가 말한다.

"호영이 형은 어디 간 거예요?"

더 이상 말은 안 했지만 종훈이의 머릿속에는 '자신을 이곳에 데리고 와서 주방 노역을 시키고는 그냥 사라진 것인가?'라는 불신이 있었던 모양이다.

그 순간 두 손에 큰 프라이팬 두 개를 들고 나는 주방으로 들어섰다. 더운데 번거롭고 힘들 것 같아 다른 곳에서 고기를 빨리 구워 왔다. 오리로스다. 내 옷은 이미 땀으로 젖었다. 이를 본 종훈이가 걱정을 떨쳐내듯 말한다.

"형이 이곳 주방의 대장이네. 형, 프라이팬에 구워진 고기만 없었다면 딱 축구를 하고 온 것 같아."

종훈이의 웃는 모습이 좋다. 하지만 종훈이의 불안한 생각은 비껴가지 않는 현실이 되어야 했다. 나는 밥봉사 임무를 마치고 축구 약속을 지키러 가야 했기 때문이다.

어찌되었던 시간을 흘렀다. 10시에 준비하기 시작한 오십인 분의 식사 준비가 거의 마무리되고 배식이 남았다. 이제 우리는 유부초밥과 국, 오리로스와 채소 등을 식판에 담아야 했다. 식판에 밥과 국, 반찬이 순서대로 담겨진다. 이동용 트롤리에 식판이 채워지면 이곳의 친구들에게 각각 하나씩 나누어진다. 모두가 한자리에 모여 각자 앞에 놓인 식판을 비우기 시작한다. 그렇게 한 끼를 나누는 시간이 되어서야 우리 일행도 잠시 이야기를 나눌 수 있는 시간이 생겼다. 강민구 선배는 자리에 앉아 나를 불렀다.

"종훈아, 형들 모시고 일루와 앉아라."

종훈이가 오니 오랜만에 강민구 선배와 함께 이런저런 이야기를 할 시간이 만들어졌다. 이야기는 서로의 안부로 시작해 DUBS 이야기로 이어졌다. DUBS 커플인 15기 강민구, 16기 장승혜 선배에 대한 이야기도 빼놓을 수 없었다. 선배의 이야기는 이내 시간이 부족하다는 핑계와 함께 쑥스러움으로 이어졌다. 강민구 선배는 쑥스러운 분위기를 넘기듯 한마디를 던졌다.

"우리 이야기는 이미 동우회보에 한 번 했어. 그거 보면 되지, 뭐."

강민구 선배는 15년 전 DUBS 동우회보 취재 이야기를 했다. 45기 보도부 후배가 방문해 16기 부부인 정진우 박상란 선배 내외와 함께 식사했다는 이야기다. 더욱 놀라운 것은 그때 취재 내용을 보내줄 테니 한번 보라고 하신다. 15년 전, 작은 쪽지 두 장의 동우회보를 간직하고 계시다니 놀라울 뿐이다. 다시 찾기도 어려운 쪽지를 말이다.

이야기가 끝나고 이제부터 설거지다. 우섭이와 남주 형이 먼저 고무장갑을 끼고 싱크대에 서 있다. 그 순간 나는 사라져야 했다. 다시 아침에 들었던 이야기가 나를 놓지 않는다.

"형, 무슨 새우잡이 배도 아니고 이런 게 어딨어요. 데리고 와서 버리고 가다니"

남주 형의 고무장갑을 이어받아 종훈이가 설거지하기 시작했다. 나는 고기만 구워 한끼 밥상을 차리고는 사라져야 했다. 약속된 축구를 하러 가야 했다.

종훈이가 내 아내에게 물었다.

"형은 형수도 안 데려다 주고 저렇게 가요?"

"그러게요 저 정도면 우리 집 사람인지, 옆집 축구선수인지 모르겠어요. 아마도 전생에 축구선수였는데, 벤치에만 앉아 있었나 봐요, 그 한을 풀려고 몸이 아프거나 말거나 축구하러 다니니 말이예요. 그러니까 저는 전생에 축구 후보선수와 사는 것으로 생각하고 이해해요"

한을 푼다고 하니 종훈이도 이해하는듯했다. 하지만 종훈이, 우섭이 그리고 나의 아내 또한 불편한 건 사실이다. 결국 이곳에 온 또 다른 봉사자분께 여쭈어 우섭이와 종훈이 그리고 나의 아내 이렇게 셋은 7호선이 시작하는 의정부 장암역까지 차를 빌어 타고 뒤늦게 포천을 떠났다. 포천 '남사랑의 집'봉사는 웃음으로 함께하는 선배와 후배의 마음속에 그렇게 남았다.

그러던 어느 날 강민구 선배로부터 메일이 왔다. 15년 전, 동우회보다. 요약하면 이렇다.

30년 후배인 민숙, 재영, 인화, 혜경 그리고 상미 방송국원이 강민구 선배의 집을 찾는다. 후배들은 인사를 하며 강민구 선배와 장승혜 선배의 실내화를 보고 웃음을 터트린다. 강민구 선배는 곰발바닥, 장승혜 선배는 토끼 실내화를 신고 있었던 것이다. 그리고 여느 집 방문과 같이 강민구 선배는 옛 앨범을 찾아 후배들에게 보이셨다. 옛날이야기의 시작이다. 방송제 사진. 그리고 사진 속에 담긴 선배들의 이름과 숨은 이야기가 이어졌다. 그렇게 30년이라는 시간의 차이를 설렘은 아닐지라도 색다름의 시선으로 서로 이해하고 있다. 그 이해 속에서 DUBS 동국대학교교육방송국의 공간인 학생회관 4층, 그리고 방송을 만들었다는 공통점을 발견한다. 그리고 서로 다른 환경을 이야기로 나누고 웃음으로 이해한다. 30년 전 계셨던 15기 강민구, 16기 장승혜, 정진우, 박상란 그리고 이선용 선배와 44기 45기 후배들이 긴 시간을 건너뛰고 만날 수 있었던 공유점은 대학 방송국이라는 공간이다. 그리고 후배들은 짓궂게 아니 젊기에 당연히 궁금했을 강민구 선배와 장승혜 선배의 연애 이야기를 묻는다.

"대학 선후배 사이였고 대학 축제 때 서로의 파트너가 되어주기는 했지. 그러다가 대학 졸업하고 서로 알게 된 지 9년 뒤인가 84년 결혼을 하자고 했지. 그래서 결혼한 거야."

"그런데요. 선배님 언제부터 장승혜 선배님을 좋아하셨어요?"

"어, 9년 동안 함께 한 시간 그리고 서로의 파트너로 함께 한 시간, 모두가 좋았지."

"선배님, 그 좋아했던 시작이 언제인지?"

"언제부터는, 후배로 승혜가 방송국 들어왔을 때부터지."

"그런데 9년이 지나 고백을 하신 거예요?"

"아하, 워낙 미인이어서 감히 다가서질 못했지. 내가 그만큼 순수한 거야."

이야기는 '아주 짧았던 시간을 담은 녹음테이프를 들으니 그저 웃음만 넘치고 있었다'로 끝났다.

그리고 한 달이 흘렀다. 다시 나는 종훈이와 함께 포천으로 향했다. 다시 포천에 놓고 가는 일은 없다는 선서를 하고 우섭이, 나 그리고 종훈이는 한 차에 한 몸이 되어 남사랑의 집으로 향했다.

"형, 오늘은 축구 없지요?"

"아~야, 진짜~"

다시 우섭이 종훈이와 함께 달리는 차 안은 웃음으로 가득했다.

포천을 거의 다 왔을까? 문자가 왔다.

'고속도로 내려가는 길이 밀려, 조심해서 와.'

우리보다 앞서 출발한 강민구 선배님이 보낸 문자다. 그렇게 서로의 정을 담으며 '남사랑의 집'에 도착한 우리는 식재료를 들고 다시 주방으로 향한다. 우리는 주방 어벤져스다.

벽 봐!

최혁 28기 제작

동국대학교 사학과 86학번.

대학 생활을 마치 인생의 한순간인양 맛과 멋으로 채워 후배들에게 시간과 함께 청파장(청파동의 집) 공간을 나누어 주었다. 그리고 방송이라는 일을 즐겼다. 한때 일본으로 건너가 자신의 뜻을 펼쳤고 잠시 녹음 스튜디오를 운영하기고 하였다. 하지만 스튜디오는 학교방송국 선배와 후배들의 놀이터가 되어 항상 웃음 넘치는 자리의 주인이 되고는 했다.

1.

벽 봐!

제가 뭘 잘못했는데요?

그런 말대답을 하는 게 잘못 된 거야.

그래…… 과연 니가 뭘 잘못한 게 있는 걸까.

뭘 잘못했을까 기억이 나질 않는다.

저도 때리세요.

넌 안 맞아도 돼.

저도 동기입니다.

그래서 벽을 보라고!

2.

우리는 야만의 시대에서 살고 있다.

더도 덜도 아닌 야만의 시대에서 태어났고,
서로 각기 다른 정도의 야만에 시달리고,
야만을 배우고, 스스로 키워서 세상을 맞이하고,
그 세상에 적응하고,
그로부터 내 야만의 세상을 만들어왔다.
그렇게 구축된 저마다의 야만을 서로 공유해가며
일맥상통하는 교집합을 점점 키워,
그 교집합이 조금씩 성장할 때마다
양심을, 인간다움을 저버린 안도를 하며,
현재도 그 야만성을 지속하고 있다.

세기가 바뀌었음에도,
이 소소한 야만의 역사는 추한 목숨을 이어간다.
내가 숨 쉬고 있는 한
그 야만은 세월에 좀먹은 무딘 송곳니를 드러내며
내 선한 추억을 잠식해 먹어치울 것이다.
내 양심은 겨우 고만큼씩 줄어들어
현재의 쫌스러움으로 바뀌었을 것이다.

3.

항상 여름이었다.
텁텁하게 숨 막히는 더위가
전혀 없는 인내를 쥐어짜내 악 바치게 만들었다.

물을 마시든 안마시든 상관없이 줄줄 흘러내리는,
냄새나는 땀이,
뒷목덜미를 훔치는,
택도 없는 수건을 축축하게 만드는 불쾌함이,
버릇없는 짜증을 아무에게나 쏴대게 만들었다.
어설픈 반 어른의 비틀어진 반항심은 주위 사람들,
더군다나 날 선택해주어 고마워해야 할 사람들에게
둔탁한, 그리고 곧 잊혀질 아픔을 꽂는
미사일로 막 날아다녔다.
차라리 먼지 풀풀나는 운동장 구보나,
찌그러진 알미늄 배트의 위협은 인간적이었다.

…… 그래도 첫여름보단 그 다음 여름의 죄가
훨 크고 무거웠나.

4.

차별을 했다.

모두 위협이라 느끼며 그 싹을 밟아버리고 싶었다.
그 아둔하고 유치한 상황아래서도 차별을 했다.
조금이나마 부드럽고 착하게, 낫게 보이고 싶은
위선 속에서,
의미 없고 효력 없는 毒鏃을 퍼붓는 내 맘 속엔

언제나 내 위의 존재에 대한 두려움에서 오는
차별이 있었다.
유치했기에, 영원히 미성숙이란 걸 이미 알고 있었기에,
거침없이 그 차별을 노골적으로 드러냈다.

큰 상대방들은 작은 나를, 그럼에도 불구하고
진지하게 대해 줬다.
어리되 성숙했던 그들은
유치한 나를 이해하려 애쓰고 참아 줬다.
난 원래부터 작고, 부족했고, 성장이 멈췄는데,
내 주변인들은 모두 이미 컸고, 차 넘쳤고,
아직까지도 자라고 있다.
그런 이들을 모두 내 옆에서 깨끗이 걷어내고 싶었다.
나만 돋보이고 싶었다.
지금조차도 그렇다……고 생각하고 있다.

벽 봐! 는 그 그릇된 차별 속에서
당위성을 찾아내기 위한 일종의 평등이었다.

5.

원래 내게 온 벽은 애당초 유쾌한 벽이었다.
불성실하거나, 바보 같거나, 어처구니없는 행동을 했을 때,
벽은 날 마주했다.

잠시 내 유치함이 어떤가를 파악하게 해주는 시간을
벽은 줬다.
사실 벽을 많이 보면 볼수록
자괴감이 커졌는지도 모르지만, 어쨌든 벽은 날 웃겼다.
밀폐된 공간에서의 벽에 규칙적으로 뚫려 나열한 구멍은,
나만의 것은 아니었다.
많은 이들의 공동의 추억, 아니 피난처였다고 여긴다.
그 여러 벽들은 날 웃겼지만,
난 그 벽을 점점 어둡게 만들었다.

삼십 센티 플라스틱 자로 손바닥을 때리는 것과,
찌그러진 방망이로 둔부를 가격하는 것과,
어둡게 일그러진 벽을 마주보고 서 있는 것은,
일종의 타협을 안 병능이었다.

나만의 기준으로 만들어진…….

6.

언제부터인가 심각한 열등감이 생겼다.
큰물에 흘러들어와
내 주변이 모두 나보다 화려한 무늬를 지니고 있거나,
아니면 자기만의 고유한 지느러미를 갖고 있는 것을
알면서부터인가 싶다.

그 콤플렉스는 1년 뒤
새로 온 주변인들이 더욱 화려해지고,
힘차게 펄럭거리며
깊은 물을 아랑곳없이 헤엄치는 데에서 더욱 심해졌다.
난, 유치찬란한 피라미였다.

좌절은 했지만, 노력은 하기 싫었다.
교언영색으로 주변인의 귀를 후벼내서
나보다 나은 이들을 다 내치고 싶었다.
세상에서 오직 나만이 중심이고 싶었다.
줄기차게 이간질을 교육인 것처럼 해댔다.
그에 관계없이 주변인들은 더 큰 물로 나아갔다.
홀로 숨 막혀 허덕대기만 할 뿐이었다.

시로쿠지츄四六時中 : 24시간 내내 란 일본어 표현,
난 벽을 바라보며 살고 있다.
아마도 영원히……
스스로의 평안한 주문에 걸려.

벽 봐!

그리운 추억, 모두의 기억

1986년 학생회관에 모인 DUBS국원들. "왜 모였지?" 그날의 의미는 아무도 기억할 수 없다. 하지만, 별뜻없이 모여 이렇게 찍은 사진 한 장은 바로 오늘, 우리의 추억 속에서 큰 의미를 갖게 되었다.

_방송국에 남겨진 옛 엘범속에서

outro

"밝고 명랑한 삼만 동국인의 소리 동국대학교 교육방송입니다.
본 교육방송은 불교이념에 입각한 방송임무를 수행함으로써
본교의 건학이념을 구현하고
학생들의 정서교육과 교양을 높이는데 이바지하며
방송활동을 통해 학생들이 방송분야에 진출할 수 있도록 육성하고
아울러 본교의 교위선양을 위해
매일 오디오 방송을 오전 여덟시 삼십분부터 아홉시까지
오후 다섯 시 사십분부터 여섯시까지
비디오 방송을 오전 아홉시부터 오후 여섯시까지 방송하고 있습니다.
그러면 지금부터 ○월 ○일 ○요일 정규방송을 시작하겠습니다."

동국대학교 교육방송국, DUBS의 콜사인입니다.

대학시절, 사실 저는 시험과목을 잘 외우지 못했습니다. 하지만 동국대학교 교육방송국 '콜사인'은 외워야 했습니다. 성적을 위해 전공서적을 읽고 외우던 것이 아니라 누군가의 앞에 바르게 서서 외워야 했습니다. 단순히 외우는 것에 그치지도 않았습니다. 읽는 속도와 성량聲量 그리고 정확한 발음을 더해야 했습니다. 그렇게 나의 1987년 대학생활의 한 부분은 채워지기 시작했습니다. 물론 그렇게 배운 것을 다시 후배에게 가르치기도 했습니다.

밝고 명랑한 이만 동국인의 소리는 오천 동국인의 소리에서 시작하여 지금은 삼만 동국인의 소리가 되었습니다. 제가 방송할 때는 서울캠퍼스와 경주캠퍼스를 합하여 이만 동국인의 소리였습니다. 출산율이 낮아지니 이제 이 숫자도 다시 줄어들겠지요. 하지만 콜사인, 이 소리를 익히고 다시 누군가에게 전하는 그 공간은 항상 그 자리일 것입니다. 그리고 시간을 달리하여 또 다른 누군가가 이어 나아갈 것입니다. 또한 그 이어짐 속에 기쁨과 슬픔 그리고 첫사랑과 첫 실연 등이 추억이 담기기를 기대합니다.

저 또한 대학방송국의 아나운서로 마이크를 잡았습니다. 그저 작은 스튜디오 공간에서 학내 뉴스를 방송하고 '알쏭달쏭'이라는 가십gossip성 콩트와 '동악의 새아침' 등 한 순간 집중했던 젊은 시간이 있었습니다. 그리고 ROTC의 고된 훈련과 눈치 속에서도 방송국을 올라갔습니다. 그 곳은 함께하는 방송과 동기, 선배와 후배가 어울리는 여유가 있었습니다. 그 여유를 기억 속에서 꺼내고자 동악을 향합니다, 선배와 후배가 한자리에 모이는 것입니다. 물론 '강서'라는 중국집에서 한 잔을 더한 이야기로 지친 삶을 풀어 놓기도 합니다.

《올라가봤니 4층》, 이 책의 제목입니다. 동국대학교 교육방송국은 학생회관 4층에 있습니다. 저 아래 충무로역에서 부터 오르기 시작한 우리의 정점은 학생회관 4층이었습니다. 신입국원의 설레는 걸음도 4층을 향했습니다. 대학을 졸업한 선배들의 걸음도 학생회관 4층으로 향했습니다. 물론 이 모든 이의 두 눈가에는 학생회관이 비춰지고 그 비춰짐은 저마다의 미래 속에 보이지 않는 청사진으로 남아 있을 것입니다. 그리고 '동기사랑'을 외치며 시작한 트레이닝의 추억이 선배와 후배를 사랑하고 신뢰하며 긴 시간을 이어왔던 것처럼 누군가 음악을 좋아하고 방송의 꿈을 가진 인연이 그 길을 이어나갈 것입니다.

한 장 한 장 넘기며 4층까지 올라와주신 여러분께 감사드리며 한 편의 드라마와 같이 우정과 사랑, 그리고 대학이라는 젊은 고민 속에 멋진 인생을 풀어 헤쳐 나아가는 여러분의 길에 작은 힘이 되었으면 합니다.

다시 한번 감사드립니다.

2019. 9. '동악'에서 '강서'로 향하는 길에
DUBS 동국대학교교육방송국 동우회 부회장

나 영 세 아나운서 29

* 콜사인은 무전에서 사용되는 호출부호 또는 라디오나 텔레비전 방송국에서 방송시작 전과 후에 그 방송국을 명시하는 전파 호출부호를 말합니다.

DUBS 동국대학교교육방송국 60년 재미와 의미를 더한 연표

DUBS 연혁		재미와 의미를 더한 DUBS	
1959.09.01.	서울캠퍼스 개국	1965.08.	DBS 주최 제2회 대학 방송콩쿨대회 연기상 수상
1960.06.14.	107.2MHz 시험용 초단파국 인가	1965.10.	VUNC 주최 제4회 대학방송콩쿨 입상 수상
1964.03.05.	교내 유선방송 실시	1967.07.	DBS 주최 제4회 대학방송콩쿨대회 연출상 수상
		1967.11.	TBC 주최 CONTEST 〈계룡산 신흥종교 녹음 구성〉 작품상 수상
		1969.	69학번 방송국 최초 커플을 이루다. '11기 임원종 동우 & 이혜숙 동우'
1972.	전속 합창단 창단.	1971.11.	TBC CONTEST 〈낙서와 함께 노래를〉 장려상 수상
1973.06.	전국 대학방송인 체육대회 종합 우승	1973.	방송국 밴드 '마블스' 창단
1974.03.	DUBS 동우회 창립	1975.11.	TBC CONTEST 〈1976호 열차를 타세요〉 연기상 수상
1976.05.	개국 17주년 기념 제1회 DUBS 방송제 개최 오디오 방송제를 오픈하다.		
1983.09.	개국 24주년 기념 방송인 초청 강연회 개최	1986.	동성동본을 극복한 결혼을 이루다. '이장석 & 이미자 부부(19기)'
1984.02.	개국 25주년 기념 제1회 DUBS 모의 방송제 개최	1988.	88학번 30기 2.5커플 박지영 & 김미영 부부 / 최진규 & 편선희 부부 탁영삼 & 장은숙(37기) 부부
1985.03.	개국 26주년 기념 및 신입생 환영 〈'85 Open Studio〉 개최	1989.10.	D.C.A 대학생 광고 경연대회에서 대상 및 장려상 수상
1986.03.	음악 감상회 〈봄의 소리가 머무는 곳에〉 개최.		
1988.02.	제11회 DUBS 방송제 〈거꾸로 가는 시계〉 개최 이후 DUBS 방송제는 주제를 갖고 접근하기 시작했다.		
1989.11.	개국 30주년 기념 행사 개최		
1990.05.	제11회 DUBS 방송제 일부 영상프로그램을 올리다.	1994.	김기덕 동우 기네스북 인증서 - 〈MBC FM 2시의 데이트 김기덕입니다〉 7000회 돌파
1994.01.	영상부 구성	1997.08.	제10회 LG애드 대학생 광고에서 대상 및 입상 수상.(2014년7월25일 제11회 KBS 신세대 VJ콘테스트 장려상 수상.)
1995.02.	TV 제작부 신설	1997.09.	동덕여대 방송작품 경연대회 제18회 뫼비우스의 聲에서 〈월명의 비가〉 작품상 및 연기상 수상
1997.11.	인터넷 방송 준비		
1999.05.	개국 40주년 기념 〈퀴즈 한마당〉 개최		
2000.10.	제1회 전국 고교생 방송작품 경연대회 개최	2005.09.24.	동덕여대 방송작품 경연대회 제26회 뫼비 우스의 聲 〈그녀를 사랑하는 방법〉 장려상 수상
2004.01.23.	제21회 모의 방송제 개최.		
2004.05.20.	제28회 방송제 개최(신비) 이후 영상 중심의 방송으로 가다.		
2004.10월	제1회 DUBS 현직 방송인 초청 특강		
2005.	DUBS 영상제, 오디오를 벗고 영상중심방송제의 길을 열다.		
2006.02월20.	건학 100주년 기념 디지털(영상문화) 콘텐츠 공모전 대상 수상 〈100년 동국 그 정점에 서서〉		
2010.01.20.	청소년영상제 DUBS 〈제1회 늘품제 & THE YOUTH FILM〉 개최		
2013.05.30.	네이버 립댑 공모전 포텐돋움상 수상	2015.01.05.	〈뉴욕에서 언론의 미래를 보다〉로 시사IN 대학기자상(방송보도부분) 수상.
2019.	DUBS 〈제10회 늘품제〉 개최		

올라가봤니, 4층 DUBS, 60주년을 읽다

초판1쇄 2019년 9월 28일
글쓴사람들 김기덕 장준보 정기종 성연미 김지혜 김정근 김정은
오인순 이미자 김종호 박지영 김종훈 정광수 여덕중
박중봉 이 준 안만수 이재용 박재영 안창해 고성분
김혜선 장승철 박남주 최호영 최 혁

펴낸이 오종욱
펴낸곳 올리브그린
경기도 과천시 별양상가1로 18, 910호
olivegreen_p@naver.com
전화 070-6238-8991 / 팩스 0505-116-8991

기획 · 진행 김종훈
표지디자인 김정연

가격 15,000원
ISBN 978-89-98938-28-4 03810